Lucius Burckhardt

Wer plant die Planung?

Architektur, Politik und Mensch

Herausgegeben von
Jesko Fezer und Martin Schmitz

Martin Schmitz Verlag

Bibliografische Information Der Deutschen Bibliothek

Die Deutsche Bibliothek verzeichnet diese Publikation in der Nationalbibliografie; detaillierte bibliografische Daten sind im Internet über https://portal.dnb.de/ abrufbar.

ISBN 978-3-927795-39-6

2. Auflage 2014

Typografie: Sybille Fuchs Grafik
Coverfoto: Annemarie Burckhardt
Druck: Grafische Werkstatt von 1980 GmbH | Kassel

Inhalt

Politik

Umwelt

Mensch

Von der Urbanismuskritik zur Spaziergangswissenschaft

Heute Abend gibt es ein Fest und ihr bekommt alle euer Diplom. Morgen fangen wir dann an zu studieren. Mit diesen Worten begrüßte uns Lucius Burckhardt zu Beginn des Studiums im Fachbereich Architektur, Stadt- und Landschaftsplanung in Kassel. Das war 1976. Seit drei Jahren lehrte er bereits als Professor für Sozioökonomie urbaner Systeme in einem reformierten Studiengang, der erstmals alle planenden Berufe unter einem Dach versammelte.

Lucius Burckhardt war ein Lehrer, der in einer Richtung forschte, die die Stadtplanung revolutionierte: Er war ein Vordenker der Urbanismuskritik. Erst später gab er seinem Fachgebiet einen Namen: Spaziergangswissenschaft, auch Promenadologie oder, wie er sie ins Englische übersetzte: Strollology.

Zu Beginn meines Studiums hatte Lucius Burckhardt bereits 30 Jahre geforscht. In den 1940er Jahren, nach einer kurzen Zeit als Medizinstudent, wechselte er in das Fach Nationalökonomie an der Basler Universität. Was er damals in seiner Heimatstadt in Form des „Grossbasler Korrektionsplans" beobachtete, wertete er als zerstörerisch und unzureichend.

Zu dieser Zeit beschäftigte sich der Städtebau noch mit idealen Plätzen und Straßen, dem Neubau von Wohnsiedlungen und repräsentativen Gebäuden. Doch ein ganz anderes Problem wälzte sich bedrohlich auf die Städte zu: Die Automobilisierung der Gesellschaft.

Wissenschaft, Planung und Politik waren völlig unvorbereitet, als der Individualverkehr die Städte erreichte und nach baulichen Eingriffen in die bestehende Substanz verlangte. Hier beginnt die Forschung von Lucius

Burckhardt. Seine Zeitungsartikel, Vorträge und Bücher lehrten bereits in den 1950er Jahren vom Planen und Bauen in der Demokratie.

Noch hilfloser als die Städte und Gemeinden waren die Bewohner, deren Häuser der neuen Erschließung städtischer Quartiere und einem autogerechten Umbau weichen mußten.

Lucius Burckhardt stellte fest, daß schon wichtige politische Vorfragen von den Verantwortlichen nicht als solche erkannt wurden. Man dachte nicht an die Gesamtheit einer Stadt, sondern grenzte viele Bereiche aus, um das neue Verkehrsproblem mit Straßen und Brücken zu lösen. Das Auto ist nie ganz zu Ende erfunden worden, sagte er. Nachdem der Otto-Motor endlich lief, tauchten die nächsten Probleme auf: Die Luftverschmutzung, der Verkehrsstau, der Parkplatzbedarf und die Verödung der Innenstädte.

Als durch die Studentenbewegung von 1968 die Gesellschafts- und Planungskritik in das Bewußtsein der Öffentlichkeit rückte, hatte er bereits vieles formuliert. Früh war er gegen den Strom geschwommen und stieß bei seinen Kollegen auf Unverständnis.

Lucius Burckhardt besaß das Talent einer außerordentlich scharfen Beobachtungsgabe und einen ganzheitlichen Blick. Er obduzierte die Pläne der Architekten und Stadtplaner, analysierte die Politik mit ihren vollmundigen Versprechen und sah, wie sich die Menschen später damit herumplagen mußten. Er konnte solche Zusammenhänge nicht nur schriftlich, sondern auch in Karikaturen, Aquarellen und Kunstaktionen darstellen. In der Kulturgeschichte spricht man vom Universalgelehrten oder genialen Dilettanten.

1955 verläßt Lucius Burckhardt promoviert zum Dr. phil. und frisch verheiratet mit seiner Frau Annemarie die

Stadt Basel. Sie arbeitete von nun an mit ihm zusammen und war später täglich in der Hochschule präsent. In Dortmund trat er eine Stelle als wissenschaftlicher Mitarbeiter an der Sozialforschungsstelle der Universität Münster an. Soziologie, eine noch junge Wissenschaft wurde hier nicht am Schreibtisch, sondern vor Ort praktiziert. Die Feldforschung führte in die Wohnungen des Ruhrgebiets. Wie wohnen die Leute und wie möchten sie einmal wohnen? Es galt Kriterien zu finden, die der Planung von Wohnsiedlungen und Stadtteilen an die Hand gegeben werden können.

Umgeben von Tütenlampen und Nierentischen reifte hier eine berühmte Burckhardt'sche Formel: Design ist unsichtbar. Das beste Design einer Strassenbahn wäre, wenn sie auch nachts fährt! Wir sind nicht nur von sichtbaren Gegenständen umgeben, sondern müssen den unsichtbaren Bereich, die soziale Dimension mitgestalten.

Durch die verschiedenen Stationen und beruflichen Positionen setzten sich Forschung und Lehre von Lucius Burckhardt wie ein Mosaik zusammen. Aufenthalte an der Hochschule für Gestaltung in Ulm und an der ETH Zürich zeigten früh seine besondere Pädagogik. Der Umgang mit den Studenten war freundschaftlich und hilfsbereit. Den Lehrstuhl in der Schweiz verwandelte er in ein Lehrcanapé. In Kassel gab es keine Sprechstunde oder anderen akademischen Klimbim: man verabredete sich an seinem Schreibtisch oder besuchte die Burckhardts während der Sommersemesterferien in der Nähe von Basel. Mit seinem unvergeßlichen Humor erzählte er dann die Geschichte von einer Gruppe Berliner Urbanisten, die mitten in einem Stadtquartier von Kairo zwischen Kesselflickern, Teeverkäufern und lautem Stimmengewirr geforscht hatte und in ihrem Schlußbericht zu der absurden Erkenntnis gekommen war, daß hier das

Gewerbe ausgesiedelt und ein Kommunikationszentrum gebaut werden müsse.

Bevor er nach Kassel ging, war er neben der Lehrtätigkeit zehn Jahre Redakteur der Zeitschrift „Werk". Die veröffentlichte nun in den 1960er Jahren auf ihren Seiten die neue Generation von Architekten und Planern, die auf das einsetzende Umdenken und die Urbanismuskritik reagierte. Die Berichte waren engagiert, frisch und unkompliziert. Lucius Burckhardt formulierte historische und zeitgenössische Themen in einfachen und präzisen Worten. Akademische und theoretische Zusammenhänge übersetzte er stets in seine eigene Sprache.

Mit dem Vorsitz im Deutschen Werkbund begann 1977 eine interessante Folge von Tagungen und Veröffentlichungen. Mit „Die Nacht" und „Der Schmutz" wurden Themen ausgelotet, die auf den ersten Blick scheinbar nichts mit Architektur und Städtebau zu tun haben. Die Nacht ist menschgemacht und kein reines Naturphänomen mehr. Sie beginnt mit dem ausgedünnten Fahrplan der Busse und Bahnen, und die leeren Straßen der unbewohnten Innenstädte werden für Passanten zur Gefahr. Die Erkenntnis zum Thema Schmutz: Ein großer Teil der Umweltverschmutzung besteht aus unseren chemischen Reinigungsmitteln, die wir mit dem Schmutzwasser in die Kanalisation gießen. Der Kampf um die Hygiene mündet in einen gefährlichen Teufelskreis. Während wir die Oberflächen scheuern und polieren, läßt sich die Verunreinigung des Kühlwassers eines Atomreaktors allenfalls mit dem Geigerzähler messen.

Nach den großen historischen Auseinandersetzungen zur Gründungszeit des Deutschen Werkbundes Anfang des 20. Jahrhunderts über Massenproduktion versus Handwerk hielt nun die Ökologie Einzug und der Werkbund befand sich thematisch auf der Höhe der Zeit.

Seine Kritiker warfen Lucius Burckhardt immer wieder vor, daß er keine Pläne vorzeige oder Handlungsanweisungen gäbe, mit denen man sofort planen und bauen kann. Seine Studenten erlernten die Gleichwertigkeit von Bauen und Bauen verhindern, die Verantwortung, die ein Planer für die Folgen seiner Eingriffe trägt, und die historische und zeitgenössische Interpretation der eigenen Umwelt. Die Themen lauteten „Denkmalpflege ist Sozialpolitik" oder „Der minimale Eingriff".

Die Bundesgartenschau in Kassel wurde 1981 zu einem weiteren Gegenstand heftigster Kritik. Die Gärtner bedampften die Karls-Aue unter großen Plastikbahnen mit einem hochwirksamen Gift, das bis in eine Tiefe von 30 cm in das Erdreich vordrang. Der Boden sollte für die Blumenpracht jungfräulich aufbereitet werden. Noch Jahre später stand die ehemalige Liegewiese vor der Orangerie regelmäßig unter Wasser. Das schwere Gerät der Pflanzer hatte die 200 Jahre alte Drainage aus Schilfrohr in filigranen Erdkanälen plattgedrückt. In der Kasseler Werkbundgruppe entstand die Publikation „Durch Pflege zerstört".

Erst 1985 erschien ein umfassendes, längst vergriffenes Werk von Lucius Burckhardt mit seinen Aquarellen, Karikaturen und Texten: „Die Kinder fressen ihre Revolution". Er hatte bereits gemerkt, daß sich die 68er Generation einrichtete und mittlerweile nicht nur ein, sondern zwei Autos vor der grasgedeckten Garage stehen hatte. Lucius Burckhardt hingegen tauchte auf einem Trümmergrundstück neben einem besetzten Haus in Kreuzberg auf. Während seines Vortrags über Landschaftsplanung warf Annemarie Burckhardt mit einem Diaprojektor Bilder an die Brandmauer, mißtrauisch beobachtet von vorbeifahrenden Polizisten. Eingeladen hatte Wolfgang Müller, Kopf der Künstlergruppe „Die

Tödliche Doris“ im Rahmen seiner Galerie Eisenbahnstraße. Punk hatte die Hippies abgelöst.

Die gesamte Burckhardt'sche Forschung setzte sich schließlich in den 1980er Jahren zur Spaziergangswissenschaft zusammen. Wiederum sehr früh entwickelte er eine Vorstellung von Architektur und Urbanismus, vom Planen und Bauen in der Zeit der Globalisierung. Strollology greift auf die ursprünglichste Form der Weltwahrnehmung zurück: das Spazierengehen. Wenn ich wieder zuhause bin, setzen sich die Bilder in meinem Kopf zu einem Gesamteindruck zusammen. Natürlich sehen wir nur das, was wir gelernt haben zu sehen. Aber welche Bilder entstehen, wenn wir uns auf unserem Weltspaziergang mit dem Auto oder Flugzeug bewegen? Die Integration leisten finnische Saunalandschaften hinter chinesischen Torbögen. An unseren Urlaubszielen werden die folkloristischen und romantischen Bilder gebaut: Zypern ist wie Bergsteigen auf Sylt und in den Alpen stehen Hotels, die wie aufgepumpte Bauernhäuser aussehen. Ein globaler Regionalismus entsteht. Die Spaziergangswissenschaft macht diese Zusammenhänge sichtbar und möchte unsere Wahrnehmung korrigieren.

Bis zu seinem Tod im August 2003 hat er seine kritische Position niemals aufgegeben und ständig weiter entwickelt und aktualisiert. Diese Forschung wird zwischen den ökonomischen Interessen, der Politik und dem Wohl einer Gesamtbevölkerung unentbehrlich sein, wann immer geplant, gebaut, gestaltet und gewohnt wird. Und wie geht es weiter?

Die Spaziergangswissenschaft, ein Nebenfach – wie er sie bescheiden und schmunzelnd nannte – sollte in der Hochschule gelehrt werden. Der Zeitpunkt ist günstig, da eine neue Generation beginnt, sich kritisch mit Architektur, Planung und Politik auseinanderzusetzen.

Politik – Umwelt – Mensch

„Wie bringe ich die Truppen über den Rhein? Man baue eine Brücke!“[1] Mit diesem Napoleon zugeschriebenen Zitat charakterisiert Lucius Burckhardt die vorherrschende Planungspraxis. Solche militärisch-polytechnischen Gestaltungsansätze kritisiert er in seinen Analysen zur Entscheidungsfindung seit den 1950er Jahren, um Möglichkeiten für eine demokratischere Planung zu erforschen. Dieses Buch möchte einen Pfad durch die Planungstheorie von Lucius Burckhardt legen. Aus der Vielzahl seiner Vorträge, Zeitschriftenartikel und Buchbeiträge zu Fragen der Umweltgestaltung haben wir solche ausgewählt, die Überlegungen zur Planung sehr früh, inhaltlich zugespitzt oder aber besonders anschaulich und anschlußfähig darlegen. Zur Strukturierung dieser Publikation greifen wir auf ein Denkmodell zurück, das Burckhardt selbst aufgestellt hat.[2] Es beschreibt Planung und Gestaltung im Dreiecksverhältnis Politik – Umwelt – Mensch und führt mit diesem Schema drei thematische Betrachtungsperspektiven ein, die seine Aufsätze durchweben. So analysiert er zunächst den grundlegend politischen Charakter von Raum und dessen Gestaltung und entwickelt daraus eine Kritik der statischen Planungslogik sauberer Problemlösungen. Vor diesem Hintergrund werden die Dynamiken städtischer Wirklichkeit und architektonische Konzepte zur Gestaltung der Umwelt untersucht, indem er sie als Wechselbeziehung von Raum und Gesellschaftsvorstellungen beschreibt. Und schließlich verknüpft er diese beiden Perspektiven mit den Praxen der NutzerInnen.

1) Das Ende der polytechnischen Lösbarkeit (1989), S. 128

2) Bauen – ein Prozeß ohne Denkmalpflichten (1967), S. 26

Er nimmt sich des Alltagslebens der StadtbewohnerInnen, der Beziehungen der Menschen zu ihrer gebauten Umwelt an und blickt von dort aus auf den sozialen Charakter räumlicher Zusammenhänge.

Dieses Interaktionsmodell enthält viele Bezüge zu der Triade, die Henri Lefèbvre 1974 in seinem Buch „La production de l'espace"[3] einführte. Sein Modell umfaßt ebenfalls drei Analysekategorien, drei Konzeptionen von Raum, die sich gegenseitig durchdringen. Erweitert um diese Theoretisierung von gesellschaftlich produziertem Raum lassen sich die unterschiedlichen Linien, die das planungstheoretische Denken von Lucius Burckhardt durchziehen, deutlicher nachzeichnen.

Politik

Die Planungskritik von Lucius Burckhardt setzt auf der Ebene des instrumentellen Raums der Technokraten und Stadtplaner an, die bei „Altvater Lefèbvre"[4], wie ihn Lucius Burckhardt nennt, der „konzipierte Raum"[5] der Logik und der Karten darstellt. Hier werden nach gängiger Verwaltungspraxis Probleme isoliert, um sie an „Fachmänner" zu delegieren. Dabei wird ein Problemfeld auf das vermeintlich „Wesentliche" reduziert und dann unter Einsatz von Intuition einer baulichen „Lösung" zugeführt. Nach seiner Auffassung führen diese willkürlichen aber politisch begründeten Vereinfachungen, gepaart mit den Eigengesetzlichkeiten des politisch-ökonomischen Systems des Bauwesens, zu

3) Henri Lefèbvre: „The Production of Space", Oxford 1991, S. 38ff

4) Sanfte Museen (1982), in: Lucius Burckhardt: „Die Kinder fressen ihre Revolution", Köln 1985, S. 304

5) conceived space/representations of space

suboptimalen Lösungen. Auf dieser Ebene der Planung von Raum und deren Durchsetzung stellen die mittelständische Ideologie der PlanerInnen, die unreflektierten Mythen der Intuition und die ideologische Unterteilung in Ziele und Mittel die Haupthindernisse für eine demokratische Planungskultur dar. Lucius Burckhardt fordert, die Bezüge zu den anderen Eckpunkten seines Denkmodells aufzunehmen: die Komplexität und Prozeßhaftigkeit der Umwelt zu akzeptieren und die BewohnerInnen in Entscheidungsvorgänge zu integrieren, indem man offen plant und gegebenenfalls Entscheidungen aufschiebt.

Umwelt

Die Kategorie „Umwelt“ als Raum der Alltagserfahrung und damit der räumlichen Realisierung von Gesellschaftlichkeit kann man parallel zu Lefèbvres Konzeption des „Raums der Erfahrung“[6] lesen. Dieser physische Raum, der erzeugt und Benutzung ausgesetzt ist, wird von den NutzerInnen als gegeben hingenommen. In ihm reproduzieren sich die herrschenden gesellschaftlichen Verhältnisse. Über Beobachtungen der Wirklichkeit der Städte und der Auswirkungen gebauter Umwelten wird das Verhältnis von Raum und Gesellschaftsvorstellung befragt. Lucius Burckhardt untersucht die Implikationen, die Wirkungen und das Scheitern der Versuche der jüngeren Architektur- und Stadtplanungsgeschichte, über Planen, Bauen und Umweltgestaltung (positiven) Einfluß auf das Leben der Menschen zu nehmen. Für ihn bezeichnet der Begriff „Umwelt“ ein nicht voll manipulierbares System räumlicher und sozialer Struktu-

6) perceived space/spatial practice

ren sowie von Objekten, die die Subjekte umgeben und mit ihnen in Beziehung stehen. Die Gestaltung dieser Zusammenhänge ist unsichtbar, denn die „Umwelt der Menschen ist nicht das, was man sieht, die Umwelt ist sozial“ [7]. Vor diesem Hintergrund kritisiert er den disziplinierenden Charakter der Umweltgestaltung, fordert die Interaktion mit den Stadt-NutzerInnen, sowie Unschärfe und Komplexität in der Gestaltung und fragt nach Möglichkeiten einer kritischen Architektur.

Mensch

Die dritte Perspektive „Mensch“ bildet einen emanzipativen Bezugspunkt im Kontext seiner kritischen Betrachtungen. Sie ist auf der Ebene des „gelebten Raums“ [8] angesiedelt, in dem Bedeutung nicht über passive Erfahrung oder gedankliche Konstruktion, sondern über den sozialen Gebrauch hergestellt wird. Der „Mensch“ steht als handelndes und betroffenes Subjekt in einer gelebten Beziehung zur „Umwelt“ und agiert über die Konzeptions-, Verhandlungs- und Umsetzungsstrategien der „Politik“. Auf dieser Ebene betont Lucius Burckhardt allerdings die direktesten Formen subjektiver Raumnutzung, des Gebrauchs und der Aneignung. Hausbesetzungen, Umnutzungen und Selbstbau entziehen sich der Planung, sie verweigern sich oder handeln ohne Aufforderung. Speziell im Bereich des Wohnens treffen Planungs- und Gestaltungswille der ExpertInnen auf hartnäckige Widerständigkeiten der NutzerInnen. Wohnen meint nicht Befriedigung von Notdurft in einer für fünfzig Jahre fix angelegten Normbehausung,

7) Ästhetische Probleme des Bauens (1978), S. 182

8) lived space/representational spaces

sondern eine Aktivität, die vom Wandel der Lebenspraxen ausgeht, auch die „unnötigen Wünsche“ einbezieht und Anpassungsvorgänge ermöglicht. Lucius Burckhardt fordert durch Abbau der Professionalisierung, über Selbstbau und NutzerInnenbeteiligung die Wohnung als Ort der Inszenierung und der sozialen Interaktion zu begreifen und ihren Gebrauchswert herzustellen. Er kritisiert die Vorstellung, daß Notwendigkeiten und Wünsche meßbar seien, und die Logik der Bedürfniserfüllung: „Warum wird der Hobbyraum nicht benutzt?“ [9] „Statt der Kakteen pflegt man jetzt den Garten, Helmut ist abgehauen, in seinem Zimmer werkt der Hausherr, der nun Geschmack am Bauen bekommen hat; in der Dunkelkammer überwintern die Chrysanthemen.“ [10]

Die Strukturierung dieses Buches durch die Themencluster Politik, Umwelt, Mensch soll nicht Issues abtrennen und Thesen isolieren, sondern will vielmehr das Feld aufspannen und durchwegbar machen, aus dem heraus Lucius Burckhardt für einen politischen Gestaltungsansatz plädiert. Die Texte, die innerhalb der Kapitel jeweils zeitlich abfolgend zusammengestellt sind, beziehen sich über die Kapitelgrenzen und Chronologien hinweg aufeinander und sperren sich manchmal auch der von uns nachträglich eingeführten Ordnung. Wir glauben allerdings die Grundlagentexte zur Planung für gegenwärtige Debatten so leichter zugänglich machen zu können.

Seine Beobachtungen und die daraus erarbeiteten Thesen sind heute nicht nur deshalb so aktuell, weil sich nichts wirklich Grundlegendes am hierarchisch-statischen Planungsdenken in Politik und Gestaltung ge-

9) Familie und Wohnung – zwei anpassungsfähige Systeme (1975), S. 286

10) Das Menschenbild des Architekten (1981), S. 334

ändert hat. Zunehmend forschen TheoretikerInnen und PlanerInnen nach komplexeren Wirklichkeitsmodellen, Politik mit denen im Kontext globalisierter Kulturen und Ökonomien gearbeitet werden kann. Sie suchen nach Handlungsansätzen im Umgang mit der Ungewißheit und Prozeßhaftigkeit von Gesellschaft und arbeiten an einem Umweltverständnis, das von interagierenden Systemen mit dynamischen Bezügen zur alltäglichen Wirklichkeit ausgeht, wie es Lucius Burckhardt vorgedacht hat.

Politik

Stadtplanung und Demokratie (1957)

Ist es nicht in der Tat seltsam, daß sich die Öffentlichkeit nicht, oder genauer gesagt: daß sich die Öffentlichkeit nicht als Öffentlichkeit mit dem Stadtbild beschäftigt? Ist doch das Stadtbild die öffentlichste Äußerung unseres Lebens, die sichtbarste Darstellung menschlicher Wirksamkeit. Und wenn man uns in 2000 Jahren einmal ausgräbt, und die Kenntnis unserer Schrift ist verlorengegangen, so wird man uns nach nichts anderem beurteilen können als nach dem Stadtbild.

Sagen Sie nicht, in der Öffentlichkeit bestehe kein Interesse für das Stadtbild! Um das Gegenteil zu beweisen, braucht man nur auf der Straße, im Tramwagen seine Ohren aufzumachen: dort wird jeder Neubau, jede Veränderung von einem strengen Richter kommentiert, und alles Kleinliche und geschmacklich Unsaubere wird mit herben Witzworten bedacht. So fehlt nicht die Anteilnahme am Geschehen, sondern es fehlt, daß diese Anteilnahme zum öffentlichen Ausdruck kommt, daß sie eine Form oder ein Forum findet, welche eine öffentliche Wirkung garantieren.

Wir haben uns also zu fragen, weshalb sich alle gesellschaftlichen Äußerungen, weshalb sich die Politik, der Sport, die Kunst in Auseinandersetzungen mit einem kritischen Publikum befinden, ja, fast jeden ihrer Schritte nach der Wirkung auf die Öffentlichkeit bemessen müssen, nur nicht der Städtebau, obwohl doch nicht zu leugnen ist, daß in ihm eine gesellschaftliche Äußerung von eminenter Ausdruckskraft in härteres Material verwandelt wird als irgendwo sonst. Es fehlt, so beantworten wir diese Frage, der Gesichtswinkel, unter welchem eine städtebauliche Kritik in der Öffentlichkeit und von der Öffentlichkeit laut werden kann. Die Materie des

Städtebaus ist komplex, sie ist von ästhetischen zugleich und von höchst banalen Aspekten durchzogen. Wie soll man sich da verstehen? Wie sollen zwei Diskutierende, von denen der eine die Proportionen eines Platzes lobt, der andere das Fehlen von Parkplätzen bemängelt – nicht sich einigen, das wäre zuviel verlangt –, sondern auch nur den gemeinsamen Boden finden, auf dem sie miteinander reden können? Aber lassen wir für einmal die praktischen Gesichtspunkte weg und bleiben wir im Ästhetischen: Lassen Sie eine Gruppe von Menschen ein Gebäude beurteilen – es wird sich eine eifrige Diskussion entwickeln. Lassen Sie die gleiche Gruppe über das Zusammenwirken einer Häuserzeile, über einen Aspekt des Stadtbildes sprechen – es entsteht eine babylonische Wirrnis. Dem Publikum fehlen hier alle Kriterien, nach denen das Phänomen des Städtebaus beurteilt werden kann.

Stadtbaukunst ist eine eigenartige Materie; eigenartig in ihrer Zwischenstellung von gewollt und ungewollt. Das merken wir besonders, wenn wir nach einem Verantwortlichen suchen, nach einer Instanz, der wir die Schuld an den Zuständen aufbürden müssen oder die es besser machen könnte. Jedes Haus in der Stadt ist gewollt, von jemandem genauso gewollt, wie es aussieht; nur das Resultat, das Stadtbild, oder das, was ein Stadtbild sein sollte und keines ist, ist von niemandem gewollt. Und doch ist die Stadt von Menschen erbaut, ist sie Ausdruck von wissentlichem Tun. Kann also das Stadtbild reiner Zufall sein; ist es möglich, daß es als Ganzes gar nichts zu bedeuten hat? Ist es eine pure Floskel, wenn wir behaupten, das Stadtbild drücke gesellschaftliche Verhältnisse aus, ja, sei der Spiegel des Gesellschaftlichen?

Damit stehen wir vor der Frage, welches denn unsere Erscheinungsform der Stadt sei, oder genauer, ob wir auf demokratischem Wege zu anderer Form gelangen können als zum vollkommenen Zufall oder zur Formlosigkeit. Denn hinter dem einheitlichen Plan verbirgt sich die Diktatur, der Stadtplan aus einem Guß ist auch aus einem Willen. Er kann niemals dort entstehen, wo noch echte Demokratie am Werk ist. Wir sehen, das Stadtbild beginnt fast schon politische Aspekte zu zeigen. Aber unterbrechen wir hier und schauen wir auf den Mann, der über die Neubauten seiner Stadt den Kopf schüttelt. Sicherlich hat man seit Urzeiten über jede Veränderung den Kopf geschüttelt, aus einer natürlichen Konservativität heraus, die nun einmal zum Menschen gehört. Heute aber wundert er sich in einer präziseren Weise. Er wundert sich nicht mehr diffus über dies und das, sondern sein Wundern beginnt die Gestalt eines zusammenhängenden Mißbehagens anzunehmen. Das Steigen der Unfallzahlen, die trotz Rekordeinnahmen nicht ausgeglichenen städtischen Budgets, die Bodenspekulation, die Bauwut, die bald an eine Auflösung unserer alten Innerstädte grenzt, das Anwachsen der Baukosten und der Mietpreise, die Veränderung des Stadt- und Landschaftsbildes, der Schwund der Grünflächen – all das rüttelt den Bürger auf und bringt die Bevölkerung unserer größeren Städte in eine regelrechte Abwehrstimmung.

An dieser Stimmung ist vor allem neu, daß sie ein Ziel hat, daß sie nicht mehr im Ungewissen verhallt und dem Hader gegen das Schicksal gleicht. Der schimpfende Bürger empfindet das Werden der Stadt nicht mehr als organische Entwicklung, im schlimmsten Falle als Wucherung, sondern an bestimmter Stelle als faßbar, lenkbar, jedenfalls als bewußt vollzogen und darum auch verantwortet. Wie kommt das?

Der Großstädter lebt heute in der Mietwohnung. Die Frage ist nutzlos, ob er mit dieser Wohnung zufrieden ist.

Gewiß, er selber hätte sie ganz anders gebaut. Er hätte auf ein Stück Küche verzichtet und es zum Wohnzimmer geschlagen oder umgekehrt; statt der Garderobe einen brauchbaren Wandschrank gemacht, statt der verkrüppelten Wohndiele, die nur ein Auswuchs des Korridors ist, eine Werkstatt oder ein Reservezimmer usw. Aber er hat doch diese Wohnung zehn anderen vorgezogen, die dieser zwar glichen wie ein Ei dem anderen, die aber vor dem Wohnzimmer kein Blumenfenster hatten. So glaubt er nun, in der selbstgewählten, also idealen Wohnung zu sitzen – und das ist es wohl auch, nur ist der jeweilige Bewohner kein Idealfall, sondern ein Mensch von Fleisch und Blut, der manchmal ein Möbelstück selber repariert und einmal ein Patenkind zum Wohnen hatte, dessen Bettchen dann im Badezimmer stand. Kurz, die Wohnung, die für alle passen sollte, paßt für niemanden, und der Wohnstil, der uns heute in Gestalt des Sozialen Wohnungsbaus identische Idealwohnungen liefert, ist von niemandem erfunden, für niemanden gebaut und von keinem so gewollt, wie er herauskommt.

Ähnlich hilflos wie der Wohnung steht der einzelne der Entwicklung des Stadtbildes gegenüber. Die Stadt ist sein Schicksal; sie bestimmt sein Leben bis ins kleinste; Vom Mietpreis bis zum Arbeitsweg ist er in Abhängigkeit vom stadtplanerischen Geschehen. Und doch ist auch die Stadt nach niemandes Willen. Scheinbar hat niemand sie so gewollt; scheinbar trifft niemanden die Schuld, wenn an einer Stelle der Verkehr überhandnimmt, so daß Unfälle passieren; wenn an anderer Stelle die Geschäfte eingehen, weil eine Straße verkehrsmäßig in einen toten Winkel gerät. Scheinbar ist das alles Schicksal, wirtschaftliche Entwicklung, Gang der Dinge.

Und nun sind in Deutschland, Frankreich, Holland, England während des Krieges Städte zerstört worden und müssen wiederaufgebaut werden. Aus anderen Ländern, den USA, Indien, Schweden, kommt die Nachricht, daß die Bevölkerung in neuen Städten angesiedelt werde. Wie entstehen neue Städte? Sie entstehen überhaupt nicht; sondern man baut sie auf Grund eines Beschlusses. Dort, wo keine Städte entstehen, hat eben keine Regierungsstelle und kein industrielles Konsortium den Entschluß gefaßt, eine Stadt zu bauen. Man könnte auch sagen: die Regierung hat dort auf Städtebau verzichtet, sie hat beschlossen, Städtebau nicht zu betreiben.

Es ist klar, daß eine neu geplante oder eine zerstörte Stadt so oder anders aufgebaut werden kann. Der Planer steht hier von allem Anfang an vor alternativen Überlegungen. Er kann die Stadt sich weit ausbreiten lassen, mit breiten Autostraßen die lockeren Wohnsiedlungen verbinden, die Geschäfte, den Autofahrern zugänglich, in weitem Kranze verteilen; er kann die Stadt eng zusammenfassen, eine Fußgänger-Einkaufsstadt schaffen, auch die Bewohner so unterbringen, daß sie auf den Besitz oder den Gebrauch eines Autos verzichten; er kann die beiden Prinzipien auf verschiedene Weisen kombinieren, zentrierte Quartiere schaffen und nur die ganz zentralen Funktionen in die Mitte verlegen – jedenfalls also steht der Planer oder die planende Gemeinschaft vor Entscheidungen, vor zahllosen Entschlüssen alternativer Natur.

Die neue Stadt wird also, im Gegensatz zur bisherigen, nach irgend jemandes Willen sein, oder sehr deutlich gesagt: man wird dann wissen, auf wen man zu schimpfen hat. Und hier stellt sich dann die Frage, ob es denn so sein muß, daß die Stadtväter und die Fachbeamten sich „kraftvoll“ und „ohne Rücksicht auf Verluste“ gegen die Bevölkerung durchsetzen müssen, die Verantwortung tragen und nachher den Ruhm oder das

Geschimpfe ernten. Mit anderen Worten: von neuem stehen wir vor der Frage, ob Stadtplanung zugleich bewußt und demokratisch sein kann.

Alles, was wir von der neuen und neu aufgebauten Stadt gesagt haben, von alternativen Entschlüssen und Vorentscheiden, alles gilt auch in der bestehenden Stadt. Die Entwicklung in unseren heutigen Städten ist so intensiv und so entscheidend, daß die Baubehörden und die Bevölkerung dauernd vor den weitertragenden Entscheidungen stehen. Wenn einige unserer größeren Städte so tun, als sei keine Entscheidung zu treffen, so haben sie sich damit nicht minder entschieden: nämlich dazu, das Wachstum den wirtschaftlichen Kräften zu überlassen; und die Verantwortung für diesen Entschluß zum Nichtstun wird sie nicht minder treffen, auch wenn sie die Folgen selber vielleicht nicht mehr erleben. Meist tun aber ja diese Städte nicht einfach nichts, sondern sie fassen eine Unzahl von Entschlüssen, die, weil sie aus keiner Konzeption heraus erfolgt sind, einzeln oder als Gesamtheit zu Nebenwirkungen führen, welche die ursprüngliche Absicht ins Gegenteil verkehren.

Diese Städte, so könnte man sagen, hätten besser daran getan, anstatt daß ihre Politiker in Planung dilettierten, einen Fachmann beizuziehen. Aber es ist ja zumeist nicht das eigentliche fachmännische Gebiet, auf dem hier versagt wird, sondern versagt haben die politischen Instanzen schon darin, daß sie die politischen Vorfragen nicht als solche erkannten.

Gerade diese Vorentscheidungen sind es, bei denen die politische Öffentlichkeit bei einer demokratischen Beschlußfassung mitreden kann: Sie kann die *Rangordnung* der Forderungen aufstellen. Ich muß vorausschicken, daß, wenn hier von demokratisch die Rede ist, wirkliche Demokratie gemeint ist und nicht solche, in welcher man lediglich darauf hinweist, daß das Volk die Parlamentarier gewählt hat, welche die Beamten ernannten, welche die Fachleute beizogen, die es dann machen. In der wirklichen Demokratie kommt es darauf an, daß deutlich getrennt wird, was von der politischen Öffentlichkeit und was vom Fachmann entschieden wird. Dem Fachmann gehört die sachliche Ausführung auf Grund des Auftrages von seiten der Politik. Der Politik gehört die Abklärung der öffentlichen Wünsche, die Aufstellung einer Rangordnung der vorhandenen und zu schaffenden Werte. Eine solche Mitsprache der Öffentlichkeit wird sich vielleicht zunächst neben und über den Parteien halten. Wo sie aber politisch wirksam werden will, muß sie durch die Parteien gehen. Daß die Parteien in stadtplanerischen Dingen ihre eigene Meinung haben wollen, wird oft als lächerlich empfunden und geradezu als Beweis dafür angesehen, daß demokratische Stadtplanung ein Ding der Unmöglichkeit sei. Ich vertrete die gegenteilige Meinung und glaube, daß, wenn man die Stadt als etwas mehr ansieht denn als ein verkehrstechnisches Rechenexempel, sondern eben als den sichtbaren Ausdruck unseres Zusammenlebens, und mit ihr dieses, bis zum gesteckten Ziel, verbessern will, daß dann aus der Beschäftigung mit dem Städtebau für unsere Parteien geradezu neue politische Alternativen, neuer geistiger Stoff herausspringt. Denn was sind Parteien anderes als die Verfechter unterschiedlicher gesellschaftlicher Utopien, und was ist Stadtplanung anderes als der Versuch, Utopien sichtbar zu verwirklichen?

Bauen – ein Prozeß ohne Denkmalpflichten (1967)

Zehn Thesen

1. Die Verschlechterung unserer menschgemachten Umwelt liegt in ihrer mangelnden Anpassungsfähigkeit begründet. Diese hat ihre Wurzeln in unserem Denken: Es besteht ein Zusammenhang zwischen Begriffsbildung und den architektonischen Themen. Wir neigen dazu, Probleme, die eigentlich durch Strategien behandelt werden müßten, benennbaren Lösungen zuzuführen. Beispiel: Auf das Problem des Alterns in der heutigen Gesellschaft antworten wir mit dem „Altersheim".

2. Die Gesellschaft überfordert und mißbraucht den Gestalter (Planer, Architekten), indem sie ihn ihre Probleme „lösen" läßt. Der Gestalter löst Probleme intuitiv: Er reduziert ihre Komplikationen auf das sogenannte Wesentliche. Die Summe des vermeintlich Unwesentlichen, das bei dieser Verfahrensweise unter den Tisch fällt, schafft neue, größere Probleme.

3. Der Gestalter verlangt von seinem Auftraggeber exakte Programme, ja, er „hilft" ihm bei deren Formulierung und sichert ihre Erfüllung. Um das Programm möglichst exakt zu machen, wird die Dynamik des zu lösenden Problems stillgelegt; ein momentaner Zustand wird einer „dauernden Lösung" zugeführt. Indem sich die „Lösung" als Maßanzug einem Problem überstülpt, blockiert sie dessen weitere Entwicklung, bis dann die Nähte aufplatzen.

4. Dem kommunalen Politiker wie dem privaten Unternehmer kommen die vom Fachmann gelieferten

„Lösungen“ gerade recht. Er braucht einfache Themen, und er will Realisierungen in bestimmten, voneinander unabhängigen Portionen mit eigenem Abschluß und Neubeginn. Das Planen von Strategien und das Einleiten von Prozessen ist unmöglich bei einer Politik, die den Wettlauf um konkrete Erfüllung an die Stelle der Diskussion alternativer Zieltendenzen gesetzt hat.

5. Mit der Erfüllung momentaner Bedürfnisse „löst“ man die Probleme der Gegenwart. In gleicher Weise plant man in die Zukunft, indem man eine vermeintliche künftige Gegenwart vorwegnimmt und ihre Bedürfnisse erfüllt. Man spricht vom „Vollausbau“ einer Gemeinde und löst deren Aufgaben mit „weitsichtigen“ Beschlüssen und legt so die Zukunft fest. Wer bei der Beschlußfassung über die Zukunft (noch) nicht dabei war, hat eben Pech gehabt: Die Ungeborenen haben kein Mitspracherecht.

6. Dieselbe Ignorierung des Zeitfaktors wird bei der Behandlung der Vergangenheit an den Tag gelegt. Die Denkmalpflege restauriert Bauwerke zu imaginären Urzuständen hin, wenn nicht sogar an Hand artifizieller Stilbegriffe. In Naturschutzparks fixiert man momentane Übergangszustände der Landschaft als zeitlose Urlandschaften. Jede Generation kreiert sich so ihre eigene, scheinbar zeitlose Vergangenheit, indem sie die Vergangenheit der Väter zerstört.

7. Die Ordnung der „Lösungen“ nach „Themen“, wie sie der heutige Mechanismus von Politik und Bauwesen produziert, widerspricht sowohl rationeller Nutzung wie dem Wesen der Stadt. Die Stadt verlangt keine Sortierung, sondern Überlagerung und mehrfache Nutzung. Gerade die unscharfe Bestimmung der Nutzungen, die

Polyvalenz der städtischen Einrichtungen, schafft die Strukturen, welche die Stadt sowohl attraktiv als auch rentabel machten.

8. Mehrfache Nutzung und Wachstum: Die in These 7 geforderte Verflechtung des städtischen Geschehens darf nicht zur Verzahnung führen: Die einzelnen Funktionen müssen sich auch wieder selbständig machen können. Sonst führen die anfänglich wichtigen Überlagerungen beim Wachstum zu Verstopfungen, die nur durch die Zerstörung wertvoller Investitionen zu korrigieren sind. Die Elemente der Infrastruktur müssen auch in zeitlicher Abfolge verschiedene Nutzungen aufnehmen können.

9. Die moderne Ästhetik verlangt Gestalthaftigkeit durch präzise Aufgabenerfüllung. Die künftigen Aufgaben sind komplex und nur teilweise determiniert: Wo liegt die Möglichkeit der Gestaltung? In Zukunft lösen ähnliche Elemente in verschiedener Kombination unterschiedliche Aufgaben; die unsichtbare Organisation, nicht die Erscheinung bestimmt das Funktionieren eines Objektes. Wie lautet dann die Aufgabe des Gestalters?

10. Gestaltung ist ein Prozeß, der sich im Dreieck Auftraggeber – Gestalter – Benutzer vollzieht. Gegenwärtig beherrscht der Gestalter die Szene: Der Auftraggeber versagt bei der Analyse seiner Probleme und überläßt sie dem Gestalter; der Benutzer ist vollends machtlos – er darf und kann nicht verändern, was ihm nicht gehört. Die Erweckung der Mitarbeit des öffentlichen oder privaten Auftraggebers und Benutzers, die Ingangbringung eines echten Beschlußfassungsprozesses wäre ein Ziel künftiger „Gestaltungspolitik".

Die Spiegelsituation – der Mensch verändert die Umwelt und: Die Umwelt verändert den Menschen –, das ist unsere Thematik, wobei wir uns klar sein müssen, daß wir hier schon etwas vereinfachen; in Wirklichkeit ist das ja ein in sich verflochtenes System. Wir müßten auch schon dieses als einen Prozeß darstellen, einen gegenseitigen „Lernprozeß" – man kann das zwar nur vom Menschen sagen; wir wissen nicht so genau, wie sich die Umwelt anpaßt.

Der Mensch verändert die Umwelt, ohne es zu wissen. Wer schaut, was jetzt in der Landwirtschaft passiert: In den höheren Lagen hat der Mensch in den letzten zehn Jahren eine neue, eine andere Landschaft geschaffen. Wer unsere mittelhohen Gebirgszonen, beispielsweise den Jura, vor zehn Jahren gesehen hat, mit ihren Äckern und jetzt keinen einzigen Acker mehr, sondern nur noch Wiesen und Viehzucht vorfindet, der hat eine Veränderung der Landwirtschaft miterlebt.

Es braucht aber viel, daß der Mensch solche Veränderungen sieht, daß er sich ihrer bewußt ist. Er sieht immer nur das einzelne. Jeder Bauer weiß natürlich, daß er seinen Acker aufgehoben hat, aber um die Veränderung als kollektive Tat zu sehen, braucht es ein besonderes Auge. Ich denke nun nicht mehr in erster Linie an die Landschaft und an die Landwirtschaft, sondern an den Städtebau: Es braucht ein geschultes Auge, um überhaupt die Stadt als solche zu sehen. Die Stadt ist eigentlich das viel treffendere Beispiel für das, was man im Volksmund meint, wenn man sagt, daß man „den Wald vor lauter Bäumen" nicht sieht.

In der Tat ist es sehr schwer, die Stadt zu sehen, und in diesem Sinne hat sich auch der bewußte Städtebau eigentlich in der Geschichte recht spät entwickelt; wir denken an die berühmten Szenenbilder des Serlio, die beiden Bilder für die tragische und die komische Szene, welche die Stadt darstellen und die wir als eine unstädtebauliche Idealisierung der Stadt ansehen müssen; es ist nur eine Aneinanderreihung von Gebäuden. Eigentlich große städtebauliche Taten brachte erst der Barock durch absolutistische Gewalt, aber auch er resignierte bald, die großen Durchbrüche in Rom und die großen Anlagen in Turin blieben isoliert, und der spätere Barock zog seine städtebaulichen Kunstleistungen zurück in kleine, von der Stadt bewußt abgesetzte Schloßstädte, Residenzstädte.

Ich kann diese Dinge nur im Telegrammstil durchgehen. Dann das Zeitalter der Industrialisierung mit seinen Massen und Ansammlungen, die jegliche bisher erarbeitete kompositionelle städtebauliche Form übergreifen; eine andere Form hatte man aber nicht, also schuf man Anlagen, die man gar nicht sehen konnte, Symmetrien, Kompositionen, die man nur auf dem Stadtplan sieht. Es gibt aus diesem Zeitalter Plätze, die sind symmetrisch zueinander, aber sie sind 20 Fußgängerminuten voneinander entfernt, man kann die Symmetrie gar nicht schätzen; aber eine andere Idee, als symmetrisch zu bauen, als kompositionell zu arrangieren, hatte man noch nicht.

All diesen alten Überlegungen zum Städtebau, auch der Gegenbewegung von Camillo Sitte, der ja dann Schluß machte mit der großen Symmetrie, sich aber zurückzog auf die kleinen unregelmäßigen Plätze als Inseln der Gestaltung in einem an sich amorphen Meer, allen diesen fehlte ja doch das Wesentliche am Städtebau, nämlich der Blick auf den Prozeß der kollektiven Entscheidung, sei diese Entscheidung nun politisch oder sei sie die Summe der einzelnen Entscheidungen.

Wie wird entschieden?

Der Mensch und die Umwelt, sie treten nicht in direkten Kontakt oder nicht nur in direkten Kontakt, wie es unsere Thesen ergeben, sondern es fehlt uns hier noch ein Drittes: Ich möchte es einmal provisorisch als die Politik bezeichnen. Der Mensch wirkt über die Politik auf die Umwelt, die Umwelt wirkt über die Politik auf den Menschen. Jetzt haben wir vielleicht etwas, was uns einige Minuten beschäftigen wird, ein kleines Modellchen, das wir einmal ausprobieren wollen. Denken Sie sich eine Stadt, vielleicht ist es eine Industriestadt, in

der die Meinung aufkommt, es fehle ihr die Mitte. Diese sogenannte Mitte soll erzeugt werden, das ist ein Impuls auf die Politik. Die Politiker überlegen, was eine Mitte sein könnte, es könnte etwas zu tun haben mit Kultur oder so etwas. Eine Oper wird beschlossen, es wird in der Stadtmitte eine Oper gebaut. Die Stadt, die Umwelt ist bereichert um ein repräsentatives Gebäude mit einer Fassade und drei Seiten, die weniger schön sind zum Anschauen und die dafür sorgen, daß ganz sicher kein Geschäft in eine Straße kommt, welche an eine solche Seitenfassade eines Opernhauses grenzt. Und die Wirkung auf den Menschen ist die, daß er dadurch langsam zur Überzeugung kommt, diese Oper sei ein Fehlschlag des Städtebaus.

Also, rechtsherum scheint die Maschine zu funktionieren, schauen wir einmal, ob sie linksherum funktioniert. Die Menschen haben die Vorstellung, man könne in der Stadt parkieren, was in der Stadt die Folge hat, daß man nicht mehr parkieren kann. Das hat in der Politik zur Folge, daß etwas geschehen muß, und man beschließt, eine Tiefgarage zu bauen, was zur Folge hat,

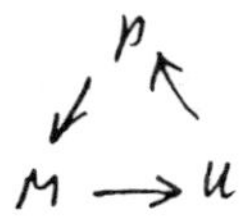

daß die Menschen denken, die anderen seien nun in der Tiefgarage, und man könne nun in der Stadt parkieren, was zur Folge hat, daß man in der Stadt immer noch nicht parkieren kann. Also, wir scheinen da ein funktionierendes Modell gefunden zu haben, und ich möchte Sie nun hinweisen auf meine zehn Thesen. Im folgenden werde ich entlang unseres Modellchens, unserer kleinen Dreitaktmaschine, Punkt für Punkt diese Thesen durchnehmen und schauen, ob sie in diese Maschine hineinpassen.

These 1 handelt von dem Pfeil vom Menschen zur Politik hin. Der Mensch hat Probleme, die Politik löst sie. Ich muß Ihnen sagen, daß dieses „Lösen“ bei mir immer Anführungszeichen hat, und gegen Ende wird Ihnen

ganz gruselig werden, wenn Sie das Wort „Lösen“ von mir hören.

Also die Politik hat den Willen, die Probleme, die die Menschen plagen, zu lösen, und diese Lösungen müssen irgendwie möglichst einfach, möglichst in einem Objekt zu finden sein. Ich habe das Beispiel gegeben: Es tritt das Problem des Alterns in der modernen Gesellschaft auf, und die „Lösung“ ist das Altersheim, oder es tritt in der

Gesellschaft die Frage nach der Wiedereingliederung von ehemaligen Strafgefangenen in die Gesellschaft auf, und die „Lösung“ ist ein Heim für ehemalige Strafgefangene, während eine tatsächliche Bearbeitung – ich sage nicht Lösung – des Problems darin liegen würde, die übrigen Leute, die Gesellschaft, die Nicht-Strafgefangenen über den Umgang mit solchen Menschen aufzuklären und den Hebel da oder an verschiedenen Orten anzusetzen.

Für diesen Gegensatz zum Wort „Lösen“ gibt es auch ein Wort, aber bezeichnenderweise nicht aus der Sprache der Zivilisten, denn da wird es selten verwendet, es heißt „Strategie“. Wir müssen da eine Anleihe machen bei Leuten, die zwar für eine schlechte Sache doch ein kluges Denken entwickelt haben. Also, das Gegenteil der direkten Problemlösung wäre das Einleiten von Strategien, d.h. das Ergreifen von mehreren Maßnahmen, die auf verschiedenen Wegen das Ziel, das gewünschte, herbeiführen.

Überforderter Architekt

Nun kommen wir in die Gegend der Politik, und da müssen wir unser kleines Modell um etwas ergänzen. Die Politik hat sozusagen einen Ableger, einen Ausläufer oder etwas, und das ist der Fachmann, der Gestalter, der Architekt, der Planer, der konsultiert wird. Wir müssen also hier irgendwie etwas anhängen, was zwar nicht politisch in den Beschlußfassungsprozeß integriert ist, dessen Ratschläge aber doch nicht so ganz harmlos auf der Ebene des Gutachtens liegen, sondern hinter den Kulissen erheblich die Weichen stellen.

Bisher hat dieser Berater, dieser Fachmann, insofern er ein Planer war und insofern der Planer in der überwiegenden Mehrzahl der Fälle aus dem Architekten hervorgegangen ist, die Probleme intuitiv gelöst. Das ist durchaus legitim, das kann man. Wenn ein Komplex viele offene Fragen hat und man die Unbekannten der Gleichung nicht mehr übersehen kann, dann bleibt einem nicht viel anderes übrig, als intuitiv zu lösen – man muß nur wissen, was man da tut.

Was ist das, Intuition? – Das ist so etwas wie die Vorschaltung eines Filters, bei dem die sogenannten unwesentlichen Probleme hängenbleiben. Nun, diese Methode, auf Grund von zwei, drei wesentlichen oder vermeintlich wesentlichen Problemen die Dinge zu lösen, hat zu den Zuständen geführt, die wir kennen in unseren Städten; die Summe aller Nebenprobleme, des Parkierens usw., hat zu Zuständen geführt, die nun die Hauptprobleme doch nicht als gelöst erscheinen lassen. Das spricht durchaus nicht gegen diesen Berater, den wir brauchen, es spricht nur gegen die Art, wie er überlastet wird, wie der Politiker einen Teil seiner Entscheidung nicht selbst trifft, sondern auf unpolitische Weise auf dieses Nebenorgan der Politik abwälzt.

Dann noch etwas, das wäre nun die These 3, zu diesem Verhältnis: Die beiden Instanzen, Politiker und Fachmann, stehen im Verhältnis von Bauherr und Auftraggeber, und da ist nach alter, guter, auch orthodox moderner und werkbündischer Lehre die Hauptsache ein exaktes Programm. Der Architekt, so lautet die Lehre, muß ein exaktes Programm haben, dann wird seine Arbeit schon gut sein. Nun ist eben die Frage, ob das in dieser Form noch stimmt.

Wie kamen diese guten Programme zustande? Ich rede jetzt von einem vermeintlich einfachen Fall, vom Bau einer Villa für einen Bauherrn. Wie spielt sich das ab? – Das spielt sich so ab, das gute Programm, daß der Architekt zum Auftraggeber geht und sagt: „Haben Sie nicht irgendwas, haben Sie nicht ein Hobby oder sowas, ich habe da gar nichts in den Fingern, haben Sie nicht das Hobby, Fotografien selber zu entwickeln oder Hunde zu züchten oder irgend etwas, wo ich mich dran halten kann, etwas Exaktes, nicht wahr, oder sammeln Sie Bilder?, damit ich das Haus eines Sammlers entwerfen könnte, das würde vielleicht publiziert." Und dann werden die Altersstufen der Kinder aufgeschrieben: Tochter 13, Sohn 9, und ein Baby. Dann wird das alles ganz genau eingerichtet. Mein Leben lang habe ich einen Waschtisch benutzt, der war 20 cm tiefer angebracht, der war für meine ältere Schwester; sie ist seinerzeit neun Jahre alt gewesen, als man das Haus baute.

Also übertragen auf unser Beispiel: das „M" wird einmal festgelegt, damit man das „U" danach gestalten

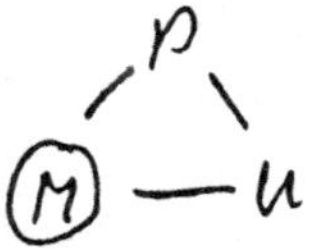

kann; und das ist ein großer Fehler. Denn die Gestaltung des U hat einen eminenten Einfluß auf das M; selbst wenn der Auftraggeber vor dem Bau des Hauses Bilder gesammelt oder die Fotografien selber vergrößert hat, hat er vielleicht durch das große Erlebnis eines eigenen Hausbaus sich so verändert, daß er sich nun mit seinem Garten beschäftigt. Also hier ein Wort zu These 3, zum exakten Programm, das ja gewöhnlich gar nicht vom Bauherrn aufgestellt wird, sondern vom Gestalter selber, der ihm sozusagen hilft, seine eigenen Bedürfnisse aufzustellen, damit er dann seine Probleme „lösen" kann.

Konkrete Einzelerfolge gesucht

Dann These 4. In Deutschland spricht man von 40 Milliarden DM, die in den nächsten Jahren für Schulhäuser auszugeben sind. Ich möchte jetzt etwas beschreiben, was da auf dem Wege von P nach U, von Politik nach Umwelt geht, aber etwas mehr in P zu lokalisieren ist, in der Politik. Die Politik hat einen fraktionierenden, einen zerstückelnden Charakter auf die Maßnahmen und Prozesse, die in der Gesellschaft und in der Umwelt einzuleiten wären; oder konkret gesagt der Politiker möchte gern einmal den Grundstein legen und einmal die Einweihungsrede halten, er ist interessiert daran, daß die Probleme irgendwo anfangen und irgendwo aufhören und daß er eine „Lösung" präsentieren kann. Er ist nicht daran interessiert, lange über schwierige Dinge zu reden und Tendenzen einzuleiten. Er ist also nicht bereit, zwei verschiedene mögliche Strategien zu diskutieren und sich auf eine in irgendeiner noch weitgehend offenen Weise festzulegen, aber mit dem Willen, diese Richtung über die Jahre hin zu verfolgen, sondern er ist eben sehr dankbar, daß sein Berater, der Architekt, ihm die Probleme in Form von „Lösungen", d.h. in Form von Einzelobjekten zuspielt.

Das ist nicht nur die Schuld des Politikers; eine Schuld liegt auch in der Welt, mit welcher der Politiker zu kämpfen hat, nämlich in der Veto-Gewalt verschiedener Instanzen. Es ist leicht, irgendein Objekt abzuschießen, viel leichter, als ein Objekt aufzustellen. Strategien, wie ich sie hier fordere, sind aber gefährdet dadurch, daß man Stücke aus ihnen herausschießt. Eine Strategie, sagen wir eine Verkehrssanierung der Innenstadt, könnte beispielsweise darin bestehen, daß man den Straßenbahntarif herabsetzt, daß man die Öffnungszeiten der Institutionen staffelt, daß man, vielleicht noch den Benzinzoll heraufsetzt oder was hier noch an Maßnahmen zu treffen wäre. Was passiert aber, wenn eine Maßnahme herausgeschossen wird, wenn man sich wohl den billigeren Straßenbahntarif gefallen läßt, aber irgendeine andere Macht dann die Heraufsetzung des Benzinzolles torpediert, was sehr leicht ist?

Dieses ist das Problem der Empfindlichkeit von Strategien auf die Veto-Gewalt. Die Inhaber der Veto-Gewalt, das sind innerhalb und außerhalb der Politik existierende Einzelne oder Organisationen, die halten sich an die Jägerregel bei der Rebhuhnjagd: Man schießt nicht in den Schwarm, sondern man hält aufs Stück. Das wäre These 4 gewesen.

Mißachtung der Entwicklung

Dann ein Wort zum Planen selbst. Planen ist heute das große Schlagwort, und es scheint mir, daß hier eine Verwirrung herrscht. Wir neigen dazu, die Probleme der Zukunft so zu lösen, als wären sie unsere heutigen Probleme. Wir extrapolieren eine Zukunft, d.h. eine Gemeinde, die jetzt 250 Einwohner hat, da sagen wir, die wird im Zeitpunkt X oder, wie es jetzt heißt, im Zeitpunkt des Vollausbaues, wird sie 13.728 Einwohner haben. Das legt man fest und tut dann so, als sei dieser Zustand schon erreicht und disponiert die Infrastruktur dieser Gemeinde auf diesen Zeitpunkt. Also man ignoriert die Zeitentwicklung zwischen heute und dannzumal; man glaubt eben, weitsichtig zu sein, wenn man schon auf diesen Zeitpunkt X auf die 13.728 Einwohner hin disponiert. Das ist einmal einfach unrealistisch, weil die Zeit eben ablaufen muß und eine Entwicklung darstellt und wir nur den Prozeß einleiten, seine Entwicklung eröffnen dürfen, aber ihn nicht abschließen. Und das andere ist, daß diese Sache außerordentlich undemokratisch ist, indem von diesen 13.728 Einwohnern, die irgendwann einmal in dieser Gemeinde sind, erst 250 mitreden können und die anderen die Sache so vorfinden, wie sie dann festgelegt ist. Es müßten hier die Stufen vorgesehen werden, in welchen in einem späteren Zeitpunkt die Entscheidungen korrigiert werden können und notfalls noch eine andere Richtung eingeschlagen werden kann, wenn die Leute die eingeschlagene Richtung nicht wollen. Sonst geschieht sozusagen eine Majorisierung der noch nicht vorhandenen Leute durch die verschwindende Minorität der schon anwesenden Leute. Das war These 5.

Es müßte also, ich drehe nun den Spieß um, den Spieß der Planer, nicht heißen: Wieviel muß geplant werden, sondern die Frage muß lauten: Wie wenig darf geplant werden, wie wenig kann überhaupt geplant werden? Das ist aber nicht zu verwechseln mit einem Nicht-Planen. Ich möchte nicht in der Weise mißverstanden werden, daß ich hier etwa das Nicht-Planen predige, sondern ein Planen, das fragt: Wie wenig können wir planen, so daß doch die gewünschten Entwicklungen eingeleitet sind, daß aber den nachkommenden Leuten auch noch etwas zum Planen und Beschließen übrigbleibt? – Planen also ohne Annullierung der Zeit, der Entwicklung in die Zukunft.

Und nur sozusagen in Klammern möchte ich ihnen zeigen, mit These 6, daß auch die Entwicklung der Vergangenheit annulliert wird. Wir haben die Tendenz, die Vergangenheit nicht als Entwicklung zu sehen, sondern als eine in die Gegenwart geholte punktförmige Angelegenheit. Denken Sie an unsere Denkmalpflege. Ihr oberstes Ziel ist es, das Gebäude in dem Zustand wiederherzustellen, in dem es zur Zeit seiner Entstehung, seines Baues war. Umbauten der inzwischen abgelaufenen Zeit, die durchaus legitim sein können infolge von Nutzungsänderungen, diese Umbauten werden eliminiert, alles, was dazugebaut wurde, ist eben falsch und böse. Wir scheuen uns nicht, in die Archive zu steigen und nach Plänen zu suchen, aus denen herauszufinden ist, wie es denn eigentlich gewesen sei, wie es eigentlich der Mann gewollt habe, der das gebaut hat. Es gibt Bauten, bei denen wollte die Restauration über den Zeitpunkt der Entstehung zurück auf Pläne gehen, weil man gesagt hat, schon der Auftraggeber hat dem Architekten eben hineingepfuscht. Also die Vergangenheit muß auch auf den Nullpunkt des Jetzt geführt werden; alles, was unsere Väter und Großväter an den Bauten gemacht haben, das war falsch, insbesondere, wenn sie nach kunstgeschichtlichen Gesichtspunkten restauriert haben, und unsere Söhne und Enkel werden falsch finden, was wir restauriert haben. Dieser ganze Annullierungsprozeß der Vergangenheit und dessen, was die Zeit den Bauten zugefügt hat, der zerstört allmählich die Bauten selbst. Das war eine Bemerkung in Klammern.

Gefordert: Polyvalenz der Nutzungen

Dann noch etwas, hier auf dem Weg der Politik zur Umwelt. Es schließt eigentlich an bei meiner Ablehnung allzu determinierender Programme. Diese determinierenden Programme haben die Tendenz, zu eindeutigen Nutzungen zu führen, d.h. ein Gebäude gilt als um so richtiger und besser, als es nur einem einzigen und keinem anderen Zwecke dienen kann. Wenn das richtig wäre, denken Sie an die These über Denkmalpflege, dann wären ja alte Gebäude gar nicht mehr da.

Dann würde ja kein einziges Gebäude länger leben als 20 Jahre, denn alle Nutzungen ändern sich im Laufe von 20 Jahren. Aber es ist gerade die Qualität eines Gebäudes, daß es eben nicht eine determinierte Nutzung hat, sondern eine mehrfache, daß eine Mehrfachnutzung möglich ist, also eine gewisse Polyvalenz der Räume, denn – ich denke jetzt in der städtebaulichen Kategorie – nur die Polyvalenz macht das möglich, was die Stadt überhaupt ausmacht, nämlich die Überlagerung von Nutzungen.

Die Straße dient ja nicht nur einem Zweck, die Wohnstraße ist immer auch Spielplatz gewesen, ob man das möchte oder nicht, und die wichtigere Wohnstraße ist immer auch Durchfahrtsstraße gewesen, die Durchfahrtsstraße auch Wohnstraße. Auch in der zeitlichen Entwicklung müssen sich die Nutzungen überlagern können, der Parkplatz des Warenhauses am Tag ist auch der Parkplatz des Theaters am Abend, nur durch solche allmähliche Überlagerung, durch die Möglichkeit der Überlagerung ergibt sich die städtische Verflechtung, ergibt sich das, was die Stadt überhaupt erst ausmacht, nämlich die marktartige Verflechtung der verschiedensten Nutzungen.

Die These 8 ist ein Einschiebsel sozusagen, die nochmalige Abschirmung des Mißverständnisses, dieses Nicht-Programmieren oder Unscharf-Programmieren, das ich hier fordern möchte, sei ein Nicht-Planen. Das ist etwas durchaus anderes. Nicht die schlechte oder schwache Planung schafft dann die gute Stadt, sondern das Herausfinden von möglichen Unschärfen, von möglichen Überlagerungen ist eine planerische Wissenschaft, die wir betreiben müssen.

Wir müssen das Maß an Polyvalenz, an alternativer Gebrauchsfreiheit oder Wahlfreiheit einplanen. Es gibt

Systeme, die sind offener, und andere Systeme sind weniger offen für Änderungen. Unsere Systeme, die wir so bauen, sind ja dem Wachstum ausgesetzt, und die Überlagerung, die wir zunächst herbeiführen möchten, muß im Laufe des Wachstums, beispielsweise der Stadt, wieder aufgelöst werden.

Wenn wir bei der Planung, sagen wir einer Vorstadt, eines vorstädtischen Zentrums, zunächst daran interessiert waren, daß hier überhaupt etwas passiert, daß wir überhaupt ein bißchen Dichte und Überlagerung und Verflechtung heranbekommen und deshalb vieles sich überlagern ließen – wenn wir da sagten, die Schulkinder sollen ruhig durch das Zentrum in die Schule gehen, damit die Hausfrauen überhaupt jemanden antreffen, wenn sie ihre Einkäufe machen, und die Schulkinder sollen auch ihre Eltern oder ihre Mütter oder andere Mütter sehen, wenn sie aus der Schule nach Hause kommen – wenn wir diese Dinge zunächst überlagerten, dann müssen wir sie ja in einer zweiten Phase, in einer Phase von einer größeren Einwohnerzahl, wieder entflechten, d.h. die Dichte, die wir zunächst gerufen haben, müssen wir wieder loswerden, damit keine Unfälle passieren. Die Strukturen müssen nicht nur verflechtbar, sondern auch entflechtbar sein. Diese Forderung ist präzis und nicht etwa der Ruf nach Unordnung.

Wandlung des Gestaltungsbegriffs

Ja, und nun These 9, das ist die eigentlich dem Werkbund gewidmete These und handelt vom Aussehen, von der Gestalt. Wir kommen jetzt zur Beziehung von Politik zur Umwelt und dann wieder zum Menschen hin. Daß das exakte Programm auch den gut geformten Gegenstand, wie klein oder wie groß der jetzt sei, ob das nun ein Aschenbecher oder eine Stadt sei – „vom Aschenbecher zur Stadt“ war ja einmal ein Schlagwort –, daß das exakte Programm die Gestalt des Objektes bestimmen soll, das ist ja doch eines der Herzstücke werkbündischer Überlegungen.

Nun die Frage, wie steht es mit der Gestalt des unscharf Programmierten, des vage, auf Zukunft und auf Wachstum hin Programmierten? Da können wir plötzlich nicht mehr mit dem ausdrucksvollen Aussehen beispielsweise des Rathauses als „Stadtkrone“ rechnen, wenn wir das Rathaus so bauen, daß es zuerst die Verwaltung beherbergt, aber daß man diese vielleicht einmal verlegt und dann dieses Gebäude anderweitig vermietet an Geschäfte; wir können keinen Mieter für die Stadtkrone suchen, das würde ja wohl Aufsehen erregen.

Also die Frage: Wie steht es eigentlich um die Gestalt unter den Bedingungen dieser Forderung nach einer offenen Planung? Ich gehe ins Extrem: Wie stünde es um die Gestalt, wenn wir beschließen würden, man müßte eigentlich nur „städtischen Raum“ bauen? Eine Utopie gewiß, aber vielleicht ein Denkexempel! Man baut zunächst einmal städtischen Raum, wie man in England „nursery factories“, also Fabriken für Fabrikationsanfänger, auf Vorrat gebaut hat und dann diese Fabriken vermietet, ob einer da Autos montieren oder ob er einen Plastikgegenstand produzieren will; so könnte man ja im Extrem einmal städtischen Raum bauen und schauen, was sich da tut, ob da Läden kommen oder Versicherungen oder ob überhaupt der Prozeß noch gar nicht soweit ist, daß da vielleicht noch gar kein Geschäft kommt und man vorerst einmal überhaupt darin wohnt.

Deshalb dieser Exkurs über die Gestalt hier in These 9, wir glauben ja auch bei den Gegenständen an das Programm und die daraus hervorgehende Gestalt, also an die berühmte werkbündische Türklinke und die Gabel und alles das – aber das sind ja eigentlich doch alles Gegenstände, die sind nicht mehr wert, daß wir alle die Köpfe darüber erhitzen. Die eigentlich wichtigen Gegenstände sind ja wohl die Apparate. Und da ist ja die Entwicklung doch sehr entgegen unseren Absichten gelaufen wegen – ich sage nur das Stichwort – der Erfindung des Transistors, sozusagen als Symbol aller Erfindungen der letzten Zeit. Der Transistor hat doch eine ganz neue Situation gebracht: Aus immer gleichen Elementen, aus einem immer gleich aussehenden Drahtgewirr entstehen ähnlich aussehende Apparate, die durchaus verschiedene Zwecke haben. Entweder können sie rechnen oder Musik spielen oder was weiß ich, was man da alles herstellen kann, was eben von außen so aussieht wie ein Blechkasten und innen eben aus Transistoren und einem Drahtgewirr besteht. Wo liegt da die Gestalt? Sie liegt ganz eindeutig in einem ganz bestimmten Organ dieses Gebildes, nämlich in der Taste. Auf Grund der Tasten, die wir drücken müssen, wissen wir, was das für ein Apparat ist, und wenn wir diese Tasten kennen und drücken können, dann können wir den Apparat bedienen, wenn wir sie nicht kennen, wenn sie uns nichts sagen, dann bleibt uns dieser Apparat fremd und unnütz.

Nun könnte es ja ähnlich sein mit diesem undeterminierten Bauraum in der Stadt, vielleicht könnte die Taste – also sozusagen eine sekundäre Architektur – hier die Gestalt beigeben. Vielleicht sind die vorgebauten Häuser und Straßen durch Tasten, durch Zeichen unterschiedlich gemacht, und diese Zeichen können auch wechseln, d.h. im Laufe des Wachstums der Stadt werden an die Stelle der gemütlichen Wirtshausschilder die Firmenschilder von großen Versicherungen und

Banken treten. Also, vielleicht bringt die Forderung nach unscharfer Programmierung die Notwendigkeit einer Trennung von primärer Architektur und sekundärer oder akzessorischer Architektur mit sich, und nur diese zweite Architektur ist Träger des Ausdrucks oder der Gestalt.

Keine Bevormundung des Benutzers!

Nun noch etwas zu These 10, nämlich über das Verhältnis von Politik und Mensch, oder in der privaten Aufgabe des Auftraggebers und des Gestalters zum Benutzer. Ich kritisiere das Verhalten des Auftraggebers, des öffentlichen Auftraggebers und des privaten, weil er alles dem Fachmann, dem Gestalter, überläßt, weil er sich von da die Aufgabe analysieren und die Lösung diktieren läßt. Überall sprechen die ausführenden Gestalter über die Probleme selbst mit; niemand kennt so gut die neuesten liturgischen Entwicklungen unserer Kirchen wie der Architekt. Das ist nicht sein Fehler, sondern das ist der Fehler des Auftraggebers, der eben die Lösung hinausschiebt. Der Architekt kann nun einmal nicht mehr warten, er hat die Dachziegel schon bestellt und muß nun zu einer Lösung kommen, bevor die Ziegel eintreffen. Also liest er oder hört sich schnell etwas über Liturgie an, macht sich zum Fachmann und löst das Problem.

Was schlägt der Gestalter oder Architekt vor, wenn man ihm ein Problem vorlegt? Was schlägt der Apfelbaum vor, wenn man ihm ein Problem vorlegt? – Natürlich Äpfel; also der Gestalter schlägt immer Bauten vor, jedes Problem mündet ein in einen Bau, damit sind wir wieder am Anfang des Vortrages: „Lösungen“ werden heute gebraucht an Stelle von Strategien.

Nicht gefragt ist bei dieser Sache gewöhnlich der Benutzer, er ist auch in der Folge machtlos. Das von ihm benutzte Gebäude oder Objekt gehört ihm nicht, er darf nicht verändern, was ihm nicht gehört. Also die Quintessenz und Forderung: Das Bauen müßte wieder Teil des gesamten Prozesses der Veränderung und der Gestaltung der Umwelt werden. Wir müssen dieses hier gezeichnete

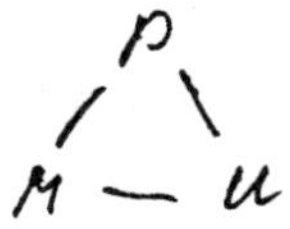

Dreieck als solches nehmen und in Gang bringen, und wir müssen jede Ecke dieses Dreiecks ernst nehmen und ihr die Möglichkeit geben, sich an der Gestaltung zu beteiligen. Es ist möglich, wieder den Auftraggeber und wieder den Benutzer zu aktivieren, allerdings nicht in dem Sinne, daß sie nun deterministische, determinierte Programme abgeben, sondern daß auch sie immer nur so viel formulieren dürfen, daß der nächste Partner im Prozeß auch noch etwas zu sagen hat.

Politische Entscheidungen der Bauplanung (1970)

Politische Entscheidungen der Bauplanung – wichtig ist in diesem Titel der Plural. Es gilt nämlich, von der Illusion eines formal-demokratischen Modells abzukommen, das besagt, es gebe an einem Bauvorhaben nur *eine* politische Entscheidung: den Beschluß, das von den Sachverständigen ausgearbeitete Projekt auszuführen. Das formal-demokratische Modell postuliert die Trennung zwischen beratenden und entscheidenden Instanzen: „Der Politiker stellt dem Fachmann Fragen, die dieser beantwortet, worauf der Politiker seinen Beschluß fassen kann."

Wo fallen die Entscheidungen?

Demgegenüber müssen wir erkennen, daß hinter jedem Bau eine Kette von Vorentscheidungen und Entscheidungen steckt, welche bald ins Lager der Politiker, bald aber auch ins Lager der Fachleute fallen. Entscheidungen werden auch da getroffen, wo nur ein „Rat" gegeben wird. Der Rat, ein Problem so anzupacken und nicht anders, beinhaltet ebenfalls politische Substanz. Selbst die Forschung, die scheinbar neutralste Instanz, besteht aus einer Kette wertender Entscheidungen: Jene Hypothese aufzugreifen, eine andere nicht weiter zu verfolgen, da einem Assistenten freie Hand zu lassen, dort keine Arbeitskraft einzusetzen, das sind Entschlüsse. Aber auch die Entschlüsse der Forschung fallen nicht allein im Lager der Forschung; der Gutachter sitzt am Gängelband seines Auftraggebers, der sich wohl scheinbar nicht einmischt, aber doch eine bestimmte und begrenzte Summe Geldes aussetzt, darüber Rechenschaft verlangt, gegebenenfalls einen Teilbereich des Forschungsvorhabens abbremst und einen anderen reichlich mit Mitteln dotiert – dies keineswegs mit verbundenen Augen, sondern offensichtlich im Bemühen, selber etwas von der Sache zu verstehen.

Diese für die Forschungspolitik längst bekannten Verbindungen gelten auch im Bauwesen: Hier reicht die Kette der sichtbaren und unsichtbaren Entscheidungen von dem Punkte, von dem aus der Vielfalt der öffentlichen Übelstände ein einzelner zur Behebung herausgegriffen wird, um sich in ein Bauvorhaben und dann in einen Bau zu verwandeln, bis zur Benutzung dieses Baues für den ursprünglich geplanten, später für andere Zwecke und dann hin zur Renovation, zum Abbruch oder zur denkmalpflegerischen Betreuung dieses Gebäudes. In dieser Kette ist das Erstellen des Baues die kleinste und vergleichsweise unproblematischste Episode, bei welcher am wenigsten diskutiert werden kann: hier herrschen tatsächlich die Gegebenheiten und Sachzwänge. Deshalb sprechen wir jetzt vom gesamten Entschlußfassungsprozeß, von der Frage, wann denn wer eigentlich was endgültig festlegt und wer das Recht hat, welche Gruppen zum Bezahlen einer Sache zu zwingen, die welchen, gleichen oder anderen, Gruppen zugute kommt. – Das ist ein großes Thema; auf diesen wenigen Seiten können wir nur einige Problemstellungen daraus andeuten.

Wie entsteht ein Issue?

Wie entsteht ein Issue? – Unter „Issue“ wollen wir ein Thema verstehen, das öffentlich diskutiert und entschieden wird. Irgendwer greift aus den vielen Dingen, die es zu tun gäbe zwischen dem Reinigen des Bürgersteigs und dem Bau einer Luftkissenbahn, ein Thema heraus und macht es damit zum Issue. Die Erkürung eines Themas zum Issue ist eine Einschränkung der Entscheidungsfreiheit der politischen Gruppen: Wenn es gelingt, die Notwendigkeit einer neuen Studentenmensa zum Issue zu machen, so kommt für die Stadt vorerst der Bau eines neuen Hallenbades nicht in Betracht – und umgekehrt.

Da mit der Wahl des Issues Gruppen bevorzugt und andere benachteiligt werden, muß dieser Vorgang mit dem Schein der Notwendigkeit umgeben werden. Solange aber niemand die Dringlichkeit einer studentischen Mensa mit der Dringlichkeit eines öffentlichen Bades vergleichen kann, so muß für diese Entscheidung ein Sachzwang geschaffen werden. Der einfachste Sachzwang ist der Übelstand. Ein primitives, aber häufig angewandtes Mittel ist beispielsweise, den alten Bau der Mensa oder des Hallenbades so verkommen zu lassen, daß man ein neues Gebäude errichten „muß", da sich eine Reparatur „nicht mehr lohnt".

Das Issue entsteht also – scheinbar – aus einem Zwang heraus; auch derjenige, der das Issue aufstellt, glaubt oft, unter Zwängen zu handeln. Der Zwang aber kommt nicht von der Sache, sondern von den möglichen Alternativen her, von den vielen Forderungen, die auch erhoben werden könnten: Unter dem Zwang, kritische Gruppen von der Notwendigkeit des einen Bauvorhabens und der Überflüssigkeit aller anderen überzeugen zu müssen, wird als Hilfe ein Sachzwang geschaffen. Wer Sachzwänge schaffen kann, der befreit sich vom Zwang des politischen Drucks und lenkt damit die städtische Baupolitik.

Ein Issue wird ein Bau

Nun eröffnet sich ein zweiter Komplex von Phänomenen, welche bewirken, daß aus dem Issue ein Bau wird – nicht etwa mehrere Bauten oder eine organisatorische Maßnahme; die weiterhin diesen Bau irgendwie begrenzen und bestimmen, daß es nämlich eine Mensa sei oder ein Hallenbad und nicht etwa noch Telefonkabinen oder ein Polizeiposten dazukomme, ein Kindergarten oder eine Spielwiese oder alles zusammen; und fernerhin, daß diesem Projekt von allem Anfang an eine Perfektion innewohnt, welche Diskussionen nur noch um nebensächliche Probleme zuläßt.

Weshalb ein Problem meistens zu einem Bau führt und nicht zu organisatorischen Lösungen, hat der Schreibende an anderer Stelle darzulegen versucht.[1] Bestimmte Interaktionsprozesse zwischen den politischen Stadtregierungen der architektonisch vorgebildeten Beamtenschaft der Hoch- und Tiefbauämter sowie den freischaffenden Architekten erleichtern diesen Vorgang. Vorgeprägt ist er aber auf linguistischer Ebene in der Struktur unseres Bewußtseins; in der Feststellung eines Übelstandes liegt schon die Art der Abhilfe begründet, und diese muß möglichst anschaulich und benennbar sein: für die Studenten eine Mensa – und nicht ein Abkommen über verbilligte Mahlzeitenabgabe in einigen der Universität benachbarten Restaurants oder eine ähnliche Regelung.

Die Sauberkeit der Lösung

Ein anderes, wahrscheinlich auch linguistisch vorgeprägtes Phänomen ist die Begrenzung der Bauaufgabe. Städtische Bauaufgaben tendieren dazu, möglichst „rein" zu sein, vergleichbar jenen Amtsstellen, die auf ihrem Briefpapier vorgedruckt haben: „Man ist gebeten, im gleichen Schreiben nur eine Sache zu behandeln", oder jenen Geschäftsordnungen, welche von den parlamentarischen Verhandlungen „Einheit der Materie" verlangen. Rationell jedenfalls wäre die Uneinheitlich-

1) Lucius Burckhardt und Walter M. Förderer, „Bauen – ein Prozeß", Verlag Arhur Niggli, Teufen 1968

keit der Materie: daß die Küche der Studentenmensa, wenn sie schon gebaut werden soll, in den Zwischenzeiten auch Mahlzeiten für ältere und gebrechliche Personen des betreffenden Quartiers vorkocht, welche dann nicht ihrerseits eine Gemeinschaftsküche verlangen. Aber man versuche einmal, einen derartigen Vorschlag durchzusetzen!

Nicht nur auf der politischen Seite ist die Einheit des Bauzweckes vorgeprägt; sie entspricht auch den ästhetischen Dogmen des Modernismus. Ein modernes Gebäude ist immer eine, nein, die Lösung für ein Problem. Die Fassade soll keine andere Aussage haben als diese: Schaut, wie einfach alles wurde, sobald der Architekt dahinterging! Der geniale Architekt reduziert komplexe Situationen auf das „Wesentliche"; und das leicht lesbare Abbild dieses Wesentlichen ist die Fassade. – So arbeiten die politische und die fachliche Seite einander in die Hände, um Bauzwecke möglichst zu isolieren und zu isolierten Lösungen zu bringen.

Ein weiterer Faktor der Begrenzung von Bauzwecken kommt von der Kostenseite. Jeder Beamte und jeder Architekt kennen ungefähr die Portionen, die die Lösung eines Problems kosten darf: Es ist jene Summe Geld, die über die laufenden Kosten der Bauverwaltung hinaus in einem gegebenen Zeitabschnitt zur Verfügung steht. Die Rhythmen der Wahl und Wiederwahl, die Arbeitsrhythmen des Parlaments und die Belastbarkeit des Steuerzahlers bestimmen also größenordnungsmäßig die Portionen, die für ein Objekt verbaut werden können. Höchst unbeliebt sind alle Bauvorhaben, die Budgetposten über längere Zeiten festlegen; indem der Politiker solche beschließt, beschränkt er ja – statt die der andern – seine eigene Handlungsfähigkeit. Viel lieber präsentiert er also kleine oder mittelgroße, rundherum perfekte, dem Jahresaufkommen der Stadt schön proportionale Bauobjekte: Mit ihnen kann er sich überfallartig durchsetzen, sie weisen keine Ansatzpunkte zur Diskussion und Kritik auf und setzen sich wie Angelhaken in den Köpfen des Publikums fest.

Durch den Parlamentarismus ist die Beschlußfassungsweise von Staaten in die kommunalen Räte übernommen worden. Wie im Parlament so gilt auch in der Lokalpolitik die Diskussion einer Vorlage schon als Mißtrauenskundgebung, die Ablehnung aber als ein Durchfall der Regierung. Die Beamten können es sich nicht leisten, ihrem Ressortchef ein Projekt mit in die Diskussion zu geben, das nicht hieb- und stichfest ist und mit dem er nicht siegreich aus der Debatte hervorgeht. In diesem Sinne risikofrei sind aber nur die „reinen“ Projekte: Komplizierte Konglomerate aus vielfach verflochtenen Nutzungen, ein Verwaltungsgebäude zum Beispiel, das zweckmäßigerweise so eingerichtet ist, daß es in einer späteren Phase als Kaufhaus verwendet werden kann, wenn die Verwaltung das Stadtzentrum verlassen hat – ein solches Bauvorhaben ist niemals unangreifbar und deshalb auch nicht, nach heutiger Auffassung, im Rate präsentierbar. Die Forderung, es müßten den Räten oder sogar dem Volk Alternativen vorgelegt werden, unter welchen es die generelle Tendenz der künftigen Bedürfnisbefriedigung selber auswählen könne, scheitert an dieser Stelle.

Methoden der Durchsetzung

Es öffnet sich hier ein neues und weites Thema, das von der Art und Weise handelt, mit der die Verwaltung ihre Projekte durchsetzt. In dieser Beziehung ist die Verwaltung so unerwartet erfindungsreich, daß uns eine

Systematik des Vorgehens nicht gelingen wird. Deshalb beschränken wir uns hier auf eine Anekdote.

Vom Schreiber dieser Zeilen war bekannt, daß er einem bestimmten kommunalen Projekt der Stadt, die er bewohnt, skeptisch gegenübersteht. Es wurde von einer politischen Partei eine öffentliche kontradiktorische Versammlung in einem der Stadt gehörenden Saal veranstaltet, zu der er eingeladen wurde. Wohl wissend, daß in solchen Diskussionen der optische Eindruck stärker wirkt als das gesprochene Wort, versah sich der Schreibende mit einigen Diapositiven, einem Projektionsapparat und einem Mann, der diesen bedienen konnte. Vor dem Beginn der Veranstaltung entspann sich mit dem Gesprächspartner folgende Diskussion:

Der Stadtingenieur: „Wir haben Diapositive mitgebracht, welche von beiden Gesprächsparteien benutzt werden können. Ich denke, Sie sind einverstanden, wenn wir diese am Anfang zeigen."

Oppositioneller: „Danke, ich habe selber Diapositive mitgebracht, die ich zeigen möchte. Jeder von uns kann während seiner Sprechzeit seine Bilder zeigen."

Stadtingenieur: „Wir allein verfügen über authentische Diapositive von dem zur Debatte stehenden Projekt. Ihre Diapositive können nicht gezeigt werden."

Oppositioneller: „Meine Diapositive zeigen gar nicht das offizielle Projekt, sondern andere Möglichkeiten."

Stadtingenieur: „Es ist fraglich, ob das Format Ihrer Diapositive in den Projektionsapparat paßt."

Oppositioneller: „Ich habe einen eigenen Apparat mitgebracht."

Stadtingenieur: „Wer soll Ihren Apparat bedienen? Der Hausmeister wird es nicht tun, weil es kein hauseigenes Gerät ist."

Oppositioneller: „Ich habe einen eigenen Operateur mitgebracht."
Stadtingenieur: „Wie wäre es, wenn wir vereinbaren würden, daß keiner der Gesprächspartner Bilder zeigt?"

Wenn die Beamtenschaft auf solche Vorgänge hin angesprochen wird – es gibt da weit weniger harmlose Geschichten als die oben geschilderte –, so versucht sie meistens zwei Scheinargumente ins Gespräch zu bringen. Das eine lautet: Es ist gar nicht wahr, daß wir eine Geheimpolitik betreiben; es kann ja jeder zu uns kommen und sich informieren. (Fragt man dann weiter, ob schon jemals einer gekommen sei, so schüttelt man bedauernd den Kopf.) Es geht aber gar nicht um die sozusagen private Information von einzelnen Privatleuten, die von einem Bauvorhaben Wind bekommen haben und sich nun erkundigen wollen, ob sie vielleicht dadurch in irgendeiner privatrechtlichen Weise benachteiligt seien, sondern es geht um öffentliche Information der Öffentlichkeit, damit diese in die Beschlußfassung eingreifen kann.

Das andere Argument der Beamtenschaft lautet: Mit der Forderung nach Oppositionsmöglichkeit schwächt man die Verwaltung, stärkt man die potentiellen Gegner von Verbesserungen, und der Erfolg ist nur, daß gar nichts verwirklicht werden kann. Auch diese Argumentation geht am Wesen der Sache vorbei. Sie zeigt uns nur, in wie starker Weise die Bauverwaltungen Alternativen verabscheuen und nur eine einzige „Lösung" vorantreiben. Eine Diskussion mit der Öffentlichkeit ist aber nur möglich, wenn diese Technik der Überrumpelung durch Perfektion endgültig beiseite gelegt wird.

Ein weiterer Themenkreis greift zurück auf die schon aufgeworfene Frage, wem mit den ausgewählten Issues eigentlich geholfen wird und welche Gruppen benachteiligt und belastet werden. Jedes Projekt bevorzugt naturgemäß einzelne Teile der Bevölkerung, die Mensa die Studenten, der Sportplatz die Jungen, das Altersheim die Alten usw. Wir behaupteten eingangs, daß eine Vergleichsmöglichkeit des allgemeinen Nutzens einzelner Vorlagen untereinander nicht besteht. In jüngster Zeit versucht man durch die sogenannten Cost-Benefit-Analysen eine solche Vergleichsmöglichkeit herzustellen. Gewiß ist es höchst begrüßenswert, wenn an die Stelle der willkürlichen Bevorzugung bestimmter, für die Hausmacht einzelner Politiker wichtiger Gruppen die gesamtwirtschaftliche Effizienz als Maßstab der Dringlichkeit tritt. Jedoch ist zu befürchten, daß damit erneut ein ideologischer Schleier über die tatsächlichen Verhältnisse gelegt wird.

Die Aufstände in den amerikanischen Negerquartieren haben es an den Tag gebracht, daß selbst gemeinnützige und soziale Unternehmungen klassenspezifisch wirksam sind und oft nicht den Bedürftigsten zugute kommen. Gerade ein allgemeines Cost-Benefit-Denken könnte die Hilfe, die sich an die wahrhaft Hilfesuchenden richtet, als unrentabel erklären, während die Unterstützung breiterer und stärkerer Bevölkerungsklassen als höchst effizient erscheint. In diesem Sinne bemerken wir beispielsweise gar nicht mehr die Ungerechtigkeit, mit welcher der Staat den Autobesitzer gegenüber dem Nichtmotorisierten bevorzugt. Es erscheint uns als ein geradezu naturgegebenes Gesetz, daß öffentliche Verkehrsmittel privatwirtschaftlich abrechnen, der privat motorisierte Verkehr aber auf öffentlich finanzierten Fahrbahnen verkehrt. Mit diesem im Westen nirgends bestrittenen Axiom sind die auch politisch wehrlosen Gruppen, die Kinder und die Gebrechlichen, ohnehin benachteiligt. Benachteiligt ist aber auch jener, der in der Vollkraft seines Lebens das Geld für einen Autokauf – und damit für einen Start in die Berufschancen oberhalb des Tagelöhners – nicht findet.

Weniger schwer zu beantworten ist die Frage, wer die Kosten für die Projekte mit ihrem verschleierten Begünstigtenkreis eigentlich aufbringt: Die Steuern scheinen ja nach einem Modus verteilt zu sein, der dem öffentlichen Konsensus über die Gerechtigkeit entspricht. Nehmen wir an, daß dem so wäre – in Wirklichkeit sprechen auch hier gewichtige Interessengruppen mit –, so bewirkt doch die Geldverschlechterung, daß sich dieser Modus ständig um Grade verschiebt. Es geraten immer neue Gruppen in den Schlagschatten der steigenden Progression, denn was vor einigen Jahren noch als ein gehobenes Einkommen erschien, ist heute Existenzbasis. Von der anderen Hälfte der Finanzierung öffentlicher Bauvorhaben, jener auf dem Anleihensweg, wollen wir schweigen; auch hier profitieren der Staat und die von ihm subventionierten Gruppen von der Inflation auf Kosten jener, die solche Anleihen zu zeichnen gezwungen sind – beispielsweise Unmündige.

Das Selbstverständnis der Planergenerationen

Ein weiteres Kapitel muß nochmals auf den Architekten zurückkommen und auf seine Rolle bei der Entscheidungsfindung. Der Architekt, der doch eine beratende, vorschlagende Rolle haben müßte, sieht sich gern als der Mann, der fähig ist, in komplizierten Situationen und bei fehlender Entschlußkraft der eigentlichen Entscheidungsträger eine kräftige und einleuchtende Lösung zu finden. Dabei entscheidet er intuitiv. Die Intuition ist ein Mittel, mit welchem man Gleichungen lösen kann, die mehr Unbekannte als Aussagen haben. Das Mittel der Intuition ist die Reduktion eines Problems auf das „Wesentliche". Diese bequeme Einteilung der Welt in Haupt- und Nebenprobleme ermöglicht zweifellos Entschlüsse auch in undurchsichtigen Situationen. Nur wird damit der Entschluß schon vorgeprägt durch das Verfahren: Indem man Nebenprobleme ausfiltriert, fällt man – unbewußt – ständig Entscheidungen. Daß die dabei unter den Tisch gefallenen, scheinbar unwesentlichen Probleme auch ihr Wesen haben, merkt man erst viel später; dann treten sie als dringliche neue Bauaufgaben auf: die verdrängten Parkplätze als Parking-Garage, die unterdrückten Werkstätten und Spielräume als Freizeit-Center, die nicht gebauten Einliegerwohnungen als Altersheim: willkommene Issues für neue, intuitive Lösungen …

Im Gegensatz zu der noch stark von der Intuitions-Mythologie geprägten oberen Planergeneration bedient sich die jüngere – und das ist erfreulich – der modernsten analytischen Mittel. Mit dem Computer gerechnete Verkehrsmodelle oder Spielsimulationen von planerischen Abläufen sind für sie das tägliche Brot. Wie aber stellt sich diese Generation zu den unerläßlichen Bewertungsfragen? – Hier scheint nun die Gefahr zu bestehen, daß die Einstellung der Menschen als ein bloßes „Verhalten" abgetan wird, oder mit anderen Worten, daß die Politik durch die Soziologie ersetzt wird.

Die neuen Erkenntnisse über den prozessualen Charakter der Planung und die Interdependenz zwischen dem Planer und dem Entscheidungsträger werden nur als eine Herausforderung genommen, den Entscheidungsträger genauer zu analysieren und ihn durch Strategien in die richtige Bahn zu manipulieren. Damit wird aber der Feedback-Effekt der demokratischen Beschluß-fassung für den Planer vernichtet. Indem die Antwort des Entscheidungsträgers und des Betroffenen auf die planerische Maßnahme vom Planer schon vorausgenommen und strategisch erzeugt wird, bestätigt sich die väterliche Weisheit des Planenden stets aufs neue. Gewiß ist es ärgerlich, wenn alle Schritte einer Planung durch die Veto-Power lokaler Matadore zunichte gemacht werden; aber das bloße Überspielen dieser Kräfte durch einen soziologisch operierenden Superman schafft die Probleme nur für kurze Zeit aus dem Weg und läßt sie beim nächsten Schritt wiedererstehen.

Strategie und Demokratie

Wir stehen hier am letzten und an offenen Fragen reichsten Kapitel dieser Betrachtungen: Wie verhält sich planerische Strategie gegenüber den Kräften der Demokratie? Oder auf unsere eingangs aufgeworfenen Fragen hin formuliert: Wenn wir planende Behörden hätten, welche nicht punktuell aus dem Strom der Möglichkeiten ihre Issues hervorklauben und diese sogenannten „sauberen Lösungen" zuführen würden, welche sich vielmehr in kontinuierlich und strategisch planender Weise der Verbesserung unseres heruntergekommenen städtischen Environments annehmen würden – angenommen, wir hätten solche Behörden –, wie könnten diese ihre Strategien verwirklichen? Würde ihnen nicht allzuoft durch eine lokale Kraft ein Stück aus dem Bündel der Maßnahmen herausgeschlagen? Könnten sie beispielsweise eine Stadtsanierung durchsetzen, welche aus der Verbilligung der Straßenbahntarife, der Staffelung der Geschäfts- und Schulzeiten und der Erhöhung des Benzinpreises bestehen würde, oder würden sie nicht riskieren, daß die Öffentlichkeit zwar die Verbilligung der Fahrkarten akzeptiert, nicht aber die Verteuerung des Kraftstoffs?

In dieser Situation gibt es für die Behörden zwei Wege: den Rückzug auf eine noch geheimere und noch mehr überfallartige Handlungsweise als bisher und den Vormarsch in die Öffentlichkeit und den ständigen, gegenseitig informierenden Kontakt mit dem Publikum im Sinne eines kollektiven Lernprozesses. Im Hinblick auf Gelder, welche für die Propagierung planerischer Maßnahmen eingesetzt werden können, hat man den Schreibenden unlängst gefragt, welche planerischen Maßnahmen er für die dringlichsten halte und wo diese Propaganda beginnen solle. Die Antwort lautet: Nicht die Propagierung bestimmter Planungsmaßnahmen tut not, sondern die Einführung planerischen Denkens in die öffentliche Diskussion über kommunale und regionale Politik. Denn Maßnahmen engen die Entscheidungsfreiheit ein, Planung aber soll sie erweitern.

Schwierigkeiten beim Nachdenken über Leitbilder (1971)

Zum Anfang möchte ich vier allgemeine Phänomene behandeln, welche sozusagen den Hintergrund der nachfolgenden warnenden und kritischen Bemerkungen über die vorhandenen und aufzustellenden Leitbilder darstellen. Als erste die leidige Frage, die man aber doch nicht einfach verdrängen darf, was denn das sei,

Leitbilder. Prof. Winkler hat einmal versucht, der Geschichte dieses Wortes nachzugehen. Er endete dabei am Beginn der heutigen Planungsära, nämlich in den 1950er Jahren. Ohne es beweisen zu können, möchte ich behaupten, daß das Wort vermutlich nicht dem klaren Wasser des Planungsgedankens, sondern der braunen Sauce der Kriegsvorbereitung in den dreißiger Jahren entsprungen ist. Der Gedanke einer nur bildhaft geahnten höheren Zielkategorie, welche in geschmeidiger Weise die Ziele niedrigerer Ordnung auf das eine, höhere Ziel hintrimmt, erinnert jene, die es noch in den Ohren haben, an die protofaschistischen Philosophen, die von „Gestalt", „Dienst schlechthin" und „Konzentration der Ahnung" sprachen, eleganten Unklarheiten, die der große Verführer dann allzu leicht mit Inhalten wie Rüstung, Aufmarsch, Drang nach Osten, Mission der nordischen Rasse füllen konnte.

Verdächtig ist zumal die Unübersetzbarkeit des Wortes „Leitbild": Welche Sprache macht uns das nach? Wir bezeichnen mit dem Wort Leitbild die Gesamtheit der Ziele, die in den Zielhierarchien an oberster Stelle stehen und deren Gesamtheit das „Bild" einer gewünschten Zukunft ergeben soll. Hier erweist sich der Wortbestandteil „-bild" als trügerisch. Er spiegelt einen Konsensus, eine Harmonie der Ziele vor, anstatt ihre Konflikte aufzuzeichnen. Ein richtiges Bild hat keine Dissonanzen, es ist von einem Künstler malerisch komponiert; ein Bild der Ziele, die wir uns setzen, wäre aber nicht nur ein dissonantes, ein zusammengeflicktes und ein schlecht proportioniertes Bild, es wäre darüberhinaus ein solches mit Falten in der Leinwand, Löchern, sich überschneidenden Stellen, mit Fetzen bemalter Leinwand, die im Rahmen gar nicht Platz haben und überzählig am Boden herumliegen – insofern können wir das Wort Leitbild, so unentbehrlich es uns geworden ist, nur gebrauchen in jenem Sinne, wie Adorno es umschreibt in seinem Vortrag „Ohne Leitbild“: als eine Frage, als ein Problem, das ständig umkreist, nie aber akzeptiert werden darf.

Der zweite Hintergrund betrifft ein Problem unserer Demokratie. Wir beobachten den gleichzeitigen Fortschritt des Planungswissens einerseits und des Bedürfnisses nach Mitsprache und Partizipation andererseits. Diese beiden Tendenzen müssen zu Disparitäten führen. Die Gefahr dieser Disparitäten sollte an mehreren Stellen meines Referates durchschimmern.

Das dritte Problem: die durch die Planung zu verändernde Realität ist ein System von Wirkkräften. Veränderung dieser Wirklichkeit bedürfen deshalb Strategien. Eine einzelne Absicht kann in diesem System nicht durch eine einzelne Maßnahme verwirklicht werden, vielmehr müßten – bildlich gesprochen –, sobald eine Absicht fest erklärt ist, in allen Departementen und Verwaltungszweigen, welche etwas zur Verwirklichung dieses Ziels beitragen müssen, rote Lämpchen aufleuchten. Eine bestimmte Erziehungsabsicht erfordert nicht nur den Bau von Schulen und die Anstellung von Lehrern, sondern auch vielleicht die Änderung der Fahrzeiten der Eisenbahn oder verbilligte Tarife, damit die Zöglinge auch kommen können. Dieser, wie ich ihn nenne, Systemcharakter der Wirklichkeit entspricht nicht den demokratischen Institutionen, welche die Absichten der Öffentlichkeit in zielgerichtete Maßnahmen umsetzen sollen.

Das vierte Hintergrund-Problem betrifft das Verhältnis von Leitbild zu Prognose. Das ist ein sehr kompliziertes, ein sehr altes und ein sehr modernes Problem. Wir erinnern uns der Nibelungen, welchen ihr Untergang im Lande des Teoderichs prophezeit worden war, und die – eben deshalb – ihren Untergang provozierten. Was war hier Leitbild, was Prognose? Müssen diese beiden Zukünfte nicht zusammenfallen? – Das Setzen von Zielen und das Herstellen von Prognosen sind zwei legitime Formen des Umganges mit der Zukunft. Die eine bestimmt die Verhaltensregulierung, die andere Prognose, ist eine Form der Erkenntnis. Zweifellos ist es bei der Durchführung leichter, trendkonforme Ziele zu erreichen. Jedoch ist es keinesfalls ausgeschlossen, die Regeln des konventionellen Ablaufes eines Systems durch Eingriffe zu verändern, so daß anstelle der prognostizierten eine gewünschte und künstlich hergestellte Zukunft eintritt. Solche Regeländerungen bedürfen eines hohen Maßes an Konsensus und Einsatzwillen der Gemeinschaft.

Nach diesen vier allgemeinen Bemerkungen zum Begriff des Leitbildes möchte ich einige spezielle Probleme teils methodischer, teils soziologischer, teils politischer Art aufzeigen.

Der Systemcharakter der Wirklichkeit bringt es mit sich, daß die direkte Verfolgung gängiger Ziele nicht zu deren Verwirklichung führt, sondern unter Umständen in unerwünschte Zustände von der Art, wie sie der Mediziner als Syndrome bezeichnet. Das Syndrom ist die Summe der Wirkungen und Nebenwirkungen einer Krankheit, und die aus planerischen Eingriffen entstandenen Syndrome können zu Kreisläufen führen, welche nach verstärktem Einsatz der Mittel und damit zur Verschlimmerung des Syndroms rufen. Studiert man die sogenannten Leitbilder kommunaler oder kantonaler Autoritäten, so enthalten sie Ziele oder Zielbündel, welche jedermann gerne mit unterschreiben wird, die aber, unkritisch in Maßnahmen umgesetzt, nicht zu ihrer Verwirklichung führen. Wer unterschriebe nicht gerne ein Bildungsleitbild, das die Gleichheit der Bildungschancen verheißt? Zur Verwirklichung desselben wird man aller Vermutung nach Einrichtungen schaffen, welche die Kinder aus weniger begünstigten Schichten auf den bildungsmäßigen Stand der von Haus aus privilegierten Sprößlinge bringen. Solche Einrichtungen heißen im gängigen Sprachgebrauch Sonderklassen, und wer jemals eine Sonderklasse besucht hat, der hat aller Wahrscheinlichkeit nach die Chancen verloren, mit Absolventen gewöhnlicher Schulen konkurrieren zu können. – Das Beispiel ist banal; oft sind die negativen Wirkungen und Nebenwirkungen besser verborgen, und selten findet sich ein Planer, der die Resultate der von ihm befürworteten Maßnahmen im Laufe der Jahre systematisch mißt und feststellt, ob man sich nun auf das Ziel hin oder von ihm weg bewegt habe. Solange aber diese Messungen fehlen, gleichen die Leitbilder den Ratschlägen, die der besorgte Vater dem in die Fremde ziehenden Sohne gibt und die Shakespeare mit der Rolle des Polonius charakterisiert hat.

Es ist eine relativ neue Erkenntnis, daß solche gut gemeinten und allgemeine Ziele so allgemein nicht sind, wie sie scheinen. Die in den Vereinigten Staaten auftretenden sozialen Spannungen zeigen, daß eine scheinbar allgemeine Förderung der Wohlfahrt wohl die Chancen benachteiligter Schichten angehoben hat, die Chancen der allerärmsten aber verschlechterte. Hier kommt die Person des Planers selber ins Spiel: auch er ist nicht außerhalb der Gesellschaft, und seine Ziele erweisen sich als schichtenspezifische Ziele, sein Blickwinkel als von seiner sozialen Lage her bedingt. Die Notlage jener, die ihm noch einigermaßen nahe stehen, weiß er zu beheben; die Notlage der vollends Benachteiligten entgeht seinem Gesichtsfeld, so daß seine Maßnahmen letztlich die soziale Spannung erhöhen, die sie gerade glätten wollten.

Ein Problem, an welchem wir nicht – aus der Rechthaberei des Planers heraus – vorbeiblicken sollten, ist das des Verschleißes von Leitbildern. Wir wären nicht Menschen und es gäbe keinen Fortschritt, würden Leitbilder nicht veralten und sich verbrauchen. Wir wissen aus der Kunstgeschichte, daß die Welt früher nicht nur anders ausgesehen hat, sondern vor allem anders gesehen worden ist. Das schönste Beispiel dieses Verschleißes ist die Entwicklung der Darstellung der Alpen: Das ehemals Schreckliche ist im 19. Jahrhundert Jahrzehnt für Jahrzehnt zum Lieblichen geworden, ehemals gemiedene Gemeinden wurden zu Erholungsorten, scheinbar grausige Abgründe zu Spaziergängen und Ausflugszielen. Wir wissen aber auch, daß wir mit den Aspekten der Welt unsere Theorien ändern, daß wir im einen Jahrzehnt dieses, im nächsten das Gegenteil predigen. Das Leitbild muß demnach als mobil in der Zeit betrachtet werden, wir dürfen unsere Vorstellungen nicht verabsolutieren und müssen wissen, daß das Leitbild nur eine Sprache ist, in welcher wir momentane Absichten darstellen, nicht aber ein Zwang, nach welchem das Verhalten künftiger Jahrgänge geregelt werden soll.

Ein weiteres Problem ist die unscharfe Grenze zwischen Zielen und Mitteln. Die Art und Weise, in welcher wir die Übelstände unserer Umgebung wahrnehmen, determiniert in ihrer sprachlichen Formulierung schon die Massnahmen zur Abhilfe. Ein Beispiel: Es macht sich sicher gut, wenn in einem kommunalen oder kantonalen Besiedlungsleitbild eine ausreichende Anzahl von Altersheimen gefordert wird. Altersheime sind aber kein Ziel, sondern vielmehr eine Notmaßnahme im Hinblick auf den eigentlichen Übelstand: auf die Tatsache nämlich, daß für die alten Leute in unserer Gesellschaft kein anderer Raum, keine andere Existenz mehr vorhanden ist. Das Leitbild müßte also nicht Altersheime, sondern Existenzformen suchen, in welchen den alten Leuten ein Platz bei den jungen eingeräumt wird. Ein gleiches gilt für das Leitbild des Gesundheitswesens: Es handelt, soweit wir die kantonalen und kommunalen Leitbilder durchsehen konnten, in der Regel von Spitälern. Nun werden zweifellos Spitäler in absehbarer Zeit nicht vermeidbar sein; aber eigentlich dienen sie weniger der Erhaltung der Gesundheit als der Bekämpfung der Krankheit. Ein Leitbild der Gesundheit müßte also Wohn- und Arbeitsbedingungen aufzeigen, in welchen weniger gesundheitliche Schädigungen vorkommen können. – Wir müssen uns also vor dieser linguistischen Kurzschließung zwischen Ziel und Massnahme hüten.

Es fällt auf, daß in allen Leitbildern das Quantifizierbare und Sichtbare stärker berücksichtigt ist als das Unsichtbare. Maßnahmen zur Förderung des ökonomischen Wachstums, der Industrieansiedlung, der Verkehrsbewältigung sind weit leichter zu formulieren als solche zur Erhöhung der Wohnlichkeit, des allgemeinen Wohlbefindens und zur sinnvollen Persönlichkeitswerdung. Es mag altmodisch sein, auf die unsichtbaren Kosten des ökonomischen Wachstums hinzuweisen; aber die optimistische Regel, daß mehr Reichtum mehr Probleme löst, konnte noch nicht bewiesen werden. Vielmehr sieht es so aus, als ob mehr Reichtum in den privaten Taschen auch dann gewünscht wird, wenn er mit weit größeren Verlusten der öffentlichen Haushalte erkauft wird. Der „unsichtbare“ Verlust wird umso lieber vernachlässigt, als er von einer breiteren Gemeinschaft getragen werden muß als der evidente Gewinn des ökonomischen Wachstums.

Es folgen nun Probleme, die sich aus der Realität ergeben, in welche der Politiker eingespannt ist. Der Politiker ist Teil in einem Interaktionssystem und unterliegt deshalb einem Handlungszwang, einem Zugzwang, würde man beim Schachspiel sagen. Seine Handlungen dienen nicht nur der Vollendung von Plänen, sondern gleichzeitig dem Erfolg im Konkurrenzkampf um Stimmen. Die Durchsetzung von Einzelaktionen gilt da mehr als das vorsichtige Einleiten von Strategien. Deshalb muß der Politiker Themen auswählen, mit welchen er einen eigenen Erfolg buchen kann und gleichzeitig die Handlungen anderer Personen oder Parteien blockiert, indem er den jährlich verfügbaren Kredit für seine Aktionen aufbraucht. Diese ausgewählten Objekte, „Issues“, sind untereinander unvergleichbar wie Äpfel und Birnen; ihre Auswahl, die Auswahl zwischen einem Schwimmbad und einem Studentenheim, entziehen sich daher den Kriterien sachlicher Auseinandersetzung oder einer längerfristigen Strategie.

An dieser Stelle wäre auch etwas über den Handlungsspielraum oder die Wahlfreiheit zu sagen, welche zwischen alternativen Leitbildern besteht. Wir hören einerseits die klassische Theorie der Demokratie, welche besagt, daß der Fachmann dem Entscheidungsberechtigten alternative Programme zur Auswahl vorlegen kann. Auf der andern Seite spricht man vom fehlenden Spielraum, von Sachzwängen, in welche der Politiker verstrickt ist. Vom Baubudget einer Stadt, so hört man wohl, sind 90% ohnehin festgelegt und dienen der Fertigstellung unvollendeter Bauten und dem Hin und Herschieben von Trottoirsteinen und Straßenbahninseln. Was hat es also mit den Alternativen auf sich? – Schon die klassische Theorie zeigte die engen Voraussetzungen auf, welche die Auswahl von Alternativen ermöglichen.

Die Alternativen müßten von neutralen Fachleuten ohne Sympathie für die eine oder andere Lösung ausgearbeitet werden; diese Fachleute müßten zudem die totale Information haben und da, wo diese nicht erhältlich ist, wenigstens die Wahrscheinlichkeit ihrer Aussagen quantitativ beschreiben können. Auf der Seite des Auswählenden müßte dieselbe Information vorhanden sein, mit anderen Worten: der Entscheidende müßte die ihm vorgelegten Gutachten voll gelesen, verstanden und präsent haben. Zudem müßte er wohl eine Einzelperson sein, damit er von den Zwängen komplizierter Interaktionen frei ist. Im weiteren müßte der Zeitpunkt definiert sein, an welchem sich die Alternativen öffnen; schon begonnene Programme, ausgesteckte Bauzäune, angefangene Straßen, Versprechungen gegenüber Bevölkerungsgruppen oder Regionen dürften keine vorhanden sein. – Es ist deutlich, daß keine dieser drei Voraussetzungen, indifferente Gutachter, vollinformierte Entscheidungsträger und ein Zeitpunkt ohne Vorentscheidungen, jemals erfüllt sind. Nun kommt aber noch ein Einwand der modernen Entscheidungsforschung hinzu: Organisationen handeln gar nicht in der Weise, wie die klassische Theorie sie beschreibt. Die Verantwortlichen stellen zwei oder drei wesentliche Kriterien auf, welchen eine Lösung genügen muß, und sie wählen die erstbeste Lösung, die dann diesen Kriterien genügt. Haben sie eine solche Lösung ausgesucht, so involvieren sie möglichst viele Personen in dieses Programm und schaffen möglichst bald Sachzwänge, welche ein Zurück aus der hier gewählten Vorgehensweise nicht mehr erlauben. – Wichtig wäre, die politische Forschung hier weiterzutreiben; es ist müßig, einer klassischen Theorie nachzutrauern, deren Voraussetzungen nicht stimmen. Was wir brauchen, ist eine Theorie der Entscheidungsfindung unter den Bedingungen unvollkommener Information und den Bedingungen der Arbeitsweise von empfindlichen Organisationen. Die Frage lautet also nicht: Wie stellt man Ziele und Leitbilder am besten auf? Sondern: Wie stellen Organisationen Ziele und Leitbilder auf?

Wir kommen nun zu der Frage, inwieweit der Wille der Allgemeinheit, und in welcher Form dieser in ein Leitbild einfließen kann. Wir sind uns klar darüber, daß es einen direkten Approach zwischen dem allgemeinen Willen und seiner Manifestation nicht gibt: dazwischen liegen die Organe der Politik und der Gesellschaft, einmal die wirkliche Innenpolitik, sodann die Stationen der öffentlichen Meinung und Meinungsäußerung, über die wir vor einem Jahr hier gesprochen haben, und schließlich die Formen der Erzeugung von Willensäußerungen durch die Planer oder Politiker, wie Befragungen, Hearings, Bildung von Diskussionsgruppen usw. Wir gehen im folgenden kurz die Instrumente der Meinungsbildung und Meinungsaufnahme durch:

– Die politischen Parteien wären für die Ausbildung von Leitbildern prädestiniert. Ihre Programme sind nichts anderes als Leitbilder für mögliche beste Verfassungen. In der Tat war es im 19. Jahrhundert die Aufgabe des Staates, sich selbst zu formieren und sich die bestmögliche Verfassung zu geben. Heute treten durchaus andere Aufgaben an uns heran: die Formulierung von Leitbildern bezüglich unserer Umwelt, der Besiedlung, der Verkehrsströme, zudem in einem anderen als nationalen, kantonalen oder kommunalen Rahmen: vielmehr auf der Ebene der Region, die sinnvoll environmentale Leitbilder entwickeln könnte, politisch aber noch keine existierende Instanz ist.

Wir wissen alle, daß die in bezug auf regionale Leitbilder möglichen Alternativen nicht mit den Parteien zusammenfallen, sondern daß die Auseinandersetzungen quer durch die Parteien gehen. In jeder Partei gibt es Leute, die mehr Wachstum, mehr Verkehr, raschere Entwicklungen verlangen, und andere, die das Gewicht auf eine menschliche Umgebung, die konservative Inanspruchnahme unserer Ressourcen, auf die Erhaltung der bestehenden Güter und Zustände legen. Dieses macht ja heute den politischen Kampf auf kommunaler Ebene so uninteressant, daß die eigentlich mächtigen Fragen nicht in, sondern zwischen den Parteiungen liegen.

Oftmals wird von der Soziologie erwartet, daß sie sich als Mittlerin zwischen dem unartikulierten Volkswillen und der öffentlichen Willensbildung einschaltet. Sie hat dafür Instrumente entwickelt, die von der Befragung bis zur Bildung von ihr betreuter Gruppen geht. Was die Befragung anbelangt, so ist sie heute zu einer ganzen Wissenschaft angewachsen, über die hier nur Andeutungen gemacht werden können. Wir haben im vergangenen Sommersemester während einer allzu kurzen Woche Befragungen in einer deutschen Stadt durchgeführt, und zwar in Altstadthäusern, die demnächst vermutlich von der Altstadtsanierung betroffen werden. Unsere Studenten waren deprimiert über ein Ergebnis: daß sich nämlich eine große Mehrzahl dieser Altstadtbewohner mit dem gegenwärtigen Zustand als „zufrieden" erklärten, wobei diese Zustände teilweise allen Beschreibungen spotteten. Diese Äußerung der Zufriedenheit ist keineswegs eine Lüge, sondern läßt sich aus psychologischen und soziologischen Gründen erklären. Eine Erklärung aber ändert noch nichts an der Tatsache, daß diese Leute „unzufrieden" gemacht werden müßten, damit sie aktiv an der Rettung ihrer von ihnen gewünschten Lebensform beteiligt werden.

– Von progressiver Seite wird in diesem Zusammenhang die Bildung von Basisgruppen gefordert. Bei aller Sympathie mit solchen Versuchen muß von der Soziologie her ein Quentchen Skepsis dagegen eingestreut werden. Gerade die kritische Studentenbewegung hat die unausweichlichen – schlechten – Eigenschaften existierender Gruppen und Vereinigungen aufgezeigt: Anmaßung von Führerschaft und Manipulation von Meinungen. Es ist zu fragen, was uns zur Annahme berechtigen könnte, daß solche Basisgruppen andere Eigenschaften aufweisen als alle anderen menschlichen Gruppen, und wieso gerade sie von Manipulation und Meinungsmache frei sein sollen. Dieses sei gesagt als aufgeworfenes Problem, nicht als Negierung der hierauf gerichteten Bestrebungen.

– Ein letztes hierher gehörendes Problem ist die Artikulation des Willens abwesender Personenkreise. Das tönt paradox, scheint mir aber bezüglich der Formulierung von Leitbildern fast das Wichtigste. Ein Leitbild sollte eine einigermaßen langfristige Angelegenheit sein; es bezieht sich also auf Zeiten, in welchen Personen anwesend sind, die sich heute noch anderswo aufhalten oder in den Kinderschuhen stecken, ja ungeboren sind. Entlang eines Siedlungsleitbilds werden Räume erschlossen, in welchen sich heute wenige entscheidungsberechtigte Personen aufhalten; sie sollen also über die Zukunft von Bevölkerungen entscheiden, von welchen sie dereinst an Zahl um ein Vielfaches übertroffen werden. Auf dieses Problem gibt die Vorstellung eines „Leitbildes“ kaum eine Antwort. Es ist demgegenüber die Forderung aufzustellen, daß Ziele etappenweise formuliert und angesteuert werden, und daß entgegen der „bildhaften“ Vorstellung, welche uns das Wort vom Leitbild einimpft, Entscheidungen eher hinausgeschoben als vorweggenommen werden sollen.

Dieses alles, das über Partizipation an der Leitbildformulierung Gesagte vorab, aber auch die im ganzen Vortrag aufgezeigten Probleme, stimmen vielleicht pessimistisch. Es könnte zum Einwurf führen, die öffentliche Diskussion von Leitbildern sei überhaupt hinderlich, und anstelle der Erweiterung der Demokratisierung solle man sich auf die Vollendung des strategischen Instrumentariums spezialisieren. Dagegen müssen wir uns ernsthaft wehren: die Technokratie erzeugt die Hindernisse, die sie beseitigen will, selbst. Eine nicht auf die Zukunft vorbereitete Bevölkerung wird die von der Technokratie eingerichtete neue Maschinerie nicht nur nicht zu bedienen wissen, sondern ihr feindlich gegenüber stehen. Demgegenüber ist jede möglichst frühe Aufklärung, und jede frühe Entgegennahme des Willens der Bevölkerung wünschenswert. Der Bevölkerung muß aber der Rahmen des Möglichen und Wünschbaren bekannt gemacht werden. Nur wer die Möglichkeiten der Ausbildung kennt, der wünscht Bildung: Der Unausgebildete hält die von ihm genossene Erziehung für ausreichend. Es geht also bei der Aufstellung von Leitbildern vor allem um das Aufspannen des möglichen Rahmens, innerhalb dessen Entscheidungen früher oder später noch frei sind.

Wer plant die Planung? (1974)

Wer plant die Planung? – Diese Frage soll darauf hinweisen, daß Planung nicht isoliert geschieht, sondern daß sie bedingt ist durch die Politik, daß sie aufgehängt ist in einem sozialen System. Wie man plant, mag der Fachmann wissen, obwohl, wie wir sehen werden, auch sein „Wie?“ nicht ohne gesellschaftliche Bedingtheit ist; aber was geplant wird und was nicht geplant wird, was man sich selbst zu überlassen plante, das wird durch politische und gesellschaftliche Kräfte bestimmt.

Die Stadt ist voller Übelstände, und nicht jeder ist Gegenstand unserer planerischen Fürsorge. Überdies sind nicht alle Folgen, welche die Planung mit sich bringt, mitgeplant: Um manche, so hat man beschlossen – beschlossen, indem man es nicht beschloß –, wird man sich nicht kümmern. Heute spricht man viel von Umweltschutz, und man plant die Verbesserung oder Sanierung der Umwelt. Aber die Umwelt-Verschlechterung war auch eine Folge von Planung: Sie ist eben jener Teil der Planung, den ungeplant zu lassen man sich stillschweigend einig war.

Die Formulierung von Problemen

Die Frage: Wer plant die Planung? – heißt also zunächst: Wer bestimmt, was geplant wird (und was nicht)? Die kommunale Politik bewegt sich vorwärts durch das Aufwerfen von Streitfragen, „Issues“. Unter den Übelständen der Stadt greift der Politiker einen heraus und hängt ihn an seine Fahne. Die Übelstände und damit die Planungen, die ihnen abhelfen sollen, sind untereinander unvergleichbar; die Frage, ob die Stadt ihre Finanzen in die Verbesserung des Verkehrs oder in die Erhöhung des gesundheitlichen Standards werfen soll, ist mit objektiven Kriterien nicht zu entscheiden. Der kommunale Politiker greift Sachfragen einzeln auf und verwendet sie im Wettlauf um Stimmen. Durch die Wahlen soll ein Konsensus darüber entstehen, welchen Übelständen das Gemeinwesen zu Leibe rücken soll. Dabei wird sogleich klar, daß dieses Instrument zur Erhaltung eines Konsensus recht plump ist: Weder kann sich der Wähler selber über die Wahl der Übelstände ausdrücken, denn was in Frage kommt, wird ja von den Politikern ausgesucht, noch kann er sich über die Mittel äußern, die zur Bekämpfung dieses Übelstandes eingesetzt werden sollen.

Die Frage, wer die Planung plane, gilt auch dem Verhältnis des Politikers zum Planungsfachmann. Die Geschichte der Art, wie die Menschheit ihre Entscheidungen formalisiert, ist auch die Geschichte der Versuche, den Fachmann freizustellen und ihn von den Verquickungen mit der Macht zu lösen – dieses sowohl, um ihn unbeeinflußbar und neutral zu halten, wie auch, um der Macht des Fachmannes vorzubeugen. Die Tradition der freigestellten „Fachleute" reicht von Israels Propheten bis zu den Professoren autonomer Universitäten, von den Stäben militärischer oder wirtschaftlicher Verbände bis zu den Instituten, von welchen sich staatliche und wirtschaftliche Stellen beraten lassen. Immer aber ergeben sich neue Formen der Kompetenzvermischung:

Der Ratgeber erstrebt Einfluß, und der Entscheidungsträger lernt selber, mit der Wissenschaft umzugehen oder umzuspringen.

Gemäß dem klassisch-dezisionistischen Modell ist die Planung von der Entscheidung getrennt. Die Regierung erteilt Aufträge, Forschungsaufträge oder Projektierungsaufträge, an den Fachmann; der Fachmann trägt die Resultate seiner Forschung oder seine alternativen Entwürfe der Regierung vor; die Regierung entscheidet, was ausgeführt werden soll – so lautet das Credo. Ein großer Teil der modernen Entscheidungsforschung befaßt sich mit der Kritik dieses formalistischen Demokratiebildes. Die Zweifel daran setzen an mehreren Stellen ein, auf die wir ausführlicher zurückkommen werden: Einmal ist der Entscheidungsakt in der Realität nicht so wohldefiniert festzustellen wie im obigen Modell, es sei denn, es handle sich um eine Zeremonie nach intern gefälltem Beschluß, etwa um eine Parlamentssitzung; und zum andern sind die beteiligten Personen nicht exakt in „wissende" und „entscheidende" einzuteilen.

Planung, Stadt- oder gar Regionalplanung, liefert noch nicht lange die Streitobjekte der Politik. Zwar ist, seit städtische Liegenschaften Handelsware sind, ein Interesse der Beteiligten an den Vorgängen der Stadtplanung, wohl auch eine „Lobby" vorhanden. Aber die Interferenzen zwischen der Stadtplanung und den Aktionen der Privatleute sind zunächst gering. In der ersten Phase der Industrialisierung strömten große Bevölkerungsmassen zu den neuen städtischen Arbeitsplätzen; sie wurden von privaten Unternehmern auf möglichst billigem, ehemals gemiedenem Land angesiedelt. Weit ab von diesem Geschehen, in der Stadtmitte, agierte die Regierung. In diese Zeit fallen die Schleifung der Mauergürtel, die Anlage zentraler Prunkstraßen, repräsentativer Wohnstraßen, weiter Plätze mit Regierungs- und Kulturbauten nach klassischer oder romantischer Planungsweise – all dieses geschah zuweilen nicht ohne die Mithilfe der Spekulation, in anderen Fällen aber sogar unter finanziellen Opfern auf dem Altar des Städtebaus.

Schon konfliktträchtiger wurde die Verzahnung von öffentlichem und privatem Interesse bei der Anlage der

Straßenbahnen und der damit verbundenen Ausdehnung der Städte. Da wurden Terrains aufgewertet und bebaubar gemacht, während andere auf der Schattenseite der Entwicklung liegen blieben. Die elektrische Straßenbahn und später die private Motorisierung hatten zur Folge, daß der Bodenpreis in der Stadtmitte jahrzehntelang stagnierte; in der Folge ruhten sowohl die Stadtplanung wie die privaten Druckversuche weitgehend. Erst die Wiederaufwertung des Zentrums durch den expandierenden Dienstleistungssektor etablierte endgültig das heutige Spiel der Stadtplanung. Nach dem Zweiten Weltkrieg diente die Verstopfung der Straßen als Vorwand, die Liegenschaften der Innenstadt in den Handel zu bringen, wobei auf diesen Parzellen neue Arbeitsplatzkonzentrationen entstanden, die erneut die Straßen verstopften. Als am Ende der sechziger Jahre die Vollmotorisierung zur Vollverstopfung führte und die Straßenverbreiterungen weitgehend obsolet wurden, wandte sich die Stadtplanung der Sanierung angeblich verslumter Gebiete zu und bildete auf diesem Sektor eine neue Koalition mit dem Baugewerbe und den Investoren. Die Frage, wer die Planung plant, führt uns also heute in das Kräfteparallelogramm zwischen der regierenden Beamtenschaft, der Bauspekulation, der Bürgerschaft und den durch die beschlossenen Maßnahmen betroffenen Leuten.

Ungenannt blieb in diesem Parallelogramm zunächst der Planer selbst. Es wäre lehrreich, hier die Geschichte der beruflichen Entwicklung des Planers zu verfolgen. In dieser Geschichte stoßen wir auf die Spaltung zwischen Ingenieurschule und Akademie, und damit – auf den Sachgebieten – zwischen Tiefbau und Hochbau, und – personell – zwischen Ingenieur und Architekt. Noch heute haben wir diese Spaltung nicht überwunden, ja, die Frage nach der modernen Stadtplanung scheint eine erneute Polarisation zu erzeugen. Zunächst aber, mindestens von den zwanziger bis in die späten sechziger Jahre ist der Planer ein Architekt. Das ist insofern folgenschwer, als das Training des Architekten auf intuitive Entscheidungen ausgeht. Hochschule und Beruf stellen ihm Aufgaben, die mehr Unbekannte als Aussagen haben: Die Intuition ist das Mittel, mit dem man solche Gleichungen löst. Der Architekt ist darauf trainiert, das vorgelegte Problem auf das „Wesentliche" zu reduzieren.

Unter allen Entscheidungsverhalten weist die Intuition die größte Verschiedenheit zum planenden Verhalten auf (siehe Otto Walter Haseloff). Als Planer aber hat sich unsere Gesellschaft den Vertreter gerade jenes Berufes ausgesucht, den sie vorher auf die intuitive Entscheidung hin trainiert hat. Dabei erwies sich die Technik der Reduktion komplizierter Problemzusammenhänge auf das Wesentliche als trügerisch. Die Verschlechterung unserer Umwelt ist nichts anderes als die Summe dessen, was bei der Planung als unwesentlich unter den Tisch fiel. Dieses erkannt zu haben ist vor allem das Verdienst der Architekturstudenten in den Jahren 1967-70. Ihr Kampf um eine Studienreform galt der Einführung des planerischen Kontextes, der Beschäftigung mit jenen Informationen, die der richtige Architekt eigentlich zu vernachlässigen hat. Leider scheint die Hochschularchitektur auf diesen Angriff negativ zu reagieren: Sie schwelgt im Kult des Handwerklichen, des Irrationalen, des Architekten als eines Bringers von überirdischem Heil. Damit überläßt sie das Feld der sachlichen Planung anderen Berufszweigen, die ein besseres Training im Umgang mit komplexer Information, dafür aber in anderen, ebenfalls wesentlichen Bereichen vielleicht Lücken haben.

Wir müssen uns darüber klar sein, daß wir es bei der Planung mit entscheidungsfindenden Kollektiven zu tun haben. Die Entscheidung jedes Beteiligten ist aufgehängt in der Gesellschaft, sein persönlicher Entscheidungsstil – rational auf Grund von Kriterien oder intuitiv auf Grund sublimierter Erlebnisse – kommt nur noch leise zum Ausdruck. Wollen wir solche kollektiven Entscheidungen studieren, so müssen wir uns den Erkenntnissen der Organisationssoziologie zuwenden und versuchen, diesen meist an Firmen entwickelten Wissenszweig auf die öffentliche Bürokratie anzuwenden.

Die üblichen Planungsgutachten bestehen aus zwei ungleichen Teilen: Zuerst kommt die ausführliche Analyse des Status quo mit Statistiken, Befragungen, Bestandsaufnahmen. Ein solcher Analyseteil enthält leicht Zehntausende oder bei Extrapolationen sogar Millionen von Daten. Selbst bei analytischen Zusammenfassungen verbleibt eine Vielfalt von unter sich schwer vergleichbaren Informationen. Der zweite Teil des Gutachtens präsentiert einen „Lösungsvorschlag", beispielsweise den Bau einer U-Bahn. Studiert man nun das Gelenk, das zwischen den beiden Teilen besteht, also die Technik der Schlußfolgerung, mit welcher der Gutachter von der Vielzahl aufgenommener Informationen zu einem Vorschlag gekommen ist, so erweist sich dieses als mager. Der Gutachter stützt sich auf zwei oder drei als „wesentlich" betrachtete Tatsachen und läßt die übrige Information unberücksichtigt. Seine Entscheidung beruht also bestenfalls auf Intuition, schlimmstenfalls auf einer Einflüsterung von außen, vermutlich aber auf einem Kompromiß, der das Resultat eines organisationsdynamischen Prozesses ist.

Dieser Prozeß besteht aus subjektiven, in der Einzelperson verlaufenden Entscheidungsvorgängen ebenso wie aus kollektiven. Schon beim einzelnen zeigt sich das Phänomen der Heuristik: Er weiß, welchen Weg er gehen soll und welche Varianten als unwesentlich zu vernachlässigen sind. Diese Haltung kann auf zwei Arten erklärt werden. Eine rationale Beschreibung liefert Walter Isard: Er zeigt, daß sich vor jedem Entscheidungsträger eine Bewertungstabelle aufbaut, nach der er die Wahrscheinlichkeit von Belohnung oder Ruhm im Falle des Rechtbehaltens, von Schande oder Schaden im Falle eines Mißlingens abschätzt. Wenn beispielsweise das Mißlingen zwar ebenso wahrscheinlich ist wie das Gelingen, jenes aber weniger Schande bringt als dieses Ruhm, so wird der Planer die fragliche Maßnahme befürworten. Ist die Wahrscheinlichkeit hoch, daß die Maßnahme irgendwo zwischen Gelingen und Mißlingen versandet, so wird die Aktivität mehr Ehre einbringen als die Inaktivität, und das Handeln wird ebenfalls befürwortet, usw.. Andere Erklärungen gehen von der psychischen Situation des entscheidenden Subjekts innerhalb seines Amtes aus. Sie zeigen auf, wie für den Planer nicht das maximale Resultat das oberste Ziel ist, sondern ein angenehmes Sozialklima innerhalb seiner Organisationsstruktur. So sind die Entscheidungen immer Kompromisse zwischen dem, was eigentlich not täte, und dem, was den Mitgliedern der Organisation an Umdenken oder ungewohntem Handeln zugemutet werden kann.

Beobachtungen zeigen, daß der in ein Kollektiv eingespannte Entscheidungsträger nicht optimiert, sondern seinen Wahlvorgang bei der ersten Lösung anhält, die sowohl den oberflächlichsten Kriterien seiner Zielvorstellungen wie auch den Kriterien seiner persönlichen Lage entspricht.

Dabei spielt ihm die eigene Psychologie wohl manchen Streich: Die eigene Sicht der Realität und die Wertskala werden so adjustiert, daß sie dem heimlich schon in Aussicht genommenen Entschluß entsprechen. Zudem manövriert sich der Entscheidungsträger unbewußt in eine Einbahnstraße: Er sorgt dafür, daß schon die äußeren Umstände die Zahl der Varianten bis auf eine einzige verringern.

Aber alle diese vom entscheidenden Subjekt ausgehenden Erklärungen, selbst wenn sie die Lage des einzelnen im Kollektiv beachten, überwerten noch den Entscheidungsakt. Die Entscheidung ist ausgelöst in der Zeit. Nur bei den ersten Entscheidungen herrscht Wahlfreiheit, aber diese Anfänge sind in der Realität nicht auffindbar, unbemerkt vorübergegangen oder bewußt verschleiert. Diesen unmerklich verlaufenden Entscheidungsprozessen möchten wir nun nachgehen.

Eine erste determinierende Kraft liegt in der Benennung des Übelstandes. Derjenige, der das Vorhandensein des Übelstandes zum ersten Male formuliert, legt schon die Art seiner Bekämpfung fest. Durch sprachliche Fixierung leitet das Issue direkt zur abhelfenden Maßnahme. So führt die Feststellung, es gebe zu viele Verkehrsunfälle, zur Verbesserung der Sanitätstransporte; so führt die Beschreibung der Situation alter Leute zum Bau von Altersheimen und nicht zu einer Neubesinnung im Wohnungswesen; so führt die Benachteiligung minderbegabter Kinder zur Errichtung von Sonderklassen, deren Besuch jeglichem späteren Aufstieg entgegensteht.

Das von der Politik gewählte Issue, der Übelstand, hat zunächst eine unscharfe Grenze. Die Verkehrsmisere am Bahnhofsplatz mag eklatant sein; ihre Bekämpfung würde aber wohl besser am Stadtrand erfolgen oder noch weiter draußen. Der Politiker, der sich des Bahnhofsplatzes annimmt, muß aber sein Issue begrenzen. Damit determiniert er die Abhilfe. Indem er beschreibt, wie sich die Fußgängerströme zwischen den hupenden Fahrzeugen hindurchdrängen, steigt die Vision einer Bahnhofsplatzunterführung auf. Vergessen sind alle guten Vorsätze, den Verkehr am Stadtrand umzuleiten, den öffentlichen Verkehr zu bevorzugen: Man baut eine Bahnhofsunterführung und beläßt das übrige beim alten.

Das Stolpern von Maßnahme zu Maßnahme bringt zeitweise die planende Organisation bei Presse und Volk in Mißkredit. Dann wird die Organisation, um ihren Ruf wiederherzustellen, einen „Gesamtplan" in Angriff nehmen. Ein auswärtiger Fachmann stellt ein Maßnahmenbündel zusammen, dessen Durchführung die Situation der Stadt verbessern würde. Die Reihenfolge der Durchführung aber liegt, nach Abreise des fremden Gastes, bei der Organisation: Sie bestimmt, welche Maßnahmen sogleich verwirklicht und welche auf die lange Bank geschoben werden. Damit ist der Plan vorhanden, auf den man nach außen hin verweisen kann, aber gleichzeitig ist er zerstört, da nur die Kombination seiner Maßnahmen, seine Strategie, zu den gewünschten Zielen führen würde.

Die Organisation hat einen formalen sowie einen effektiven Aufbau, die dem einzelnen Mitglied eigene Rollen und damit unterschiedliche Handlungsweisen zuteilen. Vor allem aber bestimmen die Hierarchien den Zugang zur Information. Die bessere Information erzeugt die wirkungsvollere Argumentation und damit die höhere Durchsetzungskraft. So erklärt sich die Überlegenheit der Regierungen über Parlamente und der untergeordneten Stellen über die Regierung. Die so entstandene Entscheidung wird gemäß den Bräuchen der formalen Ordnung zeremonialisiert, sei es durch eine Abstimmung, sei es, indem man die Verantwortung einer möglichst hochgestellten Persönlichkeit zuschiebt, die die Konsequenzen ihrer Unterschrift nicht durchschaut.

Die argumentierende Arbeitsweise innerhalb von Organisationen gibt den beweisbaren, also meßbaren Faktoren ein Übergewicht über die anderen. Quantitativen Charakter haben deshalb die gängigen Ziele der Stadtplanung („Verflüssigung des Verkehrs"), an denen festgehalten wird, obwohl sie die Verfolgung anderer, wichtigerer Ziele, etwa der Wohnlichkeit, in Frage stellen. Trotz dieses Übergewichts der meßbaren Ziele hütet sich der Planer, die Annäherung an die gesetzten Ziele jemals zu messen oder gar die Syndrome zu beschreiben, die von seinen Maßnahmen ausgelöst wurden.

Bisher haben wir gewissermaßen technische Schwierigkeiten der Beschlußfassung aufgezählt. Überdies haben aber die entscheidungsfassenden Organisationen manifeste Interessen und Selbsterhaltungstriebe. Die Organisation ist interessiert an der Erhaltung des Status quo und an ihrer eigenen Sicherheit. Die Organisation weiß aber, daß diese Sicherheit nur gewährleistet ist, wenn sie etwas leistet. Deshalb sind die Erfolge der Vergangenheit ihr Muster für künftige Aktionen. Die Organisation ist durch ihr eigenes Sicherheitsstreben also nicht in der Aktion blockiert, sondern im Zugzwang. Weiterhin zerreißen ihre Verkehrsbauten unsere Städte, zerstören angebliche Slumsanierungen die Sozialstruktur ärmerer Quartiere und führen den Boden dem Liegenschaftshandel zu, verstopfen die durch übermäßige Straßenverbreiterungen und Parkinganlagen angelockten Wagen die Innenstadt und verpesten die Luft. Es werden Beschlüsse gefaßt, es wird gearbeitet, nur liegen die Maßnahmen in der Linie überkommener Scheinerfolge. In ihrer mangelnden Anpassungsfähigkeit muß die Organisation ihre einmal eingeschlagene Politik fortsetzen, obwohl sie für die Stadt zerstörerisch sein kann.

Nach dem bisher Gesagten könnte es so aussehen, als spiele sich die Planung zwischen den staatlichen Organen und einigen direkt interessierten Personen oder Firmen ab, wie dem Tiefbau und den Investoren. Niemals aber könnten diese Vorgänge von Dauer sein, wenn sie sich nicht auf einen wichtigen Bevölkerungsteil abstützten. In der wachstumsorientierten und inflationären Atmosphäre der beiden letzten Jahrzehnte haben weite Teile des Mittelstandes gelernt, daß der bloße Aktivismus auch dann für sie profitabel ist, wenn sie nicht direkt daran beteiligt sind. Diese Klasse ist in relativ kurzer Zeit von einem trägen Konservativismus zu einem wirtschaftlichen Fortschrittsglauben übergegangen, der allerdings nichts mit politischer Fortschrittlichkeit zu tun hat. Die Neinsager sind zu Jasagern geworden, die grämlichen Kritiker zu applaudierenden Bewunderern alles materiellen Neuen.

Das bürgerliche Credo, daß man durch harte Jahre der Investition zum Wohlstand gelangen müsse, überträgt sich auf die hektische Bauerei und Saniererei in den Städten. Unsere Städte sind Bauplätze geworden, die man nur über Schutthaufen, Planken, notdürftig zugeschüttete Gruben und unter Umgehung ausgedehnter Absperrungen betreten kann. Dabei gelingt es den Initianten, einen Teil der Bevölkerung glauben zu machen, es handle sich dabei um die Investitionsphase, nach deren Beendigung die Städte wieder um so bequemer zu begehen und zu befahren seien – als ob sich das Verkehrsproblem jemals „lösen" lasse. Daß mit der Tieflegung des öffentlichen Verkehrs unter die Erde, der damit bewirkten Freilegung der Straßen für den Privatverkehr, mit den Cityringen, Einfallstraßen und zentralen unterirdischen Parkgaragen nur ein Übel erzeugt wird, das sich konsequent von der Innenstadt nach außen fressen muß und allmählich die von den Ärmeren bewohnten Quartiere der ehemaligen Vorstädte unwohnlich macht und zerstört, kümmert freilich diese applaudierende Schicht nicht: Sie hat sich und ihre Familien längst weit außerhalb in Sicherheit gebracht und benutzt die Stadt nur als Jagdgebiet des Geschäfts und des Vergnügens.

Die Stimme der Verplanten

Bei der Planung und ihrer Durchsetzung ist auch die Zustimmung wenigstens eines Teils der Betroffenen für die Planer zum mindesten angenehm. Häufen sich die Ablehnungen, so kann die Durchsetzung eines Plans sogar gefährdet sein. Diese Zustimmung der Betroffenen muß also entweder aufgespürt oder hergestellt werden: Das Aufspüren führt zur Forderung, die Soziologie in die Planung einzubeziehen, die Herstellung der Zustimmung erfolgt durch die Methoden des Human Relation, also der Propaganda für ein besseres Sozialklima, und durch schärfere Mittel.

Die Methoden des Human Relation bedienen sich des Anscheins der Aufklärung. Es wird so getan, als gebe es neben den demokratischen Aufklärungsmitteln wie Presse und politischer Tätigkeit noch so etwas wie eine „wertfreie" Information. Gerade solche vermeintlich wertfreie Information ist aber parteiisch bis hinein in die so harmlos aussehenden Baumodelle aus Plexiglas und Pappkarton mit ihren grünen Modellbäumen. Zu den schärferen Mitteln rechnen wir die „Beratung" der Betroffenen in Form von Besuchen durch Beamte. In welcher Weise hier Zuckerbrot und

Peitsche appliziert werden, entzieht sich jedem legalen Protokoll und kann im nachhinein nur geahnt werden. Deshalb nützen auch Gesetze und Vorschriften wenig, welche die Zustimmung der Betroffenen fordern (wie das Städtebauförderungsgesetz, das die Ermittlung der Einstellung und Mitwirkungsbereitschaft der „Eigentümer, Mieter, Pächter und anderen Nutzungsberechtigten im Untersuchungsbereich der beabsichtigten Sanierung“ fordert): Die Verwaltung kennt seit dem Ancien Regime die Methoden, mit denen man Zustimmung schafft.

In den letzten Jahren wurde mit dem Mittel der soziologischen Befragung ein arger Mißbrauch getrieben. Über die Aussagekraft von Befragungen besteht eine ausgedehnte Fachliteratur. Unberührt von diesen Untersuchungen aber experimentieren die Planer und planenden Soziologen mit primitiven Befragungsmethoden, die nach dem Muster gehen: „Sind Sie mit Ihrer Wohnung zufrieden? – Ja! Nein! Weiß nicht.“ Die Ergebnisse, meist Zufriedenheitsquoten von über 90 Prozent, sind natürlich aussagelos. Hierauf weist schon die Tatsache, daß die ermittelte Zufriedenheit um so höher ist, je schlechter die Wohnverhältnisse sind, in denen man befragt. Das ist sowohl psychologisch wie politisch erklärbar. Psychologisch handelt es sich um eine „Dissonanzreduktion“: Da der Mensch eine Dissonanz zwischen Soll-Zustand und Wirklichkeit in einem so nahen Bereich wie der Wohnung nicht aushält, füllt er den Graben zwischen Wunsch und Wirklichkeit mit Argumentationen zugunsten seiner Behausung aus. Mit den gleichen Argumenten, mit denen er sich selbst überzeugt, überschüttet er auch den Interviewer. Auf der politischen Ebene führt der Mangel einer Alternative zur Zustimmung. Sanierung bedeutet für den Betroffenen meist den Verlust der Wohnung, die Unterkunft an einem neuen Ort und höhere Mietzinsen. Wie sollte er da nicht seine Zufriedenheit mit den alten, verlotterten Zuständen bekunden?

Einen Schritt weiter in die Probleme der Betroffenen geht die Advocacy Planning, die Anwaltsplanung, die im deutschen Sprachbereich vor allem die Zeitschrift „ARCH +“ in ihren Nummern 8-10 (1969/70) diskutiert hat. Sie räumt wenigstens auf mit der Vorstellung, daß der Planende über den Parteien ein objektives Urteil zu fällen vermöge. Vielmehr wird die Entscheidung durch die Anwälte der betroffenen Gruppen ausgehandelt, also zwischen bewußt subjektiven Auffassungen. Auch gegen das Funktionieren der Anwaltsplanung können gewichtige Bedenken ins Feld geführt werden. Einmal ist es fraglich, ob der Anwaltsplaner als Angehöriger des akademischen oberen Mittelstandes in die Probleme der Betroffenen aus anderen Schichten einzudringen vermag. Sodann werden die Betroffenen vor eine Auswahl gestellt, mit deren Rahmen sie nicht einverstanden sein können. Und zum dritten kann auch der Anwaltsplaner die mittelbaren Folgen der Eingriffe, wie sie im Laufe der Zeit auftreten werden, nicht voll transparent machen.

In einigen Städten haben sich nach dem Vorbild Münchens sogenannte Bürgerforen gebildet, auf denen die Maßnahmen der Planer offen diskutiert werden. Obwohl deutlich ist, daß solche Einrichtungen nur von einem Teil der Bevölkerung benutzt werden, könnten sie einen Beitrag zur Aufklärung der Stadtbewohner über die Folgen der Planung beisteuern. Aber hier hat die Verwaltung rasch ihre Lernfähigkeit bewiesen. Die Förderung, die sie den Foren angedeihen läßt, ist identisch mit der Zerstörung des emanzipatorischen Wertes dieser Veranstaltungen.

Schließlich muß noch gefragt werden, wer eigentlich die Betroffenen einer Planung sind. In einigen Fällen kann die Grenze klar gezogen werden, beispielsweise bei den Bewohnern eines Slums, der saniert, also abgebrochen wird. Weniger klar erfaßbar ist die Zusammensetzung von Bevölkerungen, die erst angesiedelt werden sollen. Sind hierbei nur die schon im Gebiet anwesenden Personen Betroffene, oder sind es diejenigen, die einmal hierher kommen werden? Diese aber mögen zur Zeit noch in anderen Städten leben, unmündig oder gar noch nicht geboren sein. Hier erweist sich, daß demokratische Planung nicht im raschen Entscheiden besteht, sondern vielmehr im geplanten Aufschub derjenigen Entscheidungen, die sich aufschieben lassen zugunsten der Bewohner, die erst später auftreten oder dann neue Bedürfnisse haben. Dieses zielbewußte Aufschieben von Entscheidungen ist eine Kunst, die von jenen, welche die Planung planen, noch kaum beherrscht wird. Auch ist damit kein rascher Ruhm zu ernten.

Hinter der Forderung nach Anwaltsplanung steht die Meinung, unterprivilegierte Schichten könnten ihre eigenen Anliegen nicht artikulieren. Sofern es sich nicht um falsches Bewußtsein handelt – und Anwaltpartner sind die letzten, die dieses Bewußtsein berichtigen könnten –, ist die Fähigkeit zur Artikulation der eigenen Bedingungen überall vorhanden. Wo Schwierigkeiten auftreten, handelt es sich um Übersetzungsfragen: Die Beplanten leben in ihrer Realität, ebenso auch die Planungsberechtigten in der ihren. Die subjektive Realität oder die Art, wie der einzelne die Wirklichkeit zu sehen vermeint, ist eine Folge seiner Erziehung in der Gesellschaft, also eine soziale Konstruktion.

Wir haben uns hier mit den Planern zu beschäftigen und denken an die schichtspezifischen Umweltinterpretationen, die ihren Ursprung in Familie, Schicht und Schule haben, aber auch an berufseigene, im Studium und Praktikum gelernte oder verlernte Anschauungsweisen. Vielfach kommt als drittes noch die „Erfahrung" hinzu, die viele Entscheidungsberechtigte in der militärischen Ausbildung oder gar im Krieg erwarben und die nicht nur eine recht eigenartige Sicht auf den Mitmenschen vermittelt, sondern vor allem die Tat und den raschen, selbstverantworteten Entschluß als im vorhinein richtig erscheinen läßt. Die Übernahme von Verantwortung, die in Tat und Wahrheit gar nicht getragen werden kann, gehört fest in die Realitätsstruktur der Planer. Solche Verantwortung ist ein ungedeckter Scheck, da Fehlplanungen nicht rückgängig gemacht werden und die verdrängten Städter so wenig in ihre alten Quartiere zurückgebracht werden können wie Kriegsopfer ins Leben.

Die Lebenshaltung, die sich in der mittelständischen Spruchweisheit – „jeder ist seines Glückes Schmied", „wer wagt, gewinnt" usw. – äußert, bekommt im öffentlichen Bereich einen besonders brisanten Charakter. Steht der Privatmann mit seiner Person und seinem Vermögen für Gewinn und Verlust ein, so bringen im öffentlichen Bereich Erfolge mehr Ruhm ein als Mißerfolge Schaden, da diese vertuscht, nach oben abgeschoben oder in Erfolge umgeprägt werden können. Deshalb bewegt sich die Stadtplanung, ohne Rücksicht auf strategisches Vorgehen, wie es dem Systemcharakter der Stadt angemessen wäre, von Maßnahme zu Maßnahme. Die sorgfältige Pflege eines Altstadtgebiets liegt außerhalb des

Blickwinkels des Entscheidungsträgers; Abbruch und Neubau erscheinen dagegen als gute Lösungen. Typisch ist beispielsweise die „Sanierung“ des Karlsruher Stadtteils Dörfle: Eine falsch konzipierte Entlastungsstraße isolierte das Quartier, die Ränder zur Straße hin wurden unwirtlich und verslumten; die Stadt glaubte eingreifen zu müssen, indem sie die Randbebauung erwarb und abbrach. Die Folge war, daß die nächste Bebauungsreihe verslumte, erworben und niedergelegt wurde gleich der ersten, was sich fortsetzte, bis ein großes Loch in der Innenstadt klaffte. Weder die Beamten noch die Politiker vermochten zu erkennen, daß sie es selbst waren, die den Übelstand schufen, den sie so eifrig bekämpften.

Die Wissenschaften und Hilfswissenschaften des Stadtplaners, Stadtgeografie, Stadtsoziologie, Planungstheorie, Planungsmethodik, Planungsstrategie, haben in den letzten Jahren Fortschritte gemacht. Immer aber hängt ihre Anwendung ab von der Person dessen, der plant. Daß wir dabei nicht trennen können zwischen dem Planer im engeren Sinne und dem ihm scheinbar übergeordneten Machtträger, haben wir dargelegt. Insofern ist die Planung nicht autonom, sondern einem sozialen System zugehörig und wirksam durch ein Personenkollektiv, eine Organisation.

Wir erleben gegenwärtig gleichzeitig ein Fortschreiten der Planungstheorie und ein Fortschreiten des Partizipationsgedankens. Die Planungstheorien spiegeln den Machtträgern eine Objektivität vor, die zur Unterdrückung der Partizipation mit ihrer wechselhaften Unberechenbarkeit verführt. Andererseits sind auch die Machtträger probabilistisch: Sie sind Menschen, also lernfähig, egozentrisch, kameradschaftlich oder sonst „falsch programmiert“, sie arbeiten in einer Organisation mit bestimmten gruppendynamischen Eigenheiten, und ihre Entscheidungen sind nicht feststellbar, sondern aufgelöst in einer Zeitspanne. Damit ist technische Planung von zwei Seiten her eingeengt: von der Seite der Demokratisierung und Partizipation her oder, technokratisch ausgedrückt, von der Durchsetzung her, und von der Seite der Entscheidungsträger.

Planung ist also nicht nur das, was die Techniker planen. Über Stadtplanung nachdenken heißt also nicht (nur), die neuesten Theorien über Wohndichte oder Verkehrsführung zu studieren; vielmehr geht es um die umfassende Betrachtung der Art und Weise, wie Kommunen ihre Umwelt planend verändern. Daß sich dieser Prozeß mit objektivem Wissen anreichert, ist zu hoffen; daß er zu einer Wissenschaft wird, ist eine Illusion.

Kommunikation und gebaute Umwelt (1978)

Plan und Bauwerk – unvollständige Informationsträger

Die beim Bauen und Planen ablaufenden Interaktionsprozesse bilden ein vielfaches Netz gegenseitiger Information. Der Plan selbst ist ein Informationsmittel, über dessen spezifischen und infolgedessen unvollkommenen Mediencharakter man sich viel zu wenig Rechenschaft gibt. Der Plan diente ursprünglich nur zur Information der Bauhandwerker; heute wird er allgemein als Verständigungsmittel im Bauwesen benutzt, obwohl er wesentliche Informationen vorenthält und überdies für Laien schwer zu lesen ist. Aber gerade diese Unvollkommenheit nutzt der Praktiker oftmals aus, da es ihm ja nur um die Zustimmung geht.

Auch der Bau selbst ist ein Informationsträger; er drückt etwas aus, aber seine Botschaft ist recht diffus. Die öffentlichste aller Künste, die Architektur, wendet sich, ähnlich wie die moderne Malerei, Literatur und Musik, an Kenner, an Kollegen, an Leser von Fachzeitschriften. Viele Architekten haben trotzdem sehr vage Vorstellungen von der Information der Architektur. Weit verbreitet ist die Meinung, der Raum selbst, das Räumliche, wie die modernen Architekten sagen, sei ein archetypisches Verständigungsmittel, das jeder in gleicher Weise entziffern könne. Experimentelle Befragungen ergeben jedoch, daß das Publikum ein Gebäude extrem unterschiedlich interpretiert:

Das gleiche Wohnhaus wird als „vornehm“ und als „gefängnishaft“ empfunden, und die Befragten urteilen nur sicher, wenn der Ausdruck der Architektur durch sekundäre Zeichen gestützt wird: etwa durch gepflegte oder vernachlässigte Gartenanlagen oder durch teure oder billige vor den Häusern stationierte Autos.

Bauen – ein politisches Entscheidungsfeld

Die im Bauwesen aufgebauten Informationsprozesse werden jedoch nicht allein von den gewissermaßen einzelnen und eingleisigen Informationen durch Pläne und Bauten geprägt. Das Bauwesen ist ein Subsystem des politisch-ökonomischen Gesamtsystems und weist ähnliche Eigengesetzlichkeiten auf wie andere Subsysteme: wie der aus militärischen, industriellen und politischen Interessen aufgebaute Rüstungsblock oder wie der Komplex Automobil, der von der Ölgewinnung über die Fließbänder der Automobilindustrie bis zum Straßenbau, zum Versicherungswesen und zu den Zolleinnahmen reicht. Alle diese Subsysteme haben einige gemeinsame Eigenschaften.

Erstens unterscheidet sich ihr formales System sehr stark von ihrem effektiven Funktionieren, d.h. formal sehen ihre Beschlußfassungsprozesse differenziert und geordnet aus, betrachtet man sie aber unter soziologischen Gesichtspunkten, so fallen die Entschlüsse außerhalb der dazu ermächtigten Gremien und führen zu suboptimalen Resultaten.

Zweitens tendieren solche Systeme zur Rücksichtslosigkeit gegenüber dem Gesamtsystem; sie befördern vornehmlich ihr eigenes Wachstum ohne Rücksicht auf Störung und Verschleiß. So bildet das Bauwesen ein System, das Neubauten erstellen will und schon deshalb existierende Bauten zerstören muß.

Drittens bilden diese Systeme eine eigene Ideologie aus, eine eigene Sprache und eine eigene Art, wie Informationen aufgefaßt und in Entschlüsse übersetzt werden. (Dies ist das eigentliche Feld, das ich genauer beleuchten werde.)

Viertens: Die meisten innerhalb dieser Systeme zu fällenden Entscheidungen sind nicht rein fachlicher Natur, sondern sie berühren hohe Ziele unseres Zusammenlebens. Die Frage, ob und wie eine Stadtautobahn geführt werden soll, ist verknüpft mit der Frage, wieviel billigen Mietraum man zerstören will, wieviel Lärm der Wohnbevölkerung zugemutet werden kann und wie viele Kinder künftig an dieser Straße überfahren werden sollen.

Gestaute Informationsströme

Wir verstehen das Subsystem Bauwesen nur unvollständig, wenn wir glauben, es beschränke sich auf das Planen und Ausführen von Bauten. Der Bauprozeß reicht vielmehr von jener Stelle, wo irgend jemand vorschlägt, einen Übelstand durch die Errichtung eines Baues zu bekämpfen, über die politische Beschlußfassung, Planung und Durchsetzung, über den Bezug und die Verwendung des Baues, seine ersten Anpassungen an die wirklichen Bedürfnisse in Form von Korrekturen, Umbauten und Nutzungsänderungen, bis hin zum ebenfalls baupolitischen Entschluß des Abbruchs und der Ersetzung durch einen Neubau. Im Laufe dieses Prozesses fließen Informationsströme zwischen den sämtlichen beteiligten Agenten, Regierungen, zugezogenen Fachleuten, Ämtern, Bauunternehmern, Parlamenten und Nutzern.

Im formalen Prozeß, so wie ihn die Juristen darstellen, gibt es dabei zweierlei Arten der Kommunikation: die Beratung durch die Spezialisten und die Entscheidung durch die Politiker. Der effektive Prozeß sieht anders aus: Wesentliche Entscheidungen fallen durch die beratenden Instanzen. Hierher gehören vor allem die negativen Entscheidungen, welche Varianten einer Planung nicht weiterverfolgt werden sollen. Diese werden nämlich ganz einfach den entschlußfassenden Behörden verschwiegen oder als „unmöglich" und „utopisch" dargestellt. Andererseits leisten die beschlußfassenden Organe, Regierungen, Parlamente, auch die Arbeit der Spezialisten. Insbesondere in Gemeindeparlamenten ist plötzlich jeder, der sich einmal eine Garage gebaut hat, Fachmann.

Das wäre alles noch nicht schlimm, wenn der informelle Informationsfluß in diesen Organisationen nicht zu suboptimalen Resultaten führen würde. Wir brauchen gar nicht an den schweren Vorwurf der Korruption zu denken, wenn wir feststellen, daß sich Gremien weder intern etwas zuleide tun, noch mit anderen Gremien in Kollision kommen wollen. Welcher beigezogene Fachmann gibt der Regierung eine Information, von der er weiß, daß sie dem Departementsvorsteher mißfällt? Welcher Beamte benennt die mangelhafte Eignung eines Planes, der schon lange in der eigenen Behörde bearbeitet wurde?

Bauen als überstrapazierte Lösungsstrategie

Dies alles aber erklärt noch nicht den eingebauten Wachstums- oder Aufblähungsimpuls des Bauwesens. Die Tatsache, daß wir öffentlich auftretende Übelstände vornehmlich durch Bauten und in weit selteneren Fällen durch wirkungsvolle administrative Strategien bekämpfen, muß noch erklärt werden. Die Erklärung ist komplex; ich greife drei Aspekte heraus.

Erstens: Der Entschluß des Bauens ist linguistisch vorprogrammiert. Unsere Umwelt hat viele Übelstände, die man zu beheben versuchen könnte. Die meisten von ihnen bleiben unbeachtet, einige aber können von Politikern so beschrieben werden, daß sie zum Politikum werden: Plötzlich wird der gegenwärtige Zustand als unerträglich und Abhilfe als dringlich empfunden. Die Beschreibung eines Übelstandes aber geschieht meistens nicht analytisch, sondern indem man eine Abhilfe nennt. Kein Politiker sagt: Wir sollten mehr für die Gesundheit der Bevölkerung im östlichen Stadtquartier tun. Vielmehr sagt er: Im Ostquartier fehlt ein Krankenhaus. Die Nennung des Übelstandes ist die Nennung seiner Abhilfe, und die anschaulichste Abhilfe ist immer ein Bau. Wir alle wissen, daß unsere Kommunen sich im Krankenhausbau und im Altersheimbau vergaloppiert haben, aber niemand gibt es zu.

Und damit kommen wir zum zweiten Punkt: Die Untersuchung, ob bauliche Maßnahmen tatsächlich die Übelstände beseitigt haben, gegen welche sie gerichtet waren, bleibt gewöhnlich aus. Jahrelang redete man beispielsweise vom entlastenden Effekt der großen Stadtautobahnen. Es wurde versprochen, daß sich die Quartierstraßen entleeren, weil sich die Autos auf den großen Rennbahnen, die man euphemistisch „Kanäle" nannte, befänden.

In Tat und Wahrheit haben die Stadtautobahnen immer mehr Autos in die Innenstädte hineingepumpt und jeden Quadratmeter Straßenraum aufgefüllt. Dem Verkehrsproblem ist nicht mit Bauten, sondern mit Strategien beizukommen. Diese Strategien aber können offenbar im gegenwärtigen Bausystem nicht beschlossen werden. Auch die Kostenexplosion im Gesundheitswesen und die sogenannte Energielücke beruhen weitgehend auf der Unfähigkeit, komplexe Strategien zu beschließen.

Ein dritter Aspekt ist die Tatsache, daß Bauten einmalige Ausgaben sind und daß sich einmalige Ausgaben leichter beschließen lassen als periodische, auch wenn die wiederkehrenden viel billiger sind und zudem viel wirkungsvoller. In der Schweiz und in Deutschland würden Schauspiel und Oper einen ungeahnten Aufschwung nehmen, wenn man auch nur einen Bruchteil der Summen, die man in Theaterbauten steckt, für die Anstellung von Künstlern und die Belohnung von Schriftstellern aussetzen könnte. Der öffentliche Beschlußfassungsprozeß ist aber so strukturiert, daß diese Erkenntnis nicht diskutierbar ist.

Kommunikation und Umweltwahrnehmung

Ich komme nun zur komplexesten, aber wohl wichtigsten meiner Behauptungen, nämlich zu der These, daß die Dinge unserer Umwelt, also die Übelstände und die möglichen Maßnahmen, nicht an sich perzipiert werden, sondern als Signale, die der Betrachter einem Symbolsystem zuordnet, worin das beobachtete Faktum eine bestimmte Bedeutung erhält. Um das zu erklären, muß ich etwas weiter ausholen. Der berühmte amerikanische Ökologe und Ökonom Forrester hat vor vielen Jahren zuerst ein „Großstadtmodell“ entworfen, welches den Ablauf der Stadtentwicklung, die Handlungen der Behörde, die Investitionen der Wirtschaft, die Reaktionen der Bevölkerung und die daraus resultierenden Geldströme darstellte. Später hat er analog zu diesem Modell ein „Weltmodell“ geschaffen, in welchem der Verbrauch der natürlichen Ressourcen, das Auftreten von Verschmutzung, die Bevölkerungszahl und viele andere Teilbereiche als Faktoren auftraten. Das Funktionieren der Modelle beruht auf der Annahme, daß die Menschen auf das Anwachsen der negativen Faktoren im Rahmen des Möglichen vernünftig reagieren: auf Mangel mit Einsparung, auf Übervölkerung mit Geburtenkontrolle, auf Hunger mit Mehranbau von Feldfrüchten. Dies ist aber keineswegs der Fall: Der Mensch reagiert auf die auftretenden Phänomene, ich möchte es so nennen, historisch: nämlich indem er das Phänomen mit dem Symbolsystem perzipiert und interpretiert, das ihm seine Gesellschaft zur Verfügung stellt, in der er lebt. Deshalb sind die Handlungen von menschlichen Gemeinschaften irrational, unvorhersehbar und plötzlich.

Ich möchte nun einen ganz kleinen Ausschnitt einer Entwicklung anführen, die wir alle miterlebt haben: den Umschlag von Wachstumseuphorie in den Wunsch auf Bewahrung des Bestehenden im Bauwesen. Dieser Stimmungswandel, so plötzlich er war, hat schon tiefe Veränderungen unserer Ästhetik hervorgebracht. Beispielsweise die Haltung zum Beton: Noch vor kurzem war die Demonstration von Beton gewissermaßen die

Visitenkarte guter Architektur, heute ist Beton zum öffentlichen Schimpfwort geworden. Das Material, das nach wie vor unentbehrlich ist, wurde vorher als Signal des Fortschritts wahrgenommen; heute aber ruft es bei den meisten Stadtbewohnern die Assoziation von Bauspekulation, Wohnraumverdrängung, Übererschließung zugunsten des Privatverkehrs und Wohnkostenerhöhung hervor. Noch einmal: Faktoren unserer Umwelt registrieren wir nicht mit der Präzision von Meßinstrumenten, sondern durch das interpretierende Filter unserer Wahrnehmung, als positive und als negativ aufgeladene Signale, und das führt zu entsprechenden Reaktionen.

Bauen – keine Schulaufgabe

Und nun zu meiner letzten These: Die Fragen, die der Fachmann zu lösen hat, sind nicht rein fachlich, denn sie betreffen hohe Ziele des menschlichen Zusammenlebens – Was ist zumutbar? Was ist gerecht? Welcher Aufwand ist angemessen? Die Kommunikation über solche Fragen lernt der Fachmann bei uns nirgendwo. Auf der technischen Hochschule sind die Aufgaben ebenso glatt aufgegangen wie die Rechnungen in der dritten Schulklasse. „Jugendhaus am Paradeplatz", „Kanal zur Umschiffung des Rheinfalls" – so lauten die Schulaufgaben der Hochschulstudenten. Supponiert werden dabei der vorhandene Bauplatz, das Geld, die technischen Mittel und ausgeklammert die ästhetischen und soziologischen Randbedingungen. Um so erstaunter ist der junge, mit bester Note ausgestattete Fachmann, wenn seine angebotenen „Lösungen" in der Realität nicht funktionieren. Denn auch die Technik funktioniert nicht gegen eine widerstrebende Bevölkerung. Was wir heute bei den Kernkraftwerken erleben, ist nur der extremste Fall einer allgemeinen Entwicklung.

Planungsfaktor Zeit

Nachdem uns die sechziger Jahre eine allgemeine Zentralisierung der Entscheidung gebracht haben, ist heute überall von Dezentralisierung die Rede. Durch Dezentralisierung soll die Entscheidung wieder näher an die tatsächlich betroffene Bevölkerung herangebracht werden. Diese Tendenz scheint mir wichtig, aber bei weitem nicht die wichtigste. Unsere Planer haben Übung darin, Probleme räumlich zu sehen und sie, nötigenfalls, auch räumlich zu verschieben. Eine solche räumliche Verschiebung ist die Dezentralisation. Weniger Übung haben sie aber in bezug auf die Zeit. Ihre Beschlußfassung neigt dazu, Zeit zu annullieren, zu antizipieren, alles heute tun zu wollen, was je getan werden muß. Sie vollenden heute ein Autobahnprogramm, das sie 1960 in einem Zuge aufgestellt haben. Gerade die Fachleute, die immer vom Fortschritt reden, glauben also an die Beständigkeit der ökonomischen, technischen und sozialen Randbedingungen im Laufe von 20 Jahren. Gerade die Fachleute, die gerne vom größten Bauwerk aller Zeiten sprechen, wenn sie die Autobahn anpreisen, tun so, als gingen von diesem Bauwerk keine Wirkungen aus, die es bei späteren Etappen zu berücksichtigen gilt.

Kurz: Unsere Planer lernen heute vielleicht die Verteilung von Entscheidungen im Raum, die Dezentralisierung, nicht aber den Umgang mit der Zeit, die Staffelung und das Aufschieben von Entscheidungen. Ich habe schon viele Leitbilder und Pläne für Städte und Regionen studiert; doch kaum jemals habe ich eine Anweisung gesehen, die lautet: Erst dann, wenn das Ereignis X eingetreten sein wird, soll entschieden werden, ob die Maßnahme Y oder eine andere oder gar keine Maßnahme eingeleitet werden muß.

Ziel und Mittel – eine trügerische Einteilung

Das Planungs- und Baugeschehen in der Schweiz und im Ausland stößt zunehmend auf den Widerstand der Bevölkerung. Dieser Widerstand wurde zunächst als ein Mangel an Aufklärung verstanden. Man glaubte, die Bevölkerung müsse nur über die guten Absichten der Planung informiert werden, dann werde jedermann einsehen, daß gewisse nebensächliche Unzuträglichkeiten für das große Ziel in Kauf genommen werden müßten. Diese Ansicht beruht auf der Einteilung der technischen Maßnahmen in Ziel und Mittel. Ziel ist die Herstellung einer verbreiterten Straße, das Mittel dazu ist es, Bewohner auszuquartieren und ihr Wohnhaus zu zerstören. Es ist nicht ganz unrealistisch, hier Mittel und Ziel einmal zu vertauschen: Für das Bauwesen ist es ein Ziel, mein Wohnhaus abzubrechen und an seiner Stelle Geschäftshäuser zu bauen, und das Mittel dazu ist die Straßenverbreiterung. Macht hat offenbar, wer die Dinge überzeugend als Mittel und Ziele etikettieren kann. Widerstand entsteht da, wo der ideologische Charakter der Einteilung in Ziele und Mittel durchschaut wird.

Behördliche Techniken gegen Bürgerinitiativen

Gegen die bewohnerfeindlichen Maßnahmen der Stadtplanung sind zunehmend die sogenannten Bürgerinitiativen aufgestanden. Viele Schweizer neigen dazu, diese als ein Phänomen jener Länder zu betrachten, die das Plebiszit nicht kennen. Wir wissen aber aus der

Auseinandersetzung über das Expreßstraßen-Ypsilon in Zürich, daß auch die plebiszitäre Demokratie den Bürger nicht voll schützt. Gegen die Bürgerinitiativen haben die Behörden zweierlei Techniken entwickelt: Die eine besteht darin, den Widerstand dadurch zu brechen, daß man sie ihrer Führung beraubt. Das geschieht, indem man sogenannte „Drahtzieher“ von den „wahrhaft Betroffenen“ scheidet. Die Polizei hat die Aufgabe, die „Drahtzieher“ so lange zu provozieren, bis sie eine übereilte Handlung begehen; dann kann die Polizei sie ausschalten. Der „wahrhaft betroffenen“ Bevölkerung macht man dann kleine Zugeständnisse und geht im übrigen über sie hinweg. Die zweite, destruktivere Technik ist die der Einbeziehung, die heute sogar so weit geht, daß sich Behörden selber scheinbar oppositionelle, in Wirklichkeit willfährige Bürgerinitiativen kreieren. Bürgerinitiativen sind aber nur so lange erfolgreich, als sie frei und aktionsfähig bleiben, indem sie den Aktionsraum selber abstecken.

Abkehr vom reinen behördlich-fachmännischen Dialog

Die Aktionen des Bauwesens und der Widerstand der betroffenen Bevölkerung sind ein kommunikatives Spiel zwischen zwei lernfähigen Systemen. Jede Strategie kann nur einmal verwendet werden, da der Gegner jeweils eine Gegenstrategie entwickelt und einsetzt. Deshalb dürfen sich die Bürgerinitiativen weder institutionalisieren noch reglementieren lassen.

Nachdem in den sechziger Jahren die Wohnlichkeit der Städte und Dörfer zerstört wurde, wandte sich das Interesse der Bevölkerung notgedrungen den Umweltproblemen zu. Und hier spielt sich heute der eigentliche Prozeß der politischen Kommunikation ab. Die Argumentationen der Bürgerinitiativen und der politischen Komitees sorgen dafür, daß die Absichten des Bauwesens aus dem Halbdunkel des behördlich-fachmännischen Dialogs an die Öffentlichkeit kommen und daß sich die Behauptungen der Spezialisten so lange verschleißen, bis nur noch Argumente stehenbleiben, die tatsächlich Überzeugungskraft haben. So entsteht eine durch fachmännische und wissenschaftliche Argumente angereicherte, im wesentlichen aber ethische oder sogar moralische, also eine wahrhaft politische Kommunikation.

Zwischen Flickwerk und Gesamtkonzeption (1982)

Der Vortrag integriert sich in das Gesamtthema „Utopie und Wirklichkeit“ und beginnt zunächst mit einer sehr banalen Wirklichkeit. Seit etwa 50 Jahren lebe ich ganz oder teilweise in Basel, und in dieser Zeit sind dort fünf planerische Gesamtkonzeptionen gültig gewesen. In derselben Zeit habe ich auch die Regierungszeiten von fünf Päpsten erlebt. Von den Päpsten wußte man aber, als man sie wählte, daß sie irgendwann einmal sterben würden; doch die Gesamtkonzeptionen wurden uns jeweils verkauft als ewige Werke, die vollendet würden und nach welchen die Stadt in Ordnung sei: Alle würden dann ohne Verkehrsverstopfung zur Arbeit fahren können, sich nachher glücklich auf der Grünfläche erholen, und auch das leidige Überfahren von Kindern habe dann sein Ende. – Gegen diese fatale Vorstellung von Gesamtkonzeption richtet sich dieser Vortrag, gegen die Unfähigkeit also, zwischen Utopie und Wirklichkeit zu unterscheiden oder uns Utopien als zu vollendende Wirklichkeiten zu verkaufen. Demgegenüber vertrete ich eine Theorie des Flickwerks: Planen lernen heißt lernen, sinnvolles Flickwerk zu machen.

Zum Thema des Gesamtplanes habe ich sieben Gesichtspunkte ausgesucht, nach welchen ich ihn kritisiere. Der Gesamtplan hat eine Philosophie, er hat zweitens eine Ethik, und drittens hat er eine politische Funktion, nämlich Handlungen zu legitimieren. Er hat viertens eine Psychologie, die Psychologie seiner Verfasser, die aus einer ganz bestimmten Gemütsverfassung heraus glauben, daß die Gesamtheit der von ihnen vorgesehenen Maßnahmen zum allgemeinen Glück führe. Sodann gibt es fünftens eine Ästhetik der Gesamtpläne, und sechstens eine Soziologie, nämlich den Prozeß, wie es zu einer solchen kollektiven Beschlußfassung kam, und siebtens gibt es die Sprache des Gesamtplanes, die verwandt ist mit den Siegesmeldungen, die gegeneinander Krieg führende Parteien abgeben.

Die Philosophie des Gesamtplanes ist die Ideologie der sauberen Lösung. Planen wird verstanden als eine Methodik, welche nach dem folgenden Schema vorgeht: Benenne das Ziel, analysiere das Problem, bringe es zu einer Synthese, mache daraus einen Plan, führe ihn aus und kontrolliere seine Wirkung. Dieses ist ein gutes Schema für lösbare Probleme; zweifellos können wir nach dieser Methode eine Brücke über den Fluß bauen. Stadtplanerische Probleme aber sind nicht von dieser Art.

Die Schwierigkeit beginnt gleich zu Anfang: Es ist nicht möglich, am Anfang schon ein Ziel zu nennen; bei der Frage nach der politischen Legitimation kommen wir darauf zurück. Eine Analyse kann nicht durchgeführt werden, weil die Menge der Daten, die dabei gesammelt werden müßte, im voraus nicht benannt werden kann. Wir alle kennen die städtebaulichen Gutachten, die zu

Anfang aus einer sogenannten Analyse bestehen: Es handelt sich gewöhnlich um dieselbe städtische Statistik, die auch auf dem statistischen Amt gestapelt ist. Da sammelt man Daten über Menschen, über Berufswege, deren Bildung, über deren Wohnungen, über die Gebäude, 50 oder 100 Daten pro Kopf. Extrapoliert auf eine Stadt von 100.000 Einwohnern gibt das schon 10 Millionen Informationen.

Wie synthetisiert man 10 Millionen Informationen zu einem Entwurf? – Die Reduktion der gesammelten Daten auf das vermeintlich „Wesentliche" ist das große Hokuspokus der Planerei. Demgegenüber sind Planung und Ausführung für uns im Moment unproblematisch; das geht die Ingenieure etwas an. Nur noch ein Wort zum letzten Punkt des Schemas, zur Kontrolle:

Ja, wer hat denn schon die Wirkung einer Maßnahme kontrolliert? Darauf kommen wir dann noch zu sprechen bei der Sprache, von der ich sagte, daß sie den Siegesmeldungen geschlagener Armeen gleicht.

Unser zweiter Kritikpunkt ist die Ethik der Gesamtkonzeption, und diese Ethik operiert mit dem Begriff der Verantwortung. Die herrschende Ideologie geht dahin, daß die Verantwortung für Pläne geteilt sei in eine politische und eine technische: Der Techniker macht den Vorschlag und garantiert für die Ausführbarkeit, und der Politiker übernimmt die Verantwortung für die Erreichung des gewünschten Ziels und die Unschädlichkeit der Nebenwirkungen. Ich nehme den üblichen Fall: Die Fahrbahnen einer Straße sind überlastet, der Techniker macht den Vorschlag, die Fahrbahn auf Kosten der Bürgersteige zu verbreitern; die Maßnahme wird technisch richtig durchgeführt, und der Politiker „verantwortet" sie. Was das so ganz genau heißt, weiß man nicht. Es erinnert an die Situation in einem Operationssaal, die Ärzte zögern, weil der hereingefahrene Patient sehr geschwächt ist und die Operation vielleicht nicht mehr überstehen wird, und dann sagt plötzlich einer: „Ich übernehme die Verantwortung." – Eine ethische Haltung ist aufs engste verbunden mit Verantwortung, Verantwortung aber für Folgen, die andere tragen müssen, ist ein leeres Wort.

Wir kommen zum dritten Punkt, dem der Politik: Die Politik drückt sich aus in den sogenannten Zielen. Ich nenne jetzt ein banales Ziel der Stadtplanung: die Verflüssigung des Verkehrs. Wir denken uns jetzt, wir wohnen an einer Straße, und man sagt uns, das Ziel sei die Verflüssigung des Verkehrs, und das Mittel dafür sei, daß das Haus, in welchem wir leben, abgebrochen wird. Natürlich protestieren wir, aber man sagt uns, das Ziel sei eben höher als die Mittel. Wir sollten jetzt nicht an uns denken, sondern an die vielen Leute, die dann eine Minute früher bei der nächsten roten Ampel sind; und daß wir unsere Wohnung verlieren, sei ein kleineres Opfer, gemessen an dem vielen Glück, das uns ja schließlich auch zugute komme, wenn wir dann aus der Stadt verdrängt seien und zur Arbeit in diese zurückfahren müßten. Denn in das auf der zurückgesetzten Baulinie wieder aufgebaute Haus kommt leider nicht unsere Wohnung zu liegen, sondern vielmehr ein Geschäft.

Dieses bringt uns auf die ketzerische Frage, ob nicht vielleicht dieses das Ziel gewesen sei: Liegenschaften, welche durch bloßes Bewohnen weit unter ihrem Wert genutzt werden, in den Verkehr zu bringen und neu zu bauen. Denn es ist ja sinnlos, daß da Leute wohnen, wo schon längst der „Schweizerische Bankverein" oder die „Deutsche Bank" hätten einziehen können. – Was also war hier das Ziel und was das Mittel? Macht hat offenbar der, der die Dinge in Ziele und Mittel einteilen kann, wer benennt, welches der Grund und welches nur eine Nebenwirkung einer Maßnahme sei. Wer Opposition machen will, der muß sich zutrauen, das Verhältnis von Mittel und Zielen glaubhaft umzudrehen.

Wir sagten als viertes, der Gesamtplan habe auch eine Psychologie, oder genauer, er entspreche der Psychologie seiner Verfasser. Die Verfasser von Gesamtplänen erliegen dem Zwang, die Welt als verstehbar anzusehen. Da das Objekt ihres Handelns in Realität zu kompliziert ist, handeln sie anhand eines vereinfachten Modells. Das Modell gibt ihnen ein Bild der Wirklichkeit, bei dem ihre Maßnahmen tatsächlich zu den Zielen führen, auf welche sie ausgerichtet sind. Eben dieses restringierte Bild der Welt ist der Plan: und Planer sind es, welche verdrängen, daß sie mit Plänen und nicht mit der Wirklichkeit operieren.

Oftmals lächeln Planer über Laien, die Pläne angeblich nicht lesen können. Dabei sind Pläne zur Beschreibung der Wirklichkeit ein ungeeigneter Code; wenn es nicht möglich ist, den Laien mit Worten zu beschreiben, was auf dem Plan zu sehen ist, so liegt das eben am reduzierten Informationsgehalt der Pläne. Niemals nämlich würden die Laien zustimmen, wenn man ihnen in verständlichen Worten erklären würde, was auf sie zukommt, wenn ein Gesamtplan verwirklicht wird. – „Psychologisch" nenne ich diesen Vorgang der restringierten Mitteilung deshalb, weil es ein Bedürfnis ist, komplexe Dinge einfacher zu sehen und sie dadurch scheinbar verstehbar zu machen; die Psychologie von Planern ist damit, wie Richard Sennett nachwies, mit der von Halbwüchsigen verwandt. Auch bei diesen hat, im Falle des Mißerfolges, die Modellvorstellung recht und die Wirklichkeit unrecht.

Wir sagten eingangs, der Gesamtplan habe – fünftens – auch eine Ästhetik, und diese Ästhetik hängt mit der Tendenz zur Vereinfachung zusammen. Die Ästhetik des Gesamtplans ist auf eine allgemeine Lesbarkeit der Stadt gerichtet und zerstört damit die tatsächliche Lesbarkeit. Was heißt Lesbarkeit? – Dieses: daß Kinder lernen können, was an einer bestimmten Stelle passiert, was erlaubt ist, was verboten, ob ein Plätzchen öffentlich ist oder privat, und wenn privat, ob genutzt oder wertlos; ob ein Besitzer reklamiert, wenn hier gespielt wird. – Und was ist die Lesbarkeit des Planers: daß alles perfekt aussieht, daß Nutzungsspuren getilgt sind, daß es nutzlose Stellen gar nicht gibt oder daß sie wenigstens begärtnert und in eine hübsche Anlage umgebaut werden.

Wir Städter haben Mühe, in unserer eigenen Stadt die Zerstörung der Lesbarkeit zu beobachten. Gern aber lächeln wir über die Aktion „Unser Dorf soll schöner werden“, die solches auf dem Dorfe tut: nämlich die Ablesbarkeit von Tätigkeiten und Sozialzuständen zuzugärtnern. Genau dasselbe aber passiert in der Stadt: Ich denke jetzt an eine Straße, die in der Weise verbreitert wurde, daß den privaten Anliegern die Vorgärten weggenommen wurden. Um nun die Verschmälerung des Bürgersteigs doch noch ein bißchen zu kaschieren, unterhält die Stadt jetzt auf dem enteigneten Streifen der ehemaligen Vorgärten selbst verkleinerte Vorgärtchen. Aber diese werden natürlich einheitlich gepflegt, das bedeutet, daß die soziale Information, die diese Vorgärten vorher enthalten haben, verschwunden ist. Ich sehe nun nicht mehr, was für Leute in diesem oder jenem Haus wohnen, ob das Mieter sind oder Eigentümer, eine Partei oder mehrere, und was ich da früher aus diesen mehr oder weniger gepflegten oder verwahrlosten, eingezäunten oder zertrampelten Vorgärten entnehmen konnte. Natürlich kann ich Informationen an den Hausklingeln erforschen; aber das Straßenbild hat sich von einem informationsreichen in ein anonymes gewandelt. Ein kleines Stückchen Lesbarkeit ist im Zuge der Gesamtplanung aufgehoben worden.

Unser sechster Punkt, der eigentlich soziologische der Betrachtung, betrifft die Beschlußfassung. Die Beschlußfassung über Gesamtpläne geschieht in Behörden, also in technischen Planerstäben unter der Leitung sogenannter Politiker, die aber auch Beamte sind. Es gibt eine große Literatur über kollektive Beschlußfassung in hierarchisch organisierten Stäben, diese Literatur allerdings betrifft die Privatwirtschaft. Was im öffentlichen Bereich passiert, ist davon prinzipiell nicht unterschieden, allerdings ist die Erfolgskontrolle eine andere, sie hängt nicht am Geld, sondern an Meinungen. Gemacht werden kann nur, was geht.

„Gehen" heißt in einer Behörde: Die vorgeschlagene Lösung verletzt keine von einem Kollegen gemachte andere Planung. Die Planung eines Kollegen zu tangieren ist viel schwieriger, als einige Privathäuser zu opfern, wenigstens auf dem Papier.

Eine weitere Frage ist: Können Stäbe überhaupt Alternativen prüfen? Die meisten Alternativen sind nach dem Muster gemacht: Die Minimallösung geht nicht, die Maximallösung geht auch nicht, aber eine mittlere Lösung sollte schon gehen. Stäbe sind also nicht in der Lage, gleichwertige Lösungen zu planen und diese den Entscheidungsberechtigten neutral vorzulegen. Aber selbst wenn sie dieses täten, so wäre die Entscheidung des Vorgesetzten nur scheinbar: Die Wissensgrundlagen, die in die drei Lösungen eingeflossen sind, können ja nicht voll und ganz auf den Entscheidungsberechtigten übertragen werden. Also hilft man ihm bei der Entscheidung ein bißchen nach. – Diese Andeutungen über Beschlußfassungsprozesse sind rudimentär; das Thema verdient in mehreren Beziehungen eine Vertiefung.

Wir kommen jetzt zu unserem letzten Punkt: zur Sprache der Planung. Sprache ist das Durchsetzungsinstrument für Maßnahmen; alle Herrschaft ist sprachlich. Die Planersprache ist die Sprache des Positiven, sie sagt: Am Schluß werden wir alle glücklich. Die Taktik der Planersprache besteht darin, die Freiheitsgrade da, wo sie vorhanden sind, zu kaschieren und auf jene Stellen hinzuweisen, wo Entscheidungsfreiheit fehlt, und dieses Fehlen als „Sachzwang" zu bejammern. Damit wird die Planung entpolitisiert: Wo der Planer selber nicht sicher ist, da spielt er durch sprachliche Mittel eine Sicherheit vor, während er da, wo er ohnehin weiß, wie es weitergeht, spielerisch Alternativen benennt und sie dann aber als leider undurchführbar abtut. So dient die Sprache dazu – den Vergleich mit Kriegsmeldungen habe ich eingangs gemacht – uns durch die Erzeugung von Sicherheit in ein Geschehen zu verwickeln, dessen Ausgang so unsicher ist wie, mindestens für eine Partei, die Aussicht auf den Sieg.

Die Zukunft, die nicht kam (1982)

Da liegt doch tatsächlich in meiner Buchhandlung ein Lehrbuch der Stadtplanung von Kurt Leibbrand; und wie ich gerade drauf und dran bin, den Verkäufer zu fragen, wer denn diesen Ladenhüter unter die Sortimentsbücher gemischt habe, schlage ich das Impressum auf: Basel 1980. Leibbrands Plan für Basel datierte aus den fünfziger Jahren; er enthielt die für damals typischen zwei Ratschläge: die Verbreiterung einiger Innenstadtstraßen zum „Cityring“ und innerhalb dieses Ringes die Verlegung der Straßenbahn unter das Pflaster zwecks „Verflüssigung“ des Automobilverkehrs. Der Plan war so mangelhaft, daß er schon im Jahre 1962 überarbeitet werden mußte, und zwar nicht etwa von seinen Gegnern, sondern von den Befürwortern, die gemerkt hatten, daß er nicht funktionierte. So verbessert, bildete er dann das für die sechziger Jahre übliche Instrument der Stadtzerstörung.

Gehörten die späten fünfziger und frühen sechziger Jahre den Naiven, so die späten sechziger Jahre den Weitsichtigen. So einfach, wie es sich Herr Leibbrand und seine Gehilfen vorgestellt hatten, waren die Dinge in der Tat nicht. Aber wie macht man es denn richtig? Darüber gab es zwei Meinungen, und atemberaubende Planungsschlachten spielten sich ab. In der Emilia Romagna eroberte die kommunistische Partei die Verwaltung einer Großstadt: Bologna. Eine sozialistische Stadt in der kapitalistischen Welt – mußte das nicht eine Musterstadt werden? Die PCI ergriff ihre Chance und setzte den größten Stadtplaner Italiens, Professor Giuseppe Campos-Venuti, als Planungschef von Bologna ein. Die katholische Kirche reagierte auf die Herausforderung, und der bisher unumstrittene König von Bologna, Kardinal Lercaro, tat einen Gegenzug. Er beauftragte den japanischen Stadtplaner Kenzo Tange, gerade eben berühmt geworden durch seinen Greater Tokyo Plan, mit der Planung einer neuen City von Bologna.

Tanges Modell für Bologna war so recht nach dem Geschmack der Weitsichtigen. Anders als Leibbrand und seine Flickschuster gab sich Tange mit der Altstadt gar nicht erst ab. „Das Herz der Großstadt ist eine Kleinstadt“ – diesen Glaubenssatz des CIAM-Kongresses von Barcelona hatte Tange noch präsent. So stellte er neben die flächenmäßig sehr große Altstadt von Bologna eine ebenso große Neustadt: ein Gebilde aus Autobahnen, Parkhäusern, Aufzügen und Geschäftsbauten, Greater Tokyo amalgamiert mit Antonio Sant'Elia, eine Maschine der Kommunikation und Dienstleistung. In der Pause stand das Spiel 1:0 für den Kardinal.

Und was tat Campos-Venuti? Er schuf jenes Modell, das Du, lieber Leser, doch kennst, denn auch Du bist einmal in Deinem Leben nach Bologna gepilgert und hast Dich in die Geheimnisse der Partizipation und der Quartiersdemokratie einweihen lassen. Auch Du hast nicht gemerkt, daß die Quartierräte nur konsultiert werden mußten, ihr Nein also keine Folgen gehabt hätte, selbst wenn es jemals vorgekommen wäre, daß kommunistische Quartierräte zu Vorlagen kommunistischer Stadträte nein gesagt hätten. Gewinner des Spiels war die PCI, die das Modell von Campos-Venuti fortan in ihrer Administration vergammeln ließ. (Eine frischere Wiederbelebung mit weniger Parteibürokratie fand Campos-Venutis Plan dann später in Pavia, wo die PC mit den Sozialisten der PSI koalieren mußte.)

Der in Bologna so spektakulär geführte Kampf war charakteristisch für die späten sechziger Jahre. Die naive Technokratie war gescheitert; es schlug die Stunde der Weitsichtigen einerseits, die der Planungsskeptiker, welche die Entscheidungen durch die Betroffenen legitimieren lassen wollten, andererseits. Beide Parteien hatten ihre Propheten und ihre Bibeln. Die Philosophen der Weitsichtigen waren: Fourastié, Buchanan und Picht, zweifellos ein seltsames Trio, aber ein Trio.

Fourastié ist zwar nicht der Erfinder, aber der Popularisator des tertiären Sektors. Er erklärte seinen erstaunten Lesern, daß der agrare Sektor auf 10 Prozent der Bevölkerung absinken werde (was richtig ist), daß der industrielle Sektor infolge der Automation ebenfalls auf 10 Prozent absinken werde (was zweifelhaft ist) und daß der dienstleistende Sektor nicht rationalisierbar sei und deshalb auf 80 Prozent ansteige (was nichts ist als ein Trick mit der Definition). Tanges Greater Tokyo Plan war das genaue Abbild der – Fourastiéschen Visionen: Die künftige Industrienation ohne Industrie braucht ein Verwaltungsmanagement, das auf einer metropolitanen Verkehrsmaschinerie lebt, um jederzeit mit sich selbst in jede mögliche Verbindung treten zu können. – Seltsam nur, daß der Traum damals nicht noch ein bißchen weitergeträumt wurde: Wenn schon, dann würden wir doch die Autobahnen durch Fernsehkabel ersetzen; denn weshalb brauchen sich die Manager bei ihren Konsultationen leibhaftig und physisch gegenüberzusitzen?

Sir Colin Buchanan CBE ist von anderer, weniger visionärer Art. Im Auftrag Ihrer Majestät zog er aus, das Verkehrsproblem für alle Zukunft zu lösen. Und es ist, so meint er, lösbar: Es ist nur eine Kostenfrage. Sagt mir, wieviel Ihr zahlen wollt, und ich sage Euch, welche Erschließung Ihr dafür bekommt. – Mit ganz viel Geld, mit ganz vielem Buddeln in der Erde und Überkreuzen auf mehrgeschossigen Brücken kann man sogar eine hübsche Altstadt erhalten und als Geschäftszentrum ausbauen. Buchanans Report steht noch heute auf allen Regalen der Straßenbau- und Verkehrsplaner; von Sir Colin selbst hören wir, daß er später zum Direktor einer Schule ernannt wurde, die Ingenieuren eine Zusatzausbildung in Ökologie vermittelt …

Jawohl, auch die Bildungskatastrophe rechne ich zum Planungsschrott der sechziger Jahre. Und zwar ist sie der einzige Schrott, auf den ich damals selber hereingefallen bin. Wir werden nicht einmal genug Lehrer haben, um die Lehrer auszubilden, welche der Bevölkerung das zusätzliche Wissen vermitteln können, das sie braucht, um in der uns bevorstehenden Zeit überleben zu können – das war der Tenor, wenn nicht von Picht selber, so doch seiner Distributoren. Die Fourastiésche dienstleistende Gesellschaft ist gleichzeitig ein Wissens-Multiplikator: Der Konkurrenzkampf industrieller Leistung wird abgelöst von der Produktion symbolischer Vermittlung. Die Vision der Bildungskatastrophe war genau das, was der damalige Architekt sich wünschte: Die wirklich ganz neu zu bauenden Städte ließen auf sich warten, und die Stadtkorrektur erwies sich als ein undankbares Geschäft, bei dem wohl Geld, nicht aber Ruhm zu holen war. Ersatz-Probierfeld der neuen Stadtplanung wurde deshalb der Hochschulbau; hier konnten die Leckerbissen der planerischen Diskussion ausprobiert werden: Flexibilität, Feedback, nachträgliche Verdichtung, Planen für noch unbekanntes Wachstum. Der Frankfurter Römer von Candilis, Josić und Woods erstand als philosophische Rostlaube in Berlin-Dahlem. Und die Kinder, die in den Pausen durch die Gänge der Gesamtschule Steilshoop ziehen und ihre Heimatlosigkeit dadurch demonstrieren, daß sie den Feueralarmknopf drücken, sind eigentlich die Bewohner jener Raumstädte, die man damals an den Architekturschulen entwarf.

Kinder und Studenten sind deshalb die geeigneten Bewohner der Zukunftsstädte, weil sie zu diktierbare Bedürfnisse haben: Pausenfläche, Arbeitsfläche, Raumtemperatur, Kalorienzahl des Mittagessens, die Anzahl der Sitze, alles war vorhersehbar, und die Neigung der Rückenlehne bestimmte Prof. Grandjean. Auch die Flexibilität der künftigen Stadt betrifft ja nicht etwa die individuelle Verschiedenheit der Bewohner, sondern bietet Raum für neue Entwicklungen der Wissenschaft und der Produktion. Daß aber das Unvorhergesehene nicht vorhersehbar ist, bewiesen dann umfangreiche Umbauten, etwa der Steilshoop-Schule.

Bei den Erwachsenen zeigten sich die Paradoxien des Bedürfnisbegriffs etwas deutlicher, und über sie entzweiten sich schließlich im Gefolge der 1968er Studentenrevolte die Lager der Weitsichtigen und der Planungsskeptiker. Während sich die Neue Heimat damit zufrieden gab, daß die von ihr beauftragten Befragungsinstitute meldeten, es seien 90 Prozent der Bewohner „zufrieden" mit dem, was als das Bedürfnis aller gemessen worden war, entdeckten die 68er das Recht auf abweichende Bedürfnisse. Der Planer darf die Bedürfnisse der Beplanten nicht vorwegnehmen – sie selber müssen sich äußern. Aber damit es doch nicht ganz ohne den Planer abgeht, muß dieser den Betroffenen behilflich sein herauszufinden, welche deren Bedürfnisse sind.

Die Debatte über advozierende Planung, zuerst in den USA, dann in der damals neuen Zeitschrift Arch + geführt, war heilsam in ihrer Relativierung der technokratischen Planungsideologie; die Datenbanken, fast so wichtig geworden wie die Geldbanken, machten pleite. Aber waren die Advokatenplaner denn wirklich frei vom alten Planerdünkel? Ach, war das schön, als Robert Goodman plötzlich seine Planermappe auspackte und schon auf den Umschlag seines „After the Planners"-Buches schreiben ließ: „We Architects and Planners aren't the visible symbols of oppression like the military and the police. We are more sophisticated, more educated, and more socialy conscious. We are the soft cops."

Was der Planer lernen muß, ist nicht das Planen, nicht das Durchsetzen, nicht die advozierende Planung, sondern das Verhindern von Plänen. Oder wenigstens das Aufschieben dessen, was heute noch nicht nötig ist. Planen ist Verändern, und immer ist der Planer der Agent des Machers. Und aus langer Erfahrung wissen die Leute, daß sie bei jeder Veränderung durch Planer die Verlierer sind.

Und welch ein Vergnügen, als von E. J. Mishan das schmale Buch auf unseren Tisch kam: „The Cost of Economic Growth" (erschienen 1967). Darin wird eine Stadt beschrieben, in der ein ständig wachsendes Übel grassiert: Die Bewohner erschießen einander. Das Tragen von Helmen, kugelsicheren Westen, Schilden und ähnlichem hilft wohl, geht aber dem Übel nicht auf den Grund. Die Stadt beschließt, einen hochqualifizierten Ingenieur mit der endgültigen Lösung des Problems zu beauftragen: Herrn B., in welchem unschwer unser Sir Colin zu erkennen ist. Er hält auch dieses Problem für lösbar; die Voraussetzung ist aber, daß man die Stadt abreißt und sie nach einem neuen Plan aufbaut. Dieser Plan sieht gekrümmte Straßen vor, so daß größere Schießereien mangels freier Sicht nicht mehr möglich sind. Die Lösung hat auch den Vorteil, daß die Gewehrindustrien nicht arbeitslos werden. Geschossen wird weiterhin, lediglich ohne zu treffen.

Und noch ein letztes Buch, das uns bewußt machte, was wir als Irrtum in den technokratischen Planungen der späten sechziger Jahre gespürt hatten: von Richard Sennett „The Uses of Disorder" 1970. Diesem Buch verdanken wir die Deutung jener Unfähigkeit zur Komplexität, die den wohlmeinenden Technokraten jener Zeit anhaftete. Der Fortschritt, welcher die weitsichtigen Planer vor den Naiven des Typus Leibbrand auszeichnete, war das Arbeiten mit Modellen. Die modellartige Anordnung der Faktoren ermöglichte Simulationen, welche realistischere Rückschlüsse auf die Zukunft zulassen sollten, als es die lineare Prognose Leibbrandscher Stadtplanung konnte. Aber es ist gerade dieses scheinbar komplexe Funktionieren des Modells, das die Planer dazu verleitet, es schließlich völlig mit der Realität gleichzusetzen und den gewählten Vereinfachungsgrad zu vernachlässigen.

Sennett verwendet für seine Analyse zwei psychologische Analogien. Das Verstehen der Welt aus einem vereinfachten Modell ist die Sehnsucht der Altersstufe der Heranwachsenden. Da will man doch endlich wissen, wie die Welt funktioniert, und ist jenem dankbar, der sie mit einer Formel erklärt. Die Korrektur der Wirklichkeit nach dem Modell aber, sagt Sennett, ist die Tradition der puritanischen Psychologie: Die Wirklichkeit soll so rein und klar sein wie die Lehre; ist sie es nicht, so ist nicht die Lehre falsch, sondern die Wirklichkeit muß korrigiert werden. Die Zerstörungen in unseren Städten sind die Korrekturen der Wirklichkeit anhand des Modells.

Das waren drei Beispiele aus der Gedankenwelt, wie sie sich 1968 aufbaute als Gegenbewegung zu den Weitsichtigen und den von ihnen inspirierten „wohlwollenden Technokraten". Andere wären zweifellos zu nennen, die sogar teilweise den Weg auf die Bücherregale der Planer selbst gefunden haben: die damals unvermeidliche, aber doch auch liebenswerte Jane Jacobs, dann Kevin Lynch, von dessen empirischer Semiotik man immer den Eindruck hatte, daß er sie zwar erfunden, selber aber nicht ganz verstanden hatte, – sonst würde er doch nicht, nachdem er gerade die Unwichtigkeit architektonischer Merkmale nachgewiesen hat, den Bau solcher Wunderwerke fordern! Lichter aufgesteckt hat uns auch Peter Cowan mit seiner dynamischen Betrachtung der Vergänglichkeit, die jeden städtischen Zustand zu einem

Durchgangsstadium machte; – wohltuend realistisches Gegenstück zum „Endausbau“ der technokratischen Planungen. Sodann war uns Jörn Janssen wichtig; seine Kritik der Prognose anhand von Modellen umfaßte die politische Realität: Die Gesellschaft ist kein lernender Automat, sondern sie reagiert politisch. Und endlich ist Horst Rittel zu nennen, von dem Geschriebenes ja kaum existiert, dessen Einfluß aber eine ganz neue Generation von Planern bildete.

Kann man dennoch arbeiten bei so viel Skepsis, wie sie Rittel aufbaute? – „Im Zweifel, ja“ – lautete die damals geprägte Formel. Nur wer auch die eigene Methode in Zweifel ziehen kann, ist kein Zerstörer.

Architektur – Kunst oder Wissenschaft? (1983)

Wenn wir innerhalb der architektonischen Entwurfstätigkeit eine Polarität zwischen Kunst und Wissenschaft auftun, so stellt sich als erstes die Frage, worin oder wo denn der Unterschied zwischen einem künstlerischen und einem wissenschaftlichen Ansatz liegen soll? Wir vermögen diesen nicht in der Materie des Entwurfsprozesses, also in dessen Inhalten, zu erkennen, noch auch in seinen Resultaten: also einerseits in künstlerischen Bauten, andererseits in technischen. Wir wissen zu genau, daß technisch aussehende Bauten von ihren Architekten künstlerisch gemeint sein können und daß umgekehrt technische Ansätze zu höchst künstlerischen Formen führen können; – für das erste stünden etwa Bauten von Mies van der Rohe, für das andere solche von Candela. Sinnvoll also ist die Unterscheidung zwischen künstlerisch und wissenschaftlich in der Architektur nur da, wo die Entscheidungsweise im Entwurfsprozeß selbst sichtbar wird. Eine „wissenschaftliche“ Entscheidung wäre dann etwa eine solche, die schrittweise, aufgrund der Analyse einzelner Faktoren und in Abwägung von deren Wirkungen und Konsequenzen auf andere Faktoren getroffen wird; „künstlerisch“ wäre eine architektonische Entscheidung dann zu nennen, wenn der Entwerfer versucht, intuitiv die Gesamtheit der zu behandelnden Faktoren einem Einfall zu unterstellen. Vorbild künstlerischer Entscheidung ist die Geschichte jenes chinesischen Malers, bei welchem ein Kunde eine Pinselzeichnung eines Hahns bestellt hatte. Der Maler hatte sich dafür einen Monat Zeit ausbedungen. Eine Stunde vor Ablauf dieses Monats erkundigte sich der Käufer, ob er das Bild gleich abholen könne. Er habe noch gar nicht angefangen, ließ sich der Maler vernehmen, der Kunde möge in einer Stunde wiederkommen. Nach einer Stunde war der Hahn fertig gemalt, und der Käufer fragte, weshalb sich der Maler denn einen ganzen Monat Zeit ausbedungen habe. „In dieser Zeit habe ich über Hähne nachgedacht“, meinte der Künstler.

Nun ist ja aber das Produkt des architektonischen Planers kein Werk von der Art eines Bildes, sondern es muß tatsächlich zahlreichen gesellschaftlichen und praktischen Faktoren Genüge tun. Deshalb ist die reine Intuition von der Art des chinesischen Pinselzeichners wohl nicht das richtige Modell, um den Entwurfsprozeß zu erklären. Vielmehr stoßen wir auf eine Schwierigkeit, die wir das Paradoxon der Entwurfsentscheidung nennen können. Der architektonische Entwurf ist an einem unübersehbaren Bündel von Notwendigkeiten orientiert, die teilweise untereinander harmonieren, teilweise aber auch in einem unlösbaren Konflikt stehen. Jede für ein Teilproblem gewählte Optimalisierung kann Nebenwirkungen auf andere Problemkreise haben: Die volle

Ausnutzung der schönen Aussicht durch Fenster bringt im Winter zuviel Abkühlung; die beste Autozufahrt führt vor das Schlafzimmerfenster des Nachbarn usw.. In wissenschaftlich arbeitenden Laborsituationen würde man solche Probleme wahrscheinlich schrittweise lösen. Wir bauen eine Experimentiersituation, die auf Grund gemachter Erfahrung dauernd verbessert wird. Die hier beste Entscheidungsmethode könnte man nennen: „Management eines zunächst unübersehbaren Problemkomplexes". – Nun strebt aber die Architektur zu einem fertigen Produkt, und auch der Bauherr wünscht wohl ein solches. Der Bauherr würde aus Kostengründen etwas befremdet reagieren, wenn man ihm sagen würde: Diesen Flügel reißen wir vielleicht wieder ab, und jenes Fenster kann man ja zumauern, wenn es zuviel Lärm einläßt. Auch der Architekt möchte mit einer fertigen Form an die Öffentlichkeit treten; noch nie hat man in einer Architekturzeitschrift eine Abbildung gesehen, unter der zu lesen war: Vielleicht wird das Satteldach noch durch ein Flachdach ersetzt. – Das oben angedeutete Paradoxon lautet also: Es muß im architektonischen Entwurf eine Lösung erreicht werden, obwohl die Voraussetzungen zur Planung einer solchen nicht voll durchschaubar sind.

Das Mittel zur Erzielung von Lösungen bei ungenügender Transparenz der Bedingungen nennt man Intuition. Sie ist ein für das menschliche Leben notwendiges Entscheidungsmittel; schon der Urmensch hätte wohl nicht zu überleben vermocht, wäre er nicht in der Lage gewesen, in unüberschaubaren Situationen einigermaßen hilfreiche Entschlüsse zu fassen. „Paradox" nennen wir die Situation erst dann, wenn das Mittel der Intuition dazu eingesetzt wird, andere, eben rationalere, Entscheidungstechniken zu verdrängen oder zu ersetzen. Paradox wird die Situation insbesondere dann, wenn, wie so oft, die Gesellschaft den Architekten dazu benutzt, Entscheidungen zu fällen, die andere, zuständigere Organe der Gesellschaft offenbar nicht zustande bringen: wenn also beispielsweise in der sogenannten Stadtplanung die dem Architekten antrainierte Fähigkeit zur Intuition dazu benutzt wird, einen möglichen, durch kleine, rationale Schritte vorgehenden Prozeß zu ersetzen durch die verführerische Vision einer „großen Lösung".

Zur Illustration des Gesagten skizziere ich noch vier Punkte des architektonischen Entscheidungsprozesses, wobei dieser Prozeß von den ersten Bauabsichten (soll man überhaupt etwas tun?) über die ersten Entwurfsskizzen („so stelle ich mir das etwa vor") bis zum Plan und schließlich bis zur Nutzung geht.

Am Anfang des Prozesses liegt nicht eine Bauaufgabe, sondern ein Übelstand. Die Tatsache, daß es unter den Tausenden von Schülern einer Stadt auch einige Sehbehinderte gibt, führt nicht notwendig zur Institution „Blindenschule". Viele Pädagogen mögen der Auffassung sein, daß solche Kinder einen normalen Tagesablauf mitmachen sollten und auch die anderen Kinder von der Existenz blinder Altersgenossen Notiz nehmen müssen. Selbst bei beschlossener Separierung ergibt die Lösung des Problems noch nicht einen Bau: Es wäre durchaus möglich, einige nicht mehr vermietete Quartierläden als Blindenklassen umzunutzen. Es ist gewissermaßen der erste Schritt der architektonischen Intuition, dem Problem einen Namen zu geben, „Blindenschule", ein Name, der in den Vorstellungen aller Zuständigen unerbittlich ein Gebäude erscheinen läßt. Die erste Entwurfsentscheidung besteht also darin, dem komplizierten Übelstand das vermeintlich „Unwesentliche" abzustreifen und ihm einen Namen zu geben, der zu einer Lösung führt, nämlich einem Gebäude.

Ein zweiter Schritt führt zu den ersten Entwurfsvorstellungen oder Skizzen. Hier beobachten wir das folgende Phänomen: Die Methode des intuitiven Entwerfens führt dazu, daß der Architekt – und mit ihm der ergriffen zuschauende Bauherr – die erstbeste Lösung für die beste Lösung hält. Es ist ja nicht einfach, selbst bei der sogenannten Konzentration auf das Wesentliche, oder der Konzentration auf das sogenannte Wesentliche, mehrere Faktoren unter einen Hut zu bringen. Gelingt das aber in einer Skizze, so löst das im Wollust-Zentrum des Gehirns eine solche Befriedigung aus, daß der Autor und die von ihm überzeugte Umwelt der Meinung sind, es sei die einzige mögliche Lösung gefunden worden. Infolgedessen sind die durch Intuition erreichten architektonischen Entwürfe nicht optimal, sondern suboptimal.

Ein weiterer Schritt besteht in der Herstellung der sogenannten Pläne. Ganz selbstverständlich verstehen wir unter Plänen große Papierstücke, welche den künftigen Verlauf von Wänden durch Striche andeuten. Auf diesen Papieren fallen die Entscheidungen, und wer dagegen protestiert, dem wird bedeutet, er verstünde es eben nicht, Pläne zu lesen. Pläne sind aber ein schwacher Code; sie sind geeignet als Anweisungen an Maurer und Zimmerleute, nicht aber die Abbilder der künftigen Funktionen von Gebäuden. Die faktische Unbrauchbarkeit so vieler Gebäudeteile, wie sie in jedem neu erstellten öffentlichen oder privaten Bau zu beobachten sind, hängen zusammen mit der Sprachlosigkeit des vermeintlich planerischen Codes des Grundrisses.

Ein Letztes: Mit zur intuitiven Technik gehört die Fetischisierung des Produktes. Steht der Bau, so wird er vom Architekten fluchtartig verlassen. Er hält ihn für vollendet, ja vollkommen, und das bewirkt, daß Erfahrungen nicht gesammelt werden, daß nicht gelernt wird. Reklamationen des Bauherrn werden verärgert entgegengenommen; zur Ausführung von Garantiearbeiten schickt man einen Angestellten; beobachtet man später eine Umbautätigkeit an dem Bau, so erwägt man Klage wegen Zerstörung geistigen Eigentums. Eine „wissenschaftliche" Haltung ist dieses nicht; – eine „künstlerische"? … vielleicht.

Das Ende der polytechnischen Lösbarkeit (1989)

Eine moderne Gesellschaft weist ihren Ingenieuren und Architekten andere Berufssituationen zu, als das zur Zeit der Gründung der Technischen Hochschulen der Fall war. Deshalb muß jede Reform dieser Schulen von einer prinzipiellen Kritik des herkömmlichen polytechnischen Unterrichts ausgehen. „Polytechnisch" sage ich, denn der Unterricht an technischen Universitäten kommt aus der alten polytechnischen Schule, wie sie von Napoleon eingerichtet worden ist. „Wie bringe ich die Truppen über den Rhein?" – so fragt Napoleon, und die polytechnischen Ingenieure antworten: „Wir bauen eine Brücke". Diese Aufgaben sind nicht mehr das, was in unserer Zeit uns aufgetragen ist. Aber in der Methode haben sich unsere technischen Hochschulen noch nicht von diesem Denken entfernt. Deshalb kommen unsere Schulen in eine Krise mit der neuen Wirklichkeit; sie müssen eine neue Weise des Arbeitens finden. Immer deutlicher wird erkennbar, daß das Planen mit dem Mittel des polytechnischen Ansatzes zu Zerstörungen in unserer Umwelt führt.

Sicherlich hat sich auch die polytechnische Methode seit Napoleon entwickelt; das, was heute angeboten wird, nenne ich den „aufgeklärten Akademismus". Der aufgeklärte Akademismus ist gekennzeichnet durch die Methode ZASPAK; das Vorgehen lautet: *Benenne das* ***Z****iel,* ***a****nalysiere das Problem, mache daraus eine* ***Syn****these, zeichne den* ***P****lan, schreite zur* ***A****usführung,* ***k****ontrolliere den Erfolg.* – Wie steht nun diese Methode zu den Problemen, wie sie tatsächlich auf uns zukommen? Nehmen wir ein ganz banales Problem, nämlich jenes, von dem in regelmäßigen Abständen die Ingenieure versprechen, daß es demnächst gelöst wird, nämlich das Verkehrsproblem. Ein Problem, das immer dann, wenn es gelöst werden sollte, um eine Stufe schlimmer geworden ist: *Formuliere das Ziel:* Bei problemförmigen Aufgaben ist am Anfang das Ziel nicht formulierbar. Könnten wir es hier schon formulieren, so würde es sich um eine lösbare Aufgabe handeln. Aber was ist das Ziel der Lösung der Verkehrsprobleme in einer Stadt? Die Erhöhung der Fahrgeschwindigkeit, die Senkung der Unfallzahlen, mehr Parkplätze, oder was sonst?

– Erweist sich das Ziel als nicht formulierbar, so nützt auch keine im voraus angelegte Analyse. Aber gerade diese Analysephase ist das, was der aufgeklärte Akademismus gegenüber dem reinen polytechnischen Ansatz anzubieten hat. Nach 1968 wurde an der Architekturabteilung der Eidgenössischen Technischen Hochschule Zürich beispielsweise folgende Semesteraufgabe angeboten: Im ersten Monat analysieren wir die Freizeitbedürfnisse des Städtchens Biel, und dann planen wir für Biel ein Theater auf dem Gelände des alten Güterbahnhofs. Man analysiert also, aber man weiß im voraus, daß der dabei aufzufindende Mangel im Fehlen eines Theaters besteht.

– Natürlich kann man das auch ein bißchen intelligenter machen, aber jeder, der schon praktisch gearbeitet hat, weiß, daß die im voraus errichteten analytischen Datenbanken im entscheidenden Augenblick genau die Daten nicht enthalten, die für die Arbeit gebraucht würden.

Die *Synthese* wäre der berühmte Aufschwung zum Entwurf: Dieser Schritt ist immer noch geheimnisumwittert. Einerseits befinden wir uns an Schulen, wo man lernen müßte, wie man von der Analyse zum Entwurf gelangt, andererseits wird uns gerade an diesen Schulen dauernd mit Augenaufschlag versichert: Wenn ihr's nicht habt, ihr werdet's nicht erjagen, den Seinen gibt's der Herr im Schlaf. – Hierbei eine Bemerkung über den „großen Meister": Der große Meister zeichnet sich aus durch internalisierte Erfahrung. Was ist Erfahrung? – Erfahrung ist einerseits unersetzlich, andererseits kann sie auch eine Weigerung sein, Neues auszuprobieren, lernen zu wollen. Der erfahrene Meister ist derjenige, der alle Entwurfsentscheidungen schon ausprobiert hat, und der nun weiß, welche Wege zum Leid führen und welche nicht. Er schaut über unsere Schultern unseren Entwurf an und sagt: So geht das nicht, das hab ich auch mal probiert, so kommt man nicht durch. Er verweigert uns das Lernen. Durch Erfahrung kennt er den gangbaren Weg zwischen den Constraints, den Randbedingungen, und will uns die von ihm erarbeitete Abkürzung zuweisen.

Beim *Plan* stellt sich die Frage, auf die wir nochmals zurückkommen: Wer verantwortet ihn? Denn die klassische polytechnische Auffassung behauptet, daß uns die politische Verantwortung abgenommen ist; wir brauchen uns nicht darum zu kümmern, ob Napoleons Krieg gut sei oder schlecht; unsere Aufgabe ist es, dafür zu sorgen, daß die Brücke über den Rhein nicht einstürzt. Diese Trennung in deontische Entscheidungen und in technische ist aber nur möglich bei klassischen Aufgaben, nicht aber bei unseren heutigen Problemen.

Ausführung … darüber ein andermal. *Kontrolle:* Jedenfalls kommt Kontrolle nach der Ausführung zu spät, denn das Ding steht ja. Deshalb wird eine Erfolgskontrolle gewöhnlich auch weggelassen, insbesondere bei den als Beispiel herbeigezogenen Verkehrssanierungen. Die Verkehrsberuhigung hat inzwischen anderswo einen Verkehrsstau erzeugt, so daß dem Ingenieur auch die Anschlußaufträge nicht ausgehen.

Unsere Frage ist diese: Warum sind die Probleme, wie sie heute auf uns zukommen, nicht mehr im *klassischen Sinne* lösbar? – Ich komme von der Stadtplanung, und argumentiere also von da aus. Stadtplanung ist eine Verteilung oder Umverteilung des Leidens. Klassische Stadtplanung ist die Lehre von der städtischen Infrastruktur, und sie zeigt, wie man die unangenehmen und immissionsgeladenen Infrastrukturen in die schlechteren Quartiere legt, oder wie man schlechtere Quartiere erzeugt, indem man diese Infrastrukturen wie Schlachthof, Müllverbrennung, Zuchthaus und Kläranlage dort unterbringt, damit die Segnungen dieser Infrastrukturen in den teureren Quartieren ungetrübt genossen werden können. Stadtplanung ist also ein Zuteilen von Bequemlichkeiten und von Leiden; alles, was Stadtplanung plant, bringt irgendwelchen Leuten Vorteile und anderen Nachteile. Wem aber Vorteile und wem Leiden zugemutet werden können, ist eine deontische Frage; und dabei ist, und das ist die Kritik am klassischen dezisionistischen Ansatz, die saubere Aufteilung des deontischen und des technischen in politisch verantwortete und technisch verantwortete Beschlüsse unmöglich. Die erste Antwort lautet also: Das Technische und das Deontische sind bis in die letzten Fasern miteinander verknüpft.

Der Ansatz der späten sechziger Jahre war es, die Beplanten als die „Betroffenen“ zu betrachten und sie sogar nach ihren Meinungen und Wünschen zu befragen. Ganz abgesehen von den methodischen Fehlern, die die meisten dieser Befragungen aufwiesen, müssen wir heute erkennen: Die Trennung in Planer und Betroffene ist heuchlerisch; die Planer selber sind nämlich betroffen, und sie neigen dazu, sich aus dieser Betroffenheit zu flüchten. Die Planer selber sind auch ein Untersuchungsobjekt; sie haben sich den Erkenntnissen der Soziologie zu unterziehen. Die Planer selber haben eine Klassenlage und einen Besitzstand, und sie werden nicht so handeln, daß sie sich selber Abbruch tun. Diejenigen, die das Leiden verteilen, sind also Partei im System der Zuteilung. Die zweite Antwort lautet damit: Eine technische Objektivität kann es nicht geben.

Und eine dritte Antwort: Das Handeln der Menschen ist immer politisch. Das Tier handelt nach dem Schema von Reiz und Reaktion, der Mensch, oder Gruppen von Menschen, Klassen, Parteien, Nationen, interpretieren das erlebte Leiden, ordnen es ein in ein bestimmtes Weltbild und entwickeln eine Strategie zur Bekämpfung, die eben diesem Weltbild entnommen ist. „Politisch" nenne ich also ein „falsches" Handeln, das nicht direkt auf den Reiz reagiert, sondern diesen interpretiert. Ein Beispiel: Die Krise von 1930 wurde im deutschen Volk nicht als eine Krise im Kapitalismus verstanden, sondern als eine Folge der Landverluste im 1. Weltkrieg, „Volk ohne Raum". Die Behebungsstrategie bestand darin, die östlichen Nachbarn anzugreifen. die Folge davon ist, dass man nach dem 2. Weltkrieg noch viel weniger Raum hat; da es einem aber gut geht, ist man nicht mehr das „Volk ohne Raum". – Dieses falsche Bewußtsein, und auch dieses Recht auf falsches Bewußtsein ist Bestandteil dessen, was wir „Probleme" nennen, für deren Behandlung wir eben nicht geschult sind.

Diese drei Faktoren also, daß Planungen Leiden verteilen, daß Planer auch Menschen sind, und daß Menschen ihre Entscheidungen nach bildhaften Schemata fällen, müssen wir berücksichtigen, wenn wir als Ingenieure Probleme behandeln. Wir sind aber schon von der Schule her so erzogen, Probleme nicht problematisch zu behandeln, sondern sie als bloße Aufgaben zu sehen, sie zu „lösen“. In der Schule erfolgt der Rechenunterricht nach dem Rechenbuch; darin sind aus der unendlichen Zahl möglicher Rechenaufgaben diejenigen ausgewählt, die ohne Rest zu lösen sind. Morgens in der Straßenbahn höre ich die Kinder, die zur Schule fahren, über ihre Aufgaben sprechen: „Was hast Du rausbekommen? Bei mir gab es einen Rest“ – „Bei mir ging es auf“ – „Dann ist Deine Lösung richtig!“ – Warum ist diejenige Lösung richtig, die aufging? Woher wissen die Kinder das? Es könnte ja sein, daß es eine Aufgabe war, die einen Rest geben muß! Aber nein, die Kinder wissen es schon, Aufgaben gehen auf. Wenn das Resultat problematisch wird, hat man sich wahrscheinlich verrechnet. Und wenn die Kinder dann Architekten werden wollen und zur Hochschule gehen, so bekommen sie wiederum Aufgaben, die aufgehen. In der vorlesungsfreien Zeit haben die Assistenten ein Gelände ausgesucht, haben ein Bauprogramm aufgestellt, haben einen Probeentwurf durchgeführt, und siehe, ein guter Zeichner bringt das Programm auf dem Gelände unter. Die Aufgabe ist lösbar.

Auch im politischen Prozeß werden die Probleme in Aufgaben verwandelt, Unlösbares wird lösbar gemacht. Dazu lautet meine Formel: ein Problem wird ein Bau. Am Anfang besteht ein diffuses Problem, die Leute in einer Stadt haben diese oder jene Leiden und Beschwerden, und am Schluß erhalten sie ein Schwimmbad, oder man baut eine Gehörlosen-Schule. Im Augenblick herrscht das Gefühl, es komme etwas Neues auf uns zu, etwas Unbekanntes: die neuen Medien; und diese würden unsere Kultur in Zukunft vollkommen verändern. Auch die Regierung von Baden-Württemberg macht sich darüber Gedanken und würde gerne die Beziehungen zwischen den neuen Informations- und Kommunikationsmitteln der Kultur erforschen – ein zweifellos lobenswertes Unterfangen. Aber wie macht man das? Man beauftragt Prof. Klotz, einen Architekturwettbewerb auszuschreiben, damit in Karlsruhe ein Institut für Medien und Kultur gebaut werden kann. – Wenn dann in etwa zehn Jahren dieses Institut steht, so ist es zu spät, um darin darüber nachzudenken, was man vor zehn Jahren hätte tun sollen, um das Problem frühzeitig zu erkennen. Wieder einmal wurde ein Problem zu einem Bau.

Verschiedene Faktoren tragen zu dieser falschen Zähmung der Probleme bei. Zuerst einmal: Um ein Problem zu einer Aufgabe zu machen, muß man isolieren. Zweifellos kann man nicht immer über die Welt, über das Ganze nachdenken. Wir müssen das System in Subsysteme unterteilen. Der Polytechniker aber zerschneidet die Subsysteme. Ich verweise hier auf Christopher Alexanders „Pattern Language“, in welcher er diesen Vorgang behandelt. Er zeigt ihn auf am Beispiel der Straßenkreuzung. Die Straßenkreuzung ist ein integriertes System: Weil der Bus noch nicht kommt, kann ich noch eine Zeitung kaufen. Technisch und administrativ aber gibt es die Straßenkreuzung jedoch nicht. Die Häuser unterstehen dem Bauamt, die Straße dem Tiefbau, die Ampelanlage dem Verkehrsamt. Den Fahrplan des Busses bestimmen die Verkehrsbetriebe, Kiosk und Zeitungen gehören der Privatwirtschaft. Die Straßenkreuzung ist erfolgreich in fünf einfache Aufgabenbereiche zerlegt. Keine Intervention aber wird zu einer integrierenden Lösung beitragen. Das falsche Zerschneiden der Probleme führt zu den schlechten Lösungen.

Sprechen wir nochmals über die Ziele: Was ist das Ziel des Verkehrs? Offenbar die Geschwindigkeit, das rasche Erreichen des Ziels. Eine schmale Straße verzögert den Verkehrsfluß, wir müssen sie verbreitern. Auf der einen Straßenseite wird allen Mietern gekündigt, alle Gebäude werden abgerissen, mit zurückgesetzter Fassade werden neue, höhere Gebäude errichtet. Ziel war die Beschleunigung des Verkehrs, das Mittel dazu der Abbruch der alten Häuser. – Wer mit der Bauwirtschaft und ihrer Rolle in der Stadtpolitik vertraut ist, könnte mit Fug und Recht behaupten: Ziel war es, diese alten Gebäude endlich in den Handel zu bringen, und das Mittel war eine Verkehrssanierung. In der Politik gewinnt offenbar der, der Maßnahmen als Ziele und andere Maßnahmen als Mittel bezeichnen kann. Die Beschleunigung ist das erklärte Ziel; jeder Stadtbewohner wird nach der Sanierung einige Sekunden früher am Arbeitsplatz sein. Da ist es doch zweifellos zumutbar, wenn einige Leute die Unbequemlichkeit einer Wohnungskündigung in Kauf nehmen müssen. Bei problemförmigen Aufgaben ist es ideologisch, die Maßnahmen in Ziele und Mittel einzuteilen; dieses wußte schon in den dreißiger Jahren Gunnar Myrdal.

Ich komme zurück zum deontischen Charakter der Probleme: Der klassische polytechnische Ansatz behauptet, daß Probleme aufgeteilt werden können in politische und in technische Entscheidungen. Nun sind es aber bei Problemen gerade die technischen Entscheidungen, die Leidenszuteilungen, also deontische Probleme enthalten. Bleiben wir zur Erklärung bei den Verkehrsproblemen. Es ist eben nicht so, daß man nur am Anfang deontisch entscheidet, wenn man sich für oder gegen eine Verkehrssanierung ausspricht. Vielmehr werden mit jedem Strich, jeder Begradigung und Verbreiterung, mit jedem Kurvenradius und jeder Abbiegespur spezifische Leiden zugeteilt. Diese Planstriche entscheiden über Unfälle, über Häufigkeit, über die Art von Unfällen, und es wäre auch im voraus anhand von Statistiken zu wissen, welche Unfälle die gerade in Arbeit befindliche Planung erzeugen wird. Man hat aber noch nie gehört, daß ein Stadtparlament darüber diskutiert, ob es besser wäre, wenn an dieser Stelle anstatt jährlich hundert leichte Unfälle, lediglich einmal im Jahr eine alte Dame überfahren würde; und ob es dabei bis zu Todesfällen gehen darf oder nur bis zu schweren Verletzungen. – Es ist sehr typisch, daß gerade in technokratischen Planungen, ich erinnere an AKWs, mit der Annahme gearbeitet wird: Es darf überhaupt keine Unfälle geben. Dieses ist eine technokratische, polytechnische Annahme; in der Realität haben wir es mit Eingriffen zu tun, die nicht ohne Leiden auskommen, also solche zuteilen. Und wie wir am Anfang gesehen haben, ist die Leidenszuteilung kein technisch lösbares Problem; sie ist vielmehr unlösbar verbunden mit technischen Eingriffen. Bei problemförmigen Aufgaben kann also keine vorherige Reinigung des technischen Anteils und eine Abnahme der Verantwortung durch Politik stattfinden.

Eine Zwischenbemerkung: Eine Studie des DIFU hat herausgefunden, daß die Unfallhäufigkeit in Städten um 100.000 Einwohner in beträchtlichen Spannweiten variiert, nämlich im Verhältnis von 1:5. Es gibt Städte dieser Größenordnung, deren Verkehrssystem jährlich pro 10.000 Einwohner 14, und andere, wo es jährlich 70 Unfälle erzeugt. Es ist unschwer zu erraten, daß die Städte mit den geringen Unfallraten jene sind, in welchen die Verkehrsingenieure noch wenig Gelegenheit hatten, eine Verkehrsverbesserung vorzunehmen.

Ich komme zurück auf unser Thema: Was unsere polytechnischen Schulen uns lehren, ist das Lösen von Aufgaben. Und was die Zukunft an Fähigkeiten von uns verlangt, das ist das Umgehen mit Problemen.

Probleme sind unlösbar – und zwar deshalb, weil sie durchsetzt sind von Leidenszuteilungen. Bei Problemen gibt es keine beste und endgültige Lösung. Es gibt nur Möglichkeiten, wie sich die Gesellschaft für eine Weile einigermaßen gut durchwursteln kann. Unlösbarkeit bedeutet aber nicht, daß man gar nichts tun soll, daß der Techniker etwa nicht gefragt sei; ganz im Gegenteil! Mit Problemen muß man „umgehen". Auch der Arzt, der bei einem Patienten eine unheilbare Krankheit feststellt, verabschiedet sich nicht von diesem und überläßt ihn seinem Schicksal, vielmehr weiß der Arzt, daß es gerade jetzt auf die richtige Pflege ankommt. – Dagegen läßt die polytechnische Tradition den Ingenieur als den großen Löser von Aufgaben erscheinen; wo es problematisch wird und er den gordischen Knoten nicht durchhauen kann, da glaubt er, sein Wissen sei nicht gefragt. Aber gerade da würde es gebraucht: gerade deontische Fragen, solche des Risikos, der Zumutbarkeit, der Umweltschädigung, der Leidensverteilung werden zwar durch die Anwendung von Fachwissen nicht objektiver behandelt, aber besser, reicher in der Argumentation, in der Sicht der Entscheidungsspielräume klarer. – Wir in Kassel haben Studiengänge begründen wollen, welche den Studierenden von Anfang an zum Umgang mit „unlösbaren" Problemen anleiten, damit wir wegkommen vom alten napoleonischen, vom polytechnischen Ansatz: Wie bringe ich die Truppen über den Rhein? – Man baue eine Brücke!

Umwelt

Die Krise der Stadt (1961)

Wenn der BSA (Bund Schweizer Architekten) seine Arbeitstagung über städtebauliche Probleme der Nationalstraßenführung durch das Referat eines Soziologen einleiten läßt, so zeigt das schon, daß er die Wurzel der Problematik nicht im Technischen oder nicht allein im Technischen suchen will.

Mit den Expreßstraßen ist das alte, unlösbare Problem des innerstädtischen Verkehrs um eine neue Komplikation bereichert: Auf das Verkehrschaos des innerstädtischen Rahmens superponiert sich der interurbane Schnellverkehr und verlangt nach einem Einführungs- und Abnahmesystem in der Stadt. Die Entwicklung spiegelt die Verwandlung der Stadt, des Phänomens „Stadt" in unserer Zeit. Die industrielle Großstadt – unter diesen Begriff fallen alle unsere Großstädte, auch wenn die Industrie in ihnen nicht vorherrschend zu sein scheint –, die industrielle Großstadt beschränkt sich nicht auf vorgegebene politische Grenzen; sie wächst mit ihrem Umland zu einer neuen Einheit zusammen, die eben die Stadt unserer Zeit ist. Wer je in einem Nachtflugzeug unser Land überflog, der sah in den Lichtern das Abbild dieser Stadt. Ihr ein angemessenes Verkehrsnetz zu geben, ist die Aufgabe unserer Generation. Dabei fragt es sich, ob wir dieses Verkehrsaufkommen überhaupt noch als „interurban" bezeichnen dürfen, erweist es sich doch zum großen Teil als innerörtlich im großen Rahmen der modernen Industriestadt.

Wie unsere Vorfahren das Netz der Bundesbahn, so baut unsere Generation das System der interurbanen Autoverbindungen – so dachte man. Doch zeigt sich bei dem uns aufgegebenen Werk eine seltsame Unsicherheit. Abseits von der Frage, ob es „Lösungen" gibt oder ob die Materie eben, ähnlich dem Innerstadtverkehr, einen Anteil prinzipieller Unlösbarkeit aufweist – ich brauche das nicht näher zu umschreiben –, müssen wir nachgerade von einer eigentlichen Krise der Beschlußfassung sprechen. Diese Krise der Beschlußfassung fällt nun nicht unter das Verschulden irgendwelcher Instanzen, Instanzen des Bundes, der Kantone oder der Gemeinden, sondern sie scheint irgendwo in der Natur der zu beschließenden Materie zu liegen.

Die Krise der Beschlußfassung ist stets auch eine Krise der Gesellschaft selber. Die politische Gemeinde konstituiert sich, indem sie beschließt. Entzieht man ihr die Materie, die sie interessiert und über die sie Beschlüsse fassen möchte, so zerstört man ihre Existenz. Das gilt auch dann, wenn der Problemkomplex, über welchen die Stimmbürger beschließen möchten, für die öffentliche Beschlußfassung ungeeignet ist, beispielsweise wegen seines technischen Charakters. Die Krise der Beschlußfassung beschränkt sich aber nicht auf das um sein politisches Material betrogene Stimmvolk; sie dehnt sich aus auf die Verwaltung. Da auch eine technische Entscheidung nicht gefaßt werden kann ohne die Basis gewisser Rangordnungen und Präferenzen, welche die Gesellschaft bestimmt, kommt der Augenblick, wo auch der Beamte sich wieder an die der betreffenden Problematik entfremdete Öffentlichkeit wenden muß: wenn diese aber – man denke an den Benzinzoll und an so viele andere Mißgeschicke – nicht mehr von der Warte einer politisch integrierten Gesellschaft aus urteilt, sondern nur an die Vorteile des Portemonnaies und an das sonntägliche Vergnügen einer Autofahrt denkt, dann wird auch der Beamte zum kompromißlerischen Taktiker, der sich die Zustimmung zu seinen Maßnahmen erschleicht.

Diese Krise, die, ich wiederhole, niemandes Schuld ist, wird verstärkt noch dadurch, daß sich die heutigen Verkehrsprobleme weder auf der Basis des Kommunalen noch auf der des Kantons oder des Bundes stellen, sondern stets irgendwo dazwischen, nämlich eben im Rahmen jener überurbanen „industriellen Agglomeration", für die ein politisches Gefühl nicht besteht. Und nun tritt in diesem ungewohnten Rahmen auch eine ungewohnte Figur auf – ich spreche von einer soziologischen Figur und nicht von einer bestimmten Person: der Experte. Der Experte wäre willkommen in einem Staat, dessen Organe noch den Willen und die Fähigkeit haben, die Resultate der Expertise auf die Ebene des Politischen zu heben. Aber unsere der bloßen Taktik anheimgefallene Verwaltung verwirklicht jeweilen sogleich den schmerzloseren Teil der empfohlenen Maßnahmen und sammelt den größeren Rest in eine für Redeschlachten reservierte „zweite Etappe".

Es scheint mir deshalb kein Zufall, sondern die Folge einer unseren Gemeinwesen noch innewohnenden Kraft der Selbstheilung, daß sich spontan und unabhängig voneinander in mehreren Städten recht eigenartige Gremien gebildet haben, wie wir sie bisher noch nicht kannten: Aus den Fachverbänden der Architekten bildeten sich Ausschüsse, die in die aktuelle Beschlußfassung eingreifen. Sie sind unpolitisch, denn sie bestehen aus Fachleuten, und sie sind doch politisch, denn sie bestehen aus Bürgern; in diesem Schwebezustand geben sie genaue Antwort auf die Natur des Problems, das sie behandeln: es ist sachlich, denn es besteht aus lauter technischen Fragen; aber in ihrer Summe erzeugen diese technischen Maßnahmen ein politisches Medium, nämlich die neue Stadt. Denn es ist das Stadtbild, das Bild der Stadt, unter dessen Gesichtswinkel wir die Entwicklung betrachten müssen.

Jedermann weiß es und sagt es: Verkehrsplanung ist nicht Stadtplanung. Ich möchte hinzufügen: Verkehrsplanung allein ist auf die Länge nicht einmal Verkehrsplanung. Das beginnt schon auf der technischen Ebene: Es besteht ein sehr labiles Gleichgewicht zwischen Verkehrsnutzung und Geschäftsnutzung des Innerstadtbodens. Wo der Straßenanteil zu groß wird, da sinkt das Geschäftsvolumen ebenso sicher wie dort, wo er zu klein ist. Die Innenstadt muß mit Fahrzeugen erreichbar sein; aber es muß sich auch lohnen, sie zu erreichen.

Die Stadtmitte muß ein Ziel sein. In ihr muß – in einem ganz konkreten Sinne – die Stadt zur Darstellung ihrer selbst kommen. Diese Selbstdarstellung der Stadt liegt sicherlich im Architektonischen, im gebauten Wahrzeichen der Stadt. Das Wahrzeichen aber, die charakteristische Stadtmitte, muß sich spiegeln in den Augen der Betrachter. Dazu braucht es Raum, auf welchem der Betrachter sich aufhalten kann, wo er nicht überfahren wird und wo er auch nicht bis zum Halse zwischen parkierten Autos steckt.

Und nun etwas, was spitzfindig scheint, was aber doch fast die Hauptsache ist. Der Betrachter dieser Stadt ist gerade nicht derjenige, der just nur gekommen ist, um die Stadt zu betrachten. Und selbst derjenige, der nur als Betrachter und Kunstfreund gekommen ist, will umgeben sein von solchen, die zu anderem Tun in der Stadt sind. Die Monumentalität der Stadt wendet sich nicht an ihren Bewunderer, sondern an den Passanten, an ein Publikum, wie es unlängst der Soziologe H. P. Bahrdt mit dem Begriff der „Öffentlichkeit" umschrieben hat.[1]

1) Hans Paul Bahrdt: „Die moderne Großstadt – Soziologische Überlegungen zum Städtebau", Rowohlts deutsche Encyklopädie Nr. 127 (1961)

Nicht nur der Betrachter möchte in das allgemeine Publikum eintauchen: Es gilt für jeden, der in der Stadt zu tun hat. Es ist das Wesen der Stadt, daß sie sich nur dort darstellt, wo sich mehrere ihrer Funktionen überschneiden. Stadt ist nicht, wo nur Studenten sind, wo nur Bankhäuser sind, wo nur Vergnügungspublikum zwischen Restaurants flaniert, nicht einmal dort, wo nur Einkauf ist. Aus dem Sortierten entsteht sie nicht, die Stadt; so wenig wie auf dem Kasernenhof. So mühsam und so unbefriedigend diese Feststellung tönt, so resignierend sie wirkt im Hinblick auf alle systematische Planung, ja, so scheinbar reaktionär und ganz und gar im Alten verbohrt sich diese Wahrheit darstellt: Man kommt um sie nicht herum.

Wie aber vereint sich nun diese alte Weisheit mit dem Phänomen der modernen Industriestadt, der Stadt jenseits der Stadtgrenzen, der aufgelockerten und ländlich bewohnten Stadt, wie sie offensichtlich heute als Frucht eines jahrzehntelangen Mißbrauchs der Stadt aufgeht? Es kann heute, wer es will, völlig an der Stadt vorbeileben, in der er lebt. Er fährt von seiner grünen Traumwohnung über das Röhrensystem der Straßen zu seinem Arbeitsplatz, Fabrik oder Büro und nimmt keine Kenntnis von der Stadt. Dabei braucht er nicht einmal ungesellig zu sein, im Gegenteil: Er entwickelt vielleicht eine lebhafte Gastlichkeit mit Fabrikkollegen und Nachbarn. So lebt der von der amerikanischen Soziologie und Sozialpsychologie so eifrig beschriebene „Suburbian".

Von seinen vielen Eigenschaften und Mängeln wollen wir ihm hier nur einen vorhalten: Er ist a-politisch. Er ist gesellschaftlich desintegriert, deshalb auch desinteressiert und stimmt, wenn er stimmt, nur für seine Belange, die nicht die Belange der Stadt sind. Er ist es, der die Zerstörungen unserer Innenstädte, in Basel der

Äschenvorstadt, in Zürich des Limmatquais, mit seiner Stimme sanktioniert hat – Zerstörungen, die sich so rasch als verkehrsplanerisch überlebt erwiesen, wie das nicht einmal diejenigen ahnten, die sie bekämpften. Er wird auch weiterhin jeglicher Verwandlung der Stadt in ein Röhrensystem des Verkehrs seine Stimme geben, neben dem legendär werdenden „ewigen Neinsager" der ebenso geistlose ewige Jasager zu kurzfristigen Erleichterungen.

Und damit sind wir wohl an dem eigentlichen Punkte angelangt, an dem unsere stadtplanerische Beschlußkraft versagt: am Problem der Dauer. Ich denke hier an Martin Wagner, den Stadtplaner, der sich und uns das Planen schwerer gemacht hat, weil er nicht an „Lösungen" glaubte, nicht an die „schlanke, zügige Linienführung", nicht an ein ausgedachtes „Verkehrssystem", das man nur möglichst rasch verwirklichen müsse, um die leidigen Verkehrsprobleme los zu sein. Mit seinem Planen in die nie stillstehende Entwicklung der Großstadt, seiner Konzeption des Städtebaus als eines fortwährenden Umbaus der Großstadt nach dem Willen und der Leistungsfähigkeit der Generationen fügte er den bestehenden Problemen die Dimension der Zeit hinzu.[2]

Einbeziehung der vierten Dimension heißt aber auch: planen mit dem Mittel der wirtschaftlichen Kraft, dem Wachstum, mit den Faktoren des städtischen Lebens selbst. Konkret also beispielsweise: das sorgfältige Ausdehnen der City; das Schaffen von Attraktionen abseits der Stadtmitte; das Operieren mit dem Maß der Ausnützung; die Verwendung des öffentlichen Verkehrsmittels, seiner Linienführung und seinem Tarif, als Mittel der Bodenaufwertung – ich brauche nicht das ganze Arse-

2) Martin Wagner, „Wirtschaftlicher Städtebau", Stuttgart 1951

nal wirtschaftlichen Städtebaus aufzuzählen. Unsere Frage hier lautet: Warum sind wir, die wir Industrien aufbauen, Produktionsprogramme planen, Sümpfe trockenlegen, Krisen bekämpfen können, warum sind wir unfähig zu analogen Maßnahmen im Städtebau? Doch offenbar darum, weil niemand ernstlich am städtebaulichen Erfolg städtebaulicher Maßnahmen interessiert ist. Interessiert dagegen ist man daran, ohne Aufenthalt über die Kreuzung zu kommen, einen Parkplatz zu finden und 20 Rappen Parkgebühr zu sparen.

Wie aber baut man ein langfristiges Interesse an der Stadt wieder auf? Ein Interesse an jener Stadt, die vierdimensional ist, nicht nur in ihrer baulichen Erscheinung und Veränderung, sondern auch in ihrem Sozialkörper: einer Stadt, an der, um es etwas pathetisch zu sagen, auch die Toten und die Ungeborenen ihr Mitspracherecht haben? Wie?

Zunächst, indem bei den Verantwortlichen der Gedanke der Stadt, der modernen Stadt als existenzfähiges Gebilde, wieder zurückgewonnen wird. Ich glaube, hier haben die letzten zwei Jahre schon einen gewissen Umschwung gebracht: ich nenne die folgenreiche Artikelserie in „Life", „The Exploding Metropolis"[3] und das Protokoll des Deutschen Städtetags in Augsburg von 1960.[4]

Sodann mit dem Aufbau einer systematischen Integrationspolitik der Zuzüger. Unsere Städte hatten bisher eine erstaunliche gesellschaftliche Absorptionskraft. Diese Absorption ging keine geheimnisvollen und spirituellen Wege, sondern vollzog sich recht konkret. Die

3) „The Exploding Metropolis", by the Authors of „Life", Doubleday Anchor Books, 1958

4) „Die Erneuerung der Städte", Bericht über den Deutschen Städtetag in Augsburg 1960, Kohlhammer-Verlag

Kinder der Zuzüger gingen zur Schule, lernten dort den städtischen Dialekt, brachten vielleicht auch die Eltern in Kontakt mit Familien außerhalb des Berufskreises oder der alten Landsmannschaft; Ausbildung und vielleicht Studium vollendeten in der zweiten Generation die Integration in die Stadt. War das Leben der Eltern von der einen Beziehung zum Beruf beherrscht, so sind die Jungen nun verflochten mit dem ganzen Komplex der Stadt. Einprägsam wird sich ihnen diese Verbindung stets unter dem Bilde der Innenstadt darstellen. Nur dort, wo die Stadt anschaulich und konkret als solche in Erscheinung tritt, vollzieht auch der Einzelne den Akt der Zugehörigkeit. So scheint beispielsweise allen Verkehrsregeln zum Trotz sinnvoll die zentrale Lage der Gymnasien, solange sie noch haltbar ist: Wie manchem hat sich Basel unter der Perspektive der Schulen am Münsterplatz lebenslänglich eingeprägt!

Dieses Bild der Stadt also ist es, verstanden als der architektonische Aspekt in Verbindung mit der in Arbeit und Müßiggang darin verkehrenden Bürgerschaft, welches die politische Integration des Einzelnen schafft. Damit ist auch die Wechselwirkung umschrieben, die zwischen dem Verfall des Stadtbildes und der zunehmenden urteilsmäßigen Unsicherheit in kommunalpolitischen Dingen besteht: Was ich eingangs als eine Krise der Beschlußfassung umschrieben habe, erweist sich als die Krise der Stadt selbst in allen ihren Aspekten. Erweist sich als eine Krise, die kommen mußte sowohl aus den Realitäten des Übergangs der alten Bürgerstadt in das Phänomen der industriellen Großstadt, der „Agglomeration“, wie aus der falschen Antwort, die die Architektur darauf gab: die „Auflockerung“, das „dream-house“, der ganze stadtauflösende Architekturstil unserer Zeit. Abhilfe aber entsteht nur daraus, daß wir auch dieser agglomerativen Lebensform ein architektonisches Bild aufprägen, welches den gesellschaftlichen Vorgang mitvollziehen hilft, sei es, indem wir den großen Wurf der architektonischen Stadterneuerung wagen, sei es, indem wir wenigstens zu den überkommenen städtischen Symbolformen Sorge tragen und sie nicht dem Verkehr zum Opfer bringen.

Die Revolution fiel aus (1964)

Anstatt den Leser auf rhetorischen Wegen zu einer Schlußfolgerung zu führen, sage ich sie gleich am Anfang: Die Revolution im Bauen fand nicht statt. Sie fand nicht statt trotz Paxton, trotz Sullivan, trotz Le Corbusier, trotz des Bauhauses, trotz Frank Lloyd Wright, trotz Mies van der Rohe und auch trotz der vielen Nachfolger, die so sicher sind, daß die Revolution vorüber sei.

Die politischen und geistigen Umwälzungen, von welchen in diesem Heft die Rede ist, stehen in weitgehendem Zusammenhang mit dem technischen Fortschritt und mit der industriellen Revolution des 19. Jahrhunderts. Aber gerade von dieser Industrialisierung und Rationalisierung war das Bauen ausgenommen, sowohl was seine Produktion als auch was die Zweckbestimmung anbelangt. Das hatte seinen Grund teilweise in der industriellen Revolution selbst: Die durch die Mechanisierung freigesetzten Arbeitermassen machten den Fortschritt in den Bereichen des bürgerlichen Komforts, in der Architektur und in der Hauswirtschaft unaktuell, solange die sonst arbeitslosen Männer in traditioneller Weise jene Paläste bauten, in welchen die Frauen und Töchter der entrechteten Klassen die umständlichen

Haushaltungen der Reichen in Gang hielten. Dieses ganze Phänomen bot der Schicht der industriellen Besitzer die willkommene Möglichkeit, sich der Lebensweise des ehemals herrschenden Adels anzunähern und selbst in den Goldrahmen zu schlüpfen, den man Jahrzehnte vorher hatte zertrümmern wollen.

In jenen Jahrzehnten des technischen Fortschritts entstand der Kitsch, die formale Verleugnung der neuen Produktionsweisen durch ihre Initianten selbst. Es entstand aber nicht nur der Kitsch im engeren Sinne, der da wuchs, wo Pracht und ein behäbiges Ambiente rasch und in leicht verständlicher Symbolik erzeugt werden sollten; es entstand auch der bis heute gültige bürgerliche Lebens- und Wohnstil, dessen Formen auf dem wirklichen und hypothetischen Vorhandensein bedienender und handwerklicher Arbeitskraft beruhen. Sind nicht gerade die großen Zentren des Fortschritts und der Industrialisierung, Paris, London, Turin, noch heute die Orte des „qualitätvollen" – will sagen rückständigen – Handwerks, die Marktorte der Maßschneiderei, der Accessoiremacherei, der Kunsttischlerei, der Bijouterie und der Pâtisserie?

Auf diesem nach rückwärts gewendeten Grundmuster sind alle seither eingetretenen Veränderungen und formalen Erfindungen bis hin zur „Guten Form" nur relativ enge Oszillationen, wie sie der Notwendigkeit des modischen Wechsels entspringen. Als das Grundmuster festlag, machte es auch nichts mehr aus, wenn nun dieser oder jener Bauherr, Mäzen oder Kunstsammler ein „modernes" Haus bauen ließ, neue Kunst hängte und schließlich als dankbares *Sujet de conversation* merkwürdige Möbel aus verchromten Gasrohren in seinen Salon stellen ließ: Damit war die Konzeption des mehrstiligen bürgerlichen Villenquartiers lediglich um eine

Möglichkeit bereichert worden; aber weder die Bauweisen noch die Lebenshaltung, noch, und das scheint mir das wichtigste, die urbanistische Konzeption waren auch nur ein Fußbreit weitergekommen. Vielmehr war der hoffnungsvolle Ansatz der Erneuerung geschickt in den alten Rahmen eingepaßt und mit einem massiven Starkult der Pionierarchitekten vergoldet worden. Daran änderte sich auch nichts mehr, als der Faktor Zeit dahin gewirkt hatte, daß die Mehrheit der Gebäude einer Stadt „modern“ waren: Dadurch, daß sie eines nach dem andern in die historische Parzellierung hineingesetzt worden waren, hatte sich weder die urbanistische Gestaltung noch die Art der Erschließung, noch auch nur die Rationalisierung der Bauweise wesentlich verändert.

Das klingt alles hart und scheint eine Verurteilung von Dingen zu sein, die auch dem Schreibenden sehr lieb sind. Keineswegs sind diese sozialgeschichtlichen Grundbetrachtungen Wasser auf die Mühlen der Kritiker der Moderne aus der Position vermeintlicher Tradition. Die Ablehnung des Begriffs einer Revolution des Bauwesens meint gerade auch dieses, daß die Moderne bruchlos und als legitimer Nachfolger an die historischen Stile anschließt. Um dieses zu beweisen, müßte man zuerst einmal untersuchen, was es mit dem Begriff des Funktionalismus auf sich hat, an welchen man wohl in erster Linie denkt, wenn von einer Revolution der Bauauffassung die Rede ist. Gerne verbindet man die Idee der Funktion mit dem neuen Rationalismus, den das Maschinenzeitalter heraufgeführt hat, mit der Idee des Hauses als Wohnmaschine, konzipiert wie ein Schiff, ein Auto oder ein Flugzeug – war das nicht die Forderung Le Corbusiers in den Jahren 1923 und 1928? Und ist dieser Gedanke nicht siegreich durchgedrungen bis zum hintersten Dorfarchitekten, der seine

Dachrinne à la Ronchamps in eine Betonnase auskragen läßt? Sicherlich ist die Geschichte der modernen Bewegung die Geschichte der Auseinandersetzung mit dem Begriff des Funktionalismus, die Geschichte des rationalen Bauens und seiner ständigen Verfestigung zu Stilismen. Jedoch ist es gerade das Schillernde des Begriffes Funktionalismus, welches diese Geschichte so reich an formalen Schöpfungen macht.

Der Gedanke, daß Zweckmäßigkeit Schönheit erzeuge, ist älter als die Maschinenwelt und nahe verbunden mit der Emanzipation des Bürgertums und der bürgerlichen Wohnstile in England. Aus diesen Stilen heraus, aus palladianischem Klassizismus und aus Neogotik stammen selbst die Paradestücke der beginnenden Ingenieurkunst, die großen Eisenkonstruktionen zwischen 1832 und 1851, welche als eine erste Regung sachlicher Bauweise gelten. Und spannt sich nicht in der Tat ein Bogen von jenen frühen Hallen zu Pier Luigi Nervis Palazzo del Lavoro in Turin aus dem Jahre 1961, der von seinem Schöpfer als die Ausformung reiner technischer Notwendigkeiten erklärt wird, und der doch so deutlich das Rippenwerk einer Tudor-Decke paraphrasiert? Die Entstehung des Gedankens der Zweckmäßigkeit aus dem Geiste des Klassizismus wirkt noch heute in der Weise nach, daß alle rationale Bauweise die Tendenz hat, zu einem Klassizismus zu erstarren. Wir denken hier an die Art und Weise, wie die so subtile und durchgeistigte Konstruktionskunst eines Mies van der Rohe von den Epigonen zu einem Rezept degradiert wird, nach welchem beliebige Kuben aufgestellt und mit Metallfassaden von pseudoindustriellem Ausdruck überzogen werden können.

Sodann ist der Begriff der Zweckmäßigkeit, besonders unter den Bedingungen unserer Maschinenwelt, mehrdeutig interpretierbar. Es gibt keine Zweckmäßigkeit schlechthin, sondern sie löst sich auf in Gegensatzpaare: Billigkeit steht gegen Haltbarkeit, leichte Herstellbarkeit steht gegen leichte Handhabung, günstige Reparierbarkeit steht gegen geschlossene Form usw. Mit dem einen Ohr hören wir eine Stimme flüstern, daß auch Repräsentation, Gefälligkeit, Attraktivität und leichte Verkäuflichkeit Faktoren der dinglichen Zweckmäßigkeit seien; mit dem anderen Ohr hören wir den orthodoxen Prediger solche Gedanken verdammen. Aber wer mag es einem Produzenten, sei dies nun ein Bauunternehmer oder ein Fabrikant, verübeln, daß er den Tauschzweck seines Produktes mit in die Rechnung einsetzt? Und doch begibt er sich damit auf die Ebene der *Obsolescence of Desirability*, des formalen Verleidens als Faktor der Ankurbelung des Verkaufs, welcher sich noch nicht mit einer modernen Gestaltungsidee zu versöhnen vermochte. Funktionalität im entgegengesetzten Sinne war das Ziel der frühen Werkbünde: Dauerhaftigkeit und Haltbarkeit standen über der preisgünstigen Herstellung und raschen Ersetzbarkeit. Die Möbel des frühen Werkbundes waren nur handwerklich herstellbar. Sie waren teuer und versprachen formale und effektive Dauerhaftigkeit. Damit hatte der Deutsche Werkbund von 1907 die Partei des vorindustriellen Menschen ergriffen. 1914 war das große Werkbundgespräch, bei welchem Muthesius das Entwerfen produzierbarer Prototypen vertrat, van de Velde aber die freie künstlerische Gestaltung des Einzelstücks. Die Zukunft lag bei Muthesius, der Applaus aber galt van de Velde. Heute prämiert der Werkbund den tachistischen Teppich der Handweberin und das blanke Gehäuse der Umwälzpumpe, sofern sie seiner Geschmacksrichtung entsprechen. Nur von den so ausdrucksstarken und rasch verblassenden Formen des Automobils hält er seine Finger fern …

Die Reihe der Beispiele dafür, daß sich eine zunächst objektiv gemeinte, auf die Sache selbst gerichtete Bewegung in einen Stilismus abdrängen läßt, ist lang. Ich denke an das Bauhaus, das mit der Absicht begann – und endete –, die Geburtsstätte einer in den Realitäten der produktionstechnischen und sozialen Situation verwurzelten Bauweise zu sein, dessen heutiges Erinnerungsbild aber in erster Linie bestimmt ist von jenem formalistischen und konstruktivistischen Plastizismus, den es unter dem Einfluß der Stijl-Gruppe in die Welt setzte. Wir denken auch an die seit 1928 wirkende Gruppe des CIAM (Congrès Internationaux d'Architecture Moderne), deren Beginn nicht minder unter dem Leitstern des Objektivismus und Realismus stand und deren abschließender Kongreß von 1959 in Otterloo in eine Redeschlacht zwischen den orthodoxen Modernisten und einer des Neo-Liberty verdächtigten Gruppe ausartete.

Wenn wir nun nach der tiefsten Ursache dafür suchen, daß alle diese „revolutionären" Anfänge im bloßen Formalismus endeten, so liegt das daran, daß das Problem des Urbanismus in unserer Zeit nicht bewältigt werden konnte. Urbanismus im engsten Sinne wäre die Art und Weise, wie mehrere verschiedene Gebäude zweckmäßig und schön nebeneinanderzustellen wären und an ein übergeordnetes Verkehrsnetz angeschlossen werden; und im weitesten Sinne wäre er eine Bewältigung der großen maß- und zentrumslosen Anhäufungen unserer Zeit durch eine Musterung, die nicht mehr das traditionelle abendländische Kompositionsprinzip sein kann. Unsere bisherigen überkommenen und modernistischen Kompositionsprinzipien beherrschen nur überschaubare Räume, setzen Motive, variieren sie, gruppieren Volumina und Leerräume, setzen die bei der Bauspekulation so beliebten „Akzente“ und stehen im Grunde hilflos dem drängenden Phänomen der Endlosigkeit und der Zentrumslosigkeit unserer wachsenden Städte gegenüber. Was bleibt in dieser Situation dem einzelnen Bau anderes übrig, als auf seinem Geviert sein eigenes kleines Motiv zu entwickeln, es in prägnanter Formulierung so deutlich zu machen, daß es gegen das Motiv des Nachbarn aufkommt und dem raschen Betrachter verständlich wird? Was Wunder, wenn die Summe dieser einzelnen Effekte chaotisch wirkt!

Dieses Heft handelt von den revolutionären Entwicklungen unserer Zeit, die sich unserer Meinung nach zurückführen lassen auf die Ausbildung der Demokratie einerseits und auf die Entwicklung einer „kapitalistisch“ organisierten industriellen Produktionsweise. Beide Bewegungen, Demokratie und Kapitalismus, haben dezentralisierenden Charakter. Sie delegieren die Entscheidungen an eine Vielzahl nicht hierarchisch verbundener Instanzen. Die Revolution der Baukunst findet in dem Maße statt, als es glückt, zentrumslose, unhierarchische Kompositionsformen zu finden, welche dieser unserer gewandelten Gesellschaft ein angemessenes Gehäuse geben.

Arbeit an der Revolution der Baukunst wird heute dort geleistet, wo über Gruppierungsfragen nachgedacht wird. Diese Gruppierungen müssen der Wandelbarkeit und Freiheit unserer heutigen Gesellschaft Rechnung tragen. Noch nie war ja die Wahlfreiheit des einzelnen, seine Fähigkeit, zu reisen, zu wohnen, zu arbeiten, wie er Lust hat, so groß wie jetzt. Niemals bringen wir den so befreiten Menschen in einer einheitlichen und starren Bebauung unter. Gesucht werden heute Muster, welche in richtigem Maße das Bedürfnis nach Halt und Dauer mit Flexibilität verbinden. Es verbleibt uns, einige Namen zu nennen, welche manchmal ein reales, oft auch ein utopisches Anliegen repräsentieren, wobei auch mancher Name vergessen sein mag. Wir denken an Daniel Chenut, Paris, und seine Konzeption der addierbaren Wohnzelle flexiblen Inhalts als der am weitesten entwickelten Vorstellung des neuen Habitat. Wir denken an die Konstrukteure mit leichten Materialien, Wachsmann, Buckminster Fuller, Frei Otto, Ruhnau, die in letzter Konsequenz Flexibilität durch Klimatisierung urbanistischer Großräume schaffen wollen. Wir denken an Candilis, Ungers, Kahn, Fumihiko Maki als an diejenigen, welche das Problem der Gruppierung gleichförmiger und heterogener Bauteile zu städtischen Gebilden erkannt haben. Wir denken schließlich an Schulze-Fielitz, Yona Friedman, Kenzo Tange, Walter Jonas, welche das Problem des metropolitanen Wohn- und Industriegebietes als Ganzes und in einem in sich selber flexiblen Gebilde lösen wollen. Diese und andere sind vielleicht die Revolutionäre des Bauwesens.

Wert und Sinn städtebaulicher Utopien (1968)

Die Stunde der Utopie

Alles Gebaute enthält Entscheidungen und deshalb Fehlentscheidungen. Irgendwo muß ein Wille bekundet und eine Grenze gesetzt werden – im positiven und im negativen Sinne. Man kann nicht alles zugleich wollen: bestimmte Zwecke schließen andere Zwecke aus. Je fester man die einen Zwecke erreichen will, desto schwieriger wird es, weitere Zweckbestimmungen zu befriedigen. In diesem Sinne stellt der Entwurfsvorgang eine Reduktion dar: die Reduktion auf die vom Programm geforderten Zwecke.

Die Moderne Architektur hat dieses Wählen, dieses Reduzieren zum Stilmotiv erhoben. Der Funktionalismus fordert das scharfe Programm, die rigorose Entscheidung für den einen und gegen den anderen Bauzweck. Die sogenannte „saubere Lösung" der Bauaufgabe wird zum Merkmal des Gebäudes; die Architektur „Marke Knopf im Ohr" zeigt von weitem in ihrer angeblich abgeschafften Fassade den Ausdruck extremster Reduktion auf einen Bauzweck, den Ausdruck einfachster Problemlösung. „Kompromißlos" lautet das Lob der Kenner für diese Architektur, deren Kompromisse sich auf einen einzigen Bauzweck konzentrieren.

Ist Moderne Architektur funktionalistisch? Vermutlich nicht. Glatte oder durch irgendwelche Verfahren gerasterte oder gerauhte Oberflächen sind weder billiger noch praktischer noch dauerhafter als dekorierte; kubische oder gar organische Formen sind weder billiger noch zweckmäßiger als klassische oder historische. Man darf es zugeben, ohne im geringsten die Leistung der Modernen Architektur zu schmälern: Der Funktionalismus der Modernen Architektur liegt auf perzeptionellem Gebiet, anders ausgedrückt: die „Lösungen" sind vor allem Lösungen für das Auge.

Trotzdem spielt der moderne Architekt den Erfinder: für jede alltägliche Aufgabe erfindet er neu die Lösung. In Ermangelung einer bindenden Aufgabe erfindet er sogar diese: „Haus über dem Wasserfall", „Haus aus Glas", und wie die klassischen Bauten der Pionierzeit alle heißen. Dieses demonstrative Lösen von Problemen gibt der Modernen Architektur etwas Thematisches:

Während man sich über die redenden Baustile des 19. Jahrhunderts mokiert, schafft man Bauten, die überhaupt nur noch reden, die ständig die geniale Art und Weise preisen, in der sie ihre Aufgabe gelöst haben.

Das Lösen spezieller Aufgaben hat isolierenden Charakter: Jeder Bau erfüllt seine Aufgabe, indem er alle denkbaren Nebenaufgaben ausklammert. Nie waren die Schulen so sehr Schulen, die Wohnhäuser so sehr Wohnhäuser, die Museen so sehr Museen wie heute. Unverbunden stehen sie nebeneinander, sämtliche Nebenzwecke verbindender Art sind unter den Tisch gefallen. Diese Nebenzwecke, dieses Unwesentliche sammelt sich nun an zu neuen Aufgaben: wo verbringt der Mensch seine Freizeit, wo sein Alter, wo stellt man Kinderwagen ab, wo parkiert man Autos, wo lernt man sich kennen? Weit davon entfernt, die Schuld an diesen Zuständen sich selber zuzuschreiben, erfinden unsere Politiker und Architekten neue Zwecke: das Freizeitzentrum, die Abstellgaragen, das Einkaufszentrum, das Hobbyzentrum, das Altersheim, die Stätte der Begegnung ... herrliche neue Aufgaben zu herrlichen Lösungen. Erneut steht Unverbundenes unverbunden nebeneinander. Neue Nebenzwecke fallen unter den Tisch und entwickeln sich dort zu Hauptzwecken: neue Bauaufgaben sind in Sicht. Der Funktionalismus triumphiert.

Spätestens in den späten fünfziger Jahren schlug die Stunde der Utopie. Wir müssen uns klar darüber sein: diese Utopien sind Kinder des Funktionalismus; sie sind „saubere Lösungen“ für das Allgemeine. Aber man hatte gelernt, daß zwischen und über den Zwecken auch dieses Allgemeine gelöst werden muß.

Utopien zu schaffen ist ein legitimes Mittel, nach der Zukunft zu suchen. Auch der Erfinder geht ähnlich vor: Er denkt eine Sache weiter, indem er sich gewisse

Nebenwirkungen wegdenkt, indem er notwendig mit ihnen verbundene Eigenschaften vorläufig abtrennt, also: indem er abstrahiert. Nachher allerdings muß er sich eine Liste von all dem machen, wovon er vorläufig keine Notiz genommen hat. Diese Liste haben die Utopisten gewöhnlich versäumt – insofern sind sie echte Funktionalisten. Würden die Utopien verwirklicht, es ginge ihnen wie den heutigen Bauten: sie wären isolierte Realisierungen, letztlich Fehlplanungen in einer Zeit, deren Zwecke sich rasch ändern, deshalb nicht so scharf definiert werden können, wie es der Funktionalismus will. Das gilt, wie wir noch aufzeigen wollen, selbst für jene Utopien, die sich den Wechsel zum Hauptzweck genommen haben und sich scheinbar auf nichts mehr festlegen.

Als Kind der Modernen Architektur ist auch die Utopie „sprechend“: Sie verkündet in ihren Formen die Lösung des Problems, das sie sich aufgegeben hat. Aber diese Probleme sind anderer Natur, sie sind integraler. Indem die Utopie die Notwendigkeit verkündigt, gesamthafte Lösungen zu suchen, verurteilt sie die Vereinzelung des Funktionalismus der dreißiger und fünfziger Jahre. Sie schafft eine Formensprache, in welcher man sich über urbanistische Probleme verständigen kann. Insofern ist die Utopie der erste Schritt zur Überwindung der Folgen des Funktionalismus.

Utopien 1958-1968

Im Laufe des vergangenen Jahrzehnts haben sich die Utopien von mehr technischen Entwürfen zu solchen entwickelt, die mehr oder weniger auch auf den sozialen Prozeß Rücksicht nehmen. Dabei ist der Ausdruck „technische Utopie“ mißverständlich: Die meisten technischen Utopien wären technisch durchaus möglich, vielleicht am Anfang etwas teuer, aber sich rapide verbilligend, wie ja auch andere technische Utopien – das Fliegen zum Beispiel – billig oder wenigstens erschwinglich geworden sind. Nein, diese Entwürfe künftigen Wohnens sind nicht von der Technik her Utopien, sondern von der Beschlußfassung: Wann wird die Gesellschaft gesonnen sein, in dieser Weise zu wohnen?

Die *„technischen Utopien“* sind die direktesten Nachkommen des Modernismus. Sie bestehen in der Regel aus Wohnungen oder Wohnkabinen, die entweder konventionell sind oder aber Nachkommen dessen, was in den dreißiger Jahren „die Wohnung für das Existenzminimum“ hieß. Wovon hier abstrahiert wird, ist das fortschreitende Ansteigen des Lebensstandards. Das Existenzminimum des heutigen Menschen ist immer über dem Existenzminimum; aus welchem Paradoxon eine Dynamik entsteht, die sich keinesfalls mehr in engen Kabinen einfangen läßt. – Wie immer das sei, diese Kabinen werden nun in einer demonstrativ-technischen, man möchte sagen, in einer expressionistischen Weise aufgehängt: sei es an Masten gleich Fernsehtürmen, sei es an Kabeln und Hängebrücken. Nochmals: Utopisch ist nicht das Technische, sondern die Vorstellung, es werde die moderne Gesellschaft einen wesentlichen Teil ihrer ökonomischen Kräfte auf eine solche Wohnform lenken.

Ein Teil der technischen Utopien arbeitet mit dem malthusianischen Argument: mit der Vorstellung, es müsse für eine millionenfach sich vermehrende Erdbevölkerung Wohnraum geschaffen werden. Für diese Wohnungen reichen die konventionellen Materialien so wenig aus wie die gewachsenen Baugründe: Kunststoffzellen, Zellenberge nach Art vergrößerter Schäume sollen sich auftürmen auf den Weltmeeren oder sich gar in den Untergrund versenken. – Wir wissen nicht, in welchen Ausmaßen sich die Menschheit noch vermehren und welche Folgerungen sie daraus ziehen wird. Es ist aber zu vermuten, daß längst vor dem Problem der Unterkunft andere Engpässe auftauchen; man braucht dabei nicht einmal an die Ernährung zu denken, die vermutlich gelöst werden kann, sondern an solche der Politik oder der Organisation.

Deshalb sind die *„urbanistischen Utopien"* in einem technischen Sinne vielleicht utopischer, für uns aber realer, da sie sich mit organisatorischen und gesellschaftlichen Problemen befassen. Von diesen Utopien wurde am frühesten der Greater Tokyo-Plan von Kenzo Tange bekannt. Unter dem Eindruck der sich ausbreitenden Großstadt, der in ihr notwendigen Kontakte und der daraus resultierenden Verkehrsmisere konzipierte Tange auf der Bucht von Tokyo eine auf trapezförmigen Gestellen aufgetürmte Stadt, die im wesentlichen ein Verkehrssystem ist. Die Gestelle bieten terrassenförmig angeordnetes „Bauland" für Arbeitsplätze und Wohnungen. In ihrem Kern sind sie teils Bahnhöfe und Garagen, teils Fabriken und Büros, und sie sind an große Verkehrsträger angeschlossen, die ein vollkommenes verkehrsmäßiges Austauschsystem durch die ganze Stadt garantieren. Die Stadt ist eine Maschinerie, die höchste Kontaktfähigkeit von zwanzig Millionen Menschen gewährleistet: Jeder Arbeitsweg, jeder geschäftliche oder der Bildung gewidmete Besuch ist in kürzester Zeit möglich.

Während das Verkehrssystem und das künstliche Bauland aus Beton bestehen, sind die darauf befindlichen Funktionen des Arbeitens und Wohnens ephemer konzipiert. Das wurde schon früh von einem anderen Japaner – Fumihiko Maki – kritisiert, der sagte, es sei hier das Bleibende, nämlich die menschliche Wohnung, vergänglich, das rasch sich Entwickelnde aber, der Verkehr, auf alle Zeiten fest gefügt. Immerhin hat der Greater Tokyo-Plan von Tange in den letzten fünfziger Jahren unmißverständlich auf die Präponderanz des Verkehrs hingewiesen und die Stadt als einen Ort der umfassenden Berufskontakte definiert. Soweit ist sein Konzept modern; – andere Aspekte weisen verräterisch zurück auf den latenten japanischen Feudalismus. Das Verkehrsgestell samt künstlichem „Bauland" gehört dem Staat, die Stadt wird geradezu eine Inkarnation des Staates; der einzelne bekommt eine kleine Fläche zugewiesen, auf der er sein Wegwerfhäuschen aufstellen kann. „Dies Haus, mein Vogt, ist meines Herrn des Kaisers / und Eures und mein Lehen" – ist man zu zitieren versucht.

Eine andere der großen urbanistischen Utopien jener Jahre ist die Raumstadt von Yona Friedman. Anders als Tange, glaubt Friedman nicht an Riesenstädte von 20 Millionen Einwohnern, sondern limitiert die seinen bei etwa 3 Millionen. Für diese Größe baut er auf Trägern viergeschossige Gestelle, in welchen an beliebigen Orten oder – wegen des Lichteinfalls – gemäß bestimmten Mustern Wohnzellen eingefügt werden können. Alles ist fließend, alles ist frei: Wo eine Zelle war, kann später eine Straße oder auch Luftraum sein; jeder kauft oder mietet sich eine Zelle für gewisse Zeiten und zieht dann wieder weiter. Die Kontakte vollziehen sich nicht über eine Verkehrsmaschinerie, sondern möglichst netzförmig: je disperser, desto weniger kann der Verkehr durch Pannen unterbrochen werden. Das ganze System bewahrt äußerste Flexibilität: Beweglich ist die Zelle, beweglich die Anordnung, beweglich schließlich die Trägerstruktur selbst. Alle Anordnungen sind nur auf Zeit, alle festen Dinge demontabel, alle Abmachungen kündbar.

Auch das System der Urbanisten Jan Lubicz-Nycz und Donald P. Reay aus Tel Aviv greift tief in eine Tradition: Es ist das Halljahr des mosaischen Gesetzes, in welchem alle Verpflichtungen gelöst und alle Schuld getilgt werden. Aber läßt sich das Prinzip des Lösens so ohne weiteres in unsere entwickelte Gesellschaft übertragen? Bildet unser ökonomisches System nicht notwendig Strukturen aus, die Dauer verlangen und auch Dauer zu schaffen wissen?

Nicht nur das gebaute, das ganze gesellschaftliche System neigt zur Verfestigung; wir wissen das von unseren Städten: Obwohl die Häuser im Durchschnitt alle hundert Jahre abgebrochen und erneuert werden, bleiben die Straßenzüge durch die Jahrhunderte bestehen, als ob die Hausfassaden ewig währten. Wo nichts Festes zu schützen ist, da erheben sich undurchdringliche papierene Strukturen: da macht der mit jenem einen Vertrag, er werde nie dieses oder jenes tun, und je mehr der Staat auf Gesetzgebung verzichtet, desto eifriger wuchert das Gespinst der privaten Vereinbarungen. Die Utopie der totalen Mobilität geht insofern an der Wirklichkeit vorbei, als es gar nicht die Mauern sind, welche die Veränderung hemmen. Die Stadt Yona Friedmans offeriert eine Flexibilität, die niemals ausgenützt werden wird, so wenig wie sich Wagen auf einem Parkplatz oder die beweglichen Stände auf einem Markt frei über das Gelände verteilen können.

Mit *„Urban Fiction“* könnte man eine Kategorie von städtebaulichen Utopien umschreiben, welche im wesentlichen von den beiden englischen Architektenvereinigungen Archigram und Clip-Kit entworfen wurden. Auf urbanistischer Ebene versuchen sie, den Notwendigkeiten des städtischen Gefüges und Kontaktes in verfeinerter Weise gerecht zu werden. Damit suchen sie eine neue Mitte zwischen Tanges totaler Verkehrsinstallation und Friedmans totaler Flexibilität: Die Teile der Stadt sind nicht mehr homogen, sondern spezialisiert.

Der Kontakt wird zum Teil durch den Verkehr gewährleistet; wo nötig, kann aber auch durch Veränderungen im Stadtgefüge Realkontakt hergestellt werden: durch „Clip-on“ und „Plug-in“ von Raumkabinen. Dadurch ist die einmal geschaffene Zuordnung nicht endgültig, Entwicklung und Wachstum sind möglich, ohne daß sie in vollem Maße durch die Flexibilität vorausgesehen und abgedeckt wären. Unvorhergesehenes wird durch Umbauten aufgefangen.

Dabei wird die Vorstellung unvorhersehbarer Kontaktbedürfnisse sehr weit getrieben: Was geschieht, wenn beispielsweise die Notwendigkeit sichtbar wird, daß zwei voneinander entfernte Städte in näheren Kontakt treten – etwa deshalb, weil die Forschungen, welche in der einen gemacht wurden, in der anderen ausprobiert werden sollen, so daß breite Informationsströme zwischen vielen Einwohnern nötig werden? Für diesen Fall sind die Städte selbst mit Kontaktorganen und sogar mit Gliedmaßen ausgerüstet, welche eine gewisse Bewegung ermöglichen.

Man sieht, die Visionen der Zukunft sind recht realistisch; das Leistungs- und Kontaktgefüge, welches die Stadt ausmacht, wird aufgefächert und analysiert. Und doch liegt die Leistung von Archigram und Clipkit vor allem im Visuellen: Im Gegensatz zu Friedman, der seine Konstruktionen nie bis zur Gestalthaftigkeit ausformen wollte, damit man sie nicht mit der Realität verwechselt, haben die beiden englischen Gruppen die Gestalt der künftigen Stadt gesucht und damit auch die inhaltliche Diskussion erleichtert. Denn es sind ja vor allem Formen, an welchen der Mensch die Neuheit des Neuen erkennt und an welche er sich gewöhnen muß. Daß diese Formen von den verschiedenen Revivals einerseits, von der Pop-Art andererseits profitierten, macht sie nur leichter verständlich und damit für die Diskussion um so wertvoller.

Eine letzte Gruppe von Utopien möchte ich als „integrierte" bezeichnen. Während die bisher genannten Utopien weitgehend von einer Zukunft handeln, in die wir von außen wie durch ein Fenster blicken, befassen sich die *„integrierten Utopien"* mit dem Übergang von der Vergangenheit und Gegenwart in Zustände von morgen und übermorgen. Hierzu zähle ich beispielsweise den „Potteries Thinkbelt-Plan" von Cedric Price und den „Stadtumbau ohne Bodenreform" von Walter Förderer. Beide Entwürfe beruhen darauf, daß sie Bestehendes in verblüffender Weise weiter nützen.

Der Potteries Thinkbelt-Plan befaßt sich mit einem absinkenden Industriegebiet, dessen reich ausgebautes Eisenbahnnetz nicht mehr voll ausgelastet ist. Diese Eisenbahnanlagen werden nun dazu ausgenützt, der dichten Bevölkerung dieses Gebietes höhere Bildung durch eine fahrende Universität zu verschaffen. Universitäten sind im Prinzip die Bahnhöfe, besser noch die alten Rangieranlagen: Sie bestehen aus festen Anlagen, wie Studenten- und Dozentenhäusern, den festen Hörsälen, den Umsteigestellen von den Zügen in die Hörsäle und Laboratorien, teilweise aus fahrbaren Hörsälen und einer abgestuften Skala von Experimentierräumen, die je nach Art der Experimente mehr feste und mehr bewegliche Bestandteile enthalten. Die letzteren werden durch Eisenbahnkräne manövriert. Die Dozenten und viele der Studenten sind ständig unterwegs; ihre Anwesenheit bereichert die Städte, die sich zu Spezialisten ausbilden. Eine enge Verbindung zwischen der in einer Stadt gelehrten Wissenschaft und spezifischen Produktionszweigen wird ermöglicht. Sowohl auf dem Gebiet der allgemeinen Weiterbildung wie auf dem des direkten Kontaktes zwischen Forschung und Produktion ziehen die Städte Nutzen aus dem Anschluß an das wissenschaftliche Verkehrsnetz.

Diese Utopie lehrt uns sowohl etwas über moderne Bildungspolitik, was wir hier nicht weiterentwickeln wollen, als auch über Entwicklungspolitik schlechthin. Die Ausnützung vorhandener Installationen für neue Zwecke ist ein wichtiges Element des Fortschritts; die Zeit, in der man sich für modern hielt, wenn man überkommene Strukturen zerstörte, ist vorbei. Selbst in Amerika sieht man sich heute gezwungen, auf die gute alte Normalspurbahn zurückzugreifen.

Auch Förderers Stadtumbau geht von Vorhandenem aus und operiert an einem realen, recht gewöhnlichen Stadtteil des 19. Jahrhunderts. Er enthält in einem schachbrettförmigen Straßensystem einige Wohngevierte, eine kleine Parkanlage und eine Fabrik. Der Umbau vollzieht sich individuell; wer bauen will, der kann. Eine vorübergehende Flexibilität wird dadurch hergestellt, daß der Luftraum über den Straßen überbaut werden darf. In Kompensation dazu werden die Hinterhöfe im ersten Geschoß enteignet und zu einem Wegnetz vereint, das diagonal zum Straßennetz geht. Das Straßennetz liegt nun unterirdisch, die auf die Straße gehenden Räume dienen als Warenlager und Verladeräume. Die Läden befinden sich ein Geschoß höher und richten sich gegen das Fußgängernetz. Darüber sind Büros und vor allem Wohnungen. Die Fabrik wird zur Abstellgarage. Wer in den Straßengevierten wohnt und auswärts arbeitet, hat dort seinen Wagen. Zwischen Wagen und Wohnung spielt sich sein Stadterlebnis ab: deshalb kann auch die Parkanlage in ihrer ursprünglichen Gestalt nicht bleiben. Die Parkgarage übernimmt die einstige Rolle des Stadtzentrums; hier kaufen die heimkehrenden Männer ein und trinken vielleicht noch ein Glas. Im Park entsteht Provisorisches, halb Jahrmarkt, halb Hobbyzentrum. Diese Anlage verändert sich am kurzfristigsten, die Garage mittelfristig und das Wohnquartier in langfristigen Abständen. Aber die langfristigen Strukturen, die Mauern und Straßen, werden vom Passanten nicht bemerkt: er orientiert sich an einer wandlungsfähigen „Sekundärarchitektur", an Einbauten und Anpassungen – bis hin zur Reklame –, die der Benützer an den Bauten vornimmt: das sind die wahren Tasten zur komplizierten und verborgenen Maschinerie der Stadt. Hier wird eine Utopie entwickelt, die dem realen Prozeß der Stadt weitgehend gerecht wird. Sie sagt etwas aus über das tatsächliche Verhalten des Städters, über seine Lust am Umbau, seine gestalterischen Bedürfnisse in Bidonville und Schrebergarten und schließlich seine Beziehung zum Auto und zur Garage. Realistisch innerhalb der Utopie ist es, daß stets aus der Not eine Tugend gemacht wird: Das Vorhandene wird nicht als Hindernis, sondern als Startbasis zum nächsten genommen. An Stelle der teuren Abbrüche, Tief- und Hochbauereien tritt die gesamte Hochlegung der Stadt um ein Geschoß, das uns vom 19. Jahrhundert schon geschenkt wurde.

Utopie und Beschlußfassung

Der Verwirklichung vieler der angeführten Utopien, insbesondere der „technischen", steht technisch nichts im Wege. Wenn bisher noch keine utopische Stadt gebaut worden ist, dann nicht, weil das utopisch wäre, sondern weil die Gesellschaft ihr Geld lieber für Mondsonden und dergleichen ausgibt. Es ist aber durchaus möglich, daß eines Tages Kräfte aufstehen, welche zur Verwirklichung einer utopischen Stadt drängen, so wie auch Chandigarh, Brasilia und das Habitat '67 in Montreal gebaut worden sind. Und es ist zu vermuten, daß auch in diesem künftigen Falle, wie in den drei vorangegangenen, das falsche Projekt verwirklicht wird und die Urbanisten wiederum vor einer verpaßten Chance stehen.

Akzeptiert man einmal vorläufig die hier aufgestellte Reihe von „technischen Utopien" zu „urbanistischen Utopien", „Urban Fiction" und „integrierten Utopien", so fehlt uns eine letzte Sorte von Entwürfen, die doch die eigentliche und traditionelle Domäne der Utopie darstellt: die gesellschaftliche. Beiträge zu solchen Utopien haben einige Architekten geleistet: Yona Friedman hat ein scharfsinniges Drehbuch über das Leben in einer künftigen Raumstadt verfaßt, und Eckhard Schulze-Fielitz hat sich verschiedentlich über das Leben in naher oder fernerer Zukunft geäußert. Dieses Leben aber wird wiederum statisch geschildert als eine dereinst Gegenwart gewordene, geschichtslose Zukunft. Was wir aber vermissen, ist die Schilderung der Prozesse, welche die Zukunft herbeiführen, welche die gesellschaftliche Gegenwart in die Zukunft verwandeln. Niemand zweifelt daran, daß gewisse Teile des von den genannten Autoren geschilderten Lebens – kostenlose Abgabe der Waren, Übergewicht der Freizeit über die Arbeit, gesteigerte gesellschaftliche Interaktion – einmal Tatsache werden. Vergebens aber suchen wir eine Vorstellung davon, wie und durch welche Maßnahmen die heutige Gesellschaft aus dem Zirkel ihres Alltags hinaus- und in die morgige hineinkommt.

Diesen Zirkel zu schildern und die wenigen Stellen aufzuspüren, an welchen eine gewollte Wandlung und Entwicklung einsetzen kann, würde den Rahmen des Artikels überschreiten. Hier nur soviel: Der Urbanismus ist ein Prozeß, der sich – vereinfacht gesagt – zwischen den architektonischen Gestaltern, den beschlußfassenden Autoritäten und ihren Beratern und der Stadt selbst mit ihren Bewohnern abspielt, ähnlich wie das Bauen ein Interaktionsprozeß zwischen Gestalter, Bauherrschaft und dem Resultat, den Bauten plus ihren Benützern, darstellt.

Die Verfestigungen der Bahnen dieses Zirkels sind nicht materieller Art. Es sind nicht die Mauern der bestehenden Bauten, welche die Erneuerung des Städtebaues verhindern. Wo es den Behörden oder der Spekulation gelingt, unter dem Schlagwort „Sanierung" ein Quartier zu zerstören und neu aufzubauen, da entsteht keineswegs die „Neue Stadt", die utopische, sondern bestenfalls eine „neue Altstadt", schlimmstenfalls eine „familiengerechte Überbauung zu erschwinglichen Mietzinsen, mit öffentlichem Grün, genügend Autoabstellplätzen und einem Einkaufszentrum".

Wie wir eingangs geschildert haben, beherrscht in diesem Zirkel der Gestalter die Szene: Der Auftraggeber versagt bei der Analyse seiner Probleme und überläßt sie dem Architekten; der Benützer ist vollends machtlos – er darf und kann nicht verändern, was ihm nicht gehört. Die scheinbaren Aufgaben, die der Gestalter sich selber stellt, ergeben scheinbare Lösungen, die weitgehend ästhetischer Natur sind. Weil sie aber aussehen wie logische Lösungen, haben sie die Eigenschaft, sich in der Vorstellung des Auftraggebers und selbst des Benützers festzusetzen und sich von da nicht mehr vertreiben zu lassen.

Der Ort der Verfestigung des alltäglichen Ganges der Dinge ist also das Aussehen der Bauten und der Städte. Es besteht ein Zusammenhang zwischen dem Aussehen und der Begriffsbildung. Was wir benennen können, das können wir auch beschließen oder zerstören; was nicht aussieht, hat auch keinen Namen und kann infolgedessen nicht öffentlich diskutiert werden. In diesem Sinne unsichtbar sind die Bedürfnisse des modernen Urbanismus. Als ein System abstrakter Strategien ist Urbanismus weitgehend der Beschließbarkeit entzogen. Über die verborgenen Mechanismen der Stadt kann nicht geredet werden wie beispielsweise über den Bau des neuen Rathauses oder die Verlegung der Straßenbahn in den Untergrund „zur Vermehrung des Straßenraumes", eine besonders beliebte Pseudomaßnahme städtischer Behörden.

Was die Stadt am nötigsten hat, ist somit nicht identisch mit den „Lösungen", wie sie der Politiker gerne öffentlich vertreten würde. Er braucht den Beginn und die Vollendung von Werken, die Platz haben in einer Wahlperiode, die zudem in sich eine Einheit darstellen und die einen sogenannten „mutigen Beschluß" erfordern. Wenn der Politiker ein solches Werk durch die Instanzen gezogen und der Verwirklichung entgegengeführt hat, so kann er sich mit scheinbarem Recht als „erfolgreich" präsentieren – denn der Erfolg wird ja nicht an der Wirkung, sondern am Umfang der Maßnahme gemessen.

Der Zirkel der Reproduktion des Ewig-Gleichen beruht nicht auf äußerem Zwang, sondern auf der Überlegenheit des Sichtbaren und Benennbaren über das Niegesehene. Auch die Erneuerung empfiehlt sich demnach nicht durch die neue Art der Befriedigung neuer Bedürfnisse, sondern vor allem durch ihr Aussehen:

eine Neuheit ist um so spektakulärer, je besser es ihr gelingt, die banale Erfüllung überkommener Aufgaben in ein neues, demonstratives Gewand zu kleiden.

Hier kann die Utopie einen Dienst an der Beschließbarkeit leisten: sie gibt neuen Prinzipien des Urbanismus ein Aussehen, so daß sie in das politische Bewußtsein der Entscheidungsträger einfließen können. Indem die Zukunft ein Gesicht bekommt, wird sie kommunizierbar und damit auch beschließbar. Indem der Gestalter von Utopien die Lösung künftiger Notwendigkeiten gestalthaft beschreibt, werden diese Notwendigkeiten selber erkennbar, und das Publikum ist konfrontiert mit dem, was die Zukunft bringt.

Gefährlich wäre es, wenn man die Utopie mit der künftigen Wirklichkeit verwechseln und sie tatsächlich verwirklichen würde. Denn alle bisher ans Licht der Öffentlichkeit gelangten urbanistischen Utopien sind – insofern sie ein Aussehen haben – „Lösungen" im Sinne der Art, wie Architekten Probleme lösen. Wir verstehen die Utopien also nicht als einen Aufruf zu ihrer Verwirklichung – dann wären sie ja keine –, sondern als einen Verzweiflungsschrei der Gestalter an die Gesellschaft, ihnen endlich die doppelte Last der Formulierung und der Lösung der Aufgaben abzunehmen. Die Architekten wollen ihren Partner im Prozeß – den Bauherrn und den Benützer – wieder wecken, ja ihn sich neu kreieren. Sie wollen wieder ein Gegenüber, das mit ihnen diskutiert, das nicht nur ja oder allenfalls nein sagt, sondern eigenen Willen in die Diskussion trägt. Die Ingangbringung eines echten Beschlußfassungsprozesses wäre eine Wiederherstellung der Politik auf dem einzigen Felde, auf welchem Politik sich überhaupt lohnt: auf jenem der Formulierung unserer zukünftigen Lebensweise.

Die Zeichen der Zeit (1973)

Im Dezember 1967 sprach Sigfried Giedion auf einem von der TU Berlin veranstalteten Symposion „Architekturtheorie“ über „Rom und das Heute“. Gerade zog er seinen großen Bogen von den Gärten des Hadrian zu Le Corbusiers Anlagen in Chandighar und vom flavischen Kompositmauerwerk zum Eisenbeton, da stürmte eine Gruppe junger Leute das Auditorium und entfaltete ein Transparent mit der Aufschrift: „Alle Häuser sind schön, hört auf zu bauen“. In der „Neuen Zürcher Zeitung“ berichtete Giedion, was ihm widerfahren sei, und verkündete, in Deutschland habe der Ungeist wiederum Einkehr gehalten, er, Giedion, habe ihn erlebt und erkannt.

Die Fehldiagnose des greisen Gelehrten ist bedauerlich, aber verständlich; wie sollte der Theoretiker der modernen Bewegung deren Ende erkennen in einem Augenblick, wo sie gerade zum endgültigen Sieg anzusetzen schien? Denn das Ende der modernen Architektur, wie es sich in den späten sechziger Jahren vollzog, war kein Niedergang der Formen, kein Verfall der Ausdrucksmittel, die im Gegenteil gerade allgemein verfügbar und durchgehend angewendet wurden. Vielmehr trat die Krise an einer Stelle auf, die auf den Fotos der Publikationsorgane und auf den Projektionsschirmen der Redner nicht sichtbar wird: in der Beziehung der Architektur zum Betrachter. Moderne Architektur, die bisher ein Signal der Hoffnung gewesen war, Hoffnung auf ein besseres, rationaleres, transparenteres, menschlicheres Zeitalter, war im Augenblick ihres Durchbruches zur offiziellen Architektur und zur allgemeinen Verfügbarkeit ihres Formenschatzes zum Ausdruck der sie benutzenden Mächte geworden: Sie kündet heute von Repression, Verdrängung der Bewohner durch Bürobauten, von Spekulation und vom Bündnis zwischen Industrie und Staatsmacht.

Am Baubetrieb änderte sich dadurch nichts. Einige wenige, höchst exklusive Zeitschriften versuchten schon in den sechziger Jahren neue Ansätze zu zeigen; dadurch verloren diese Zeitschriften ihre Inseratenkundschaft und wurden noch exklusiver. Aus den USA kamen die ersten Fotos studentischer Gegenarchitektur: die Domes nach Buckminster Fuller, aber nicht aus Aluminiumprofilen mit Fiberglas, sondern aus alten Autotüren, gebrauchten Schallplatten und Klebstreifen. Die europäischen Studenten, die weder Geld zur Flucht noch geeignete Fluchträume, noch Zivilisationsabfälle in diesem Ausmaß zur Verfügung haben, bekundeten ihre Gefühle zunächst in einer vollkommenen Unlust, den Zeichenstift zu ergreifen, gepaart mit einem erfreulichen, an Architekturstudenten bisher nicht beobachteten Lesehunger. Die Studenten anderer Fakultäten bezeichneten ihre neue Haltung als „kritische Wissenschaft"; für die Architekturstudenten stellte sich infolgedessen die Frage: Gibt es kritische Architektur?

Gibt es kritische Architektur? – Es gibt keine kritischen Häuser. Aber es gibt unkritische und kritische Designmethoden. Die studentische Revolte und die in ihrem Gefolge stark veränderte Lebensweise der jungen Generation (die heute so jung gar nicht mehr ist) brachten keine „neue" Architektur hervor. – Das ist kein Wunder, wird man einwenden, denn sie hat auch kein Geld zum Bauen; deshalb mußte sie sich in bestehender Bausubstanz etablieren und diese verändern. – Richtig! Aber die Veränderung bestehender Bauten ist gerade der Beitrag der jungen Architekten zur Architektur; diese Architektengeneration setzt keine neuen formalen Zeichen, sondern das Zeichen, daß sich die

Architektur verändern läßt, wenn sich der Mensch mit den Bauten auseinandersetzt.

Der Funktionalismus der Avantgarde bezeichnete sich als die Erfüllung der menschlichen Bedürfnisse; und zwar nicht irgendwelcher Bedürfnisse, sondern der wahren oder wesentlichen. Der „moderne Stil“ als Ausdruck einer Design-Methode besagte, daß dem, der ihnen wirklich auf den Grund geht, die Dinge einfach und klar werden. Die Suche nach dem Wesentlichen bedient sich der Designmethode der Intuition: Dem großen Meister gelingt die einfache Lösung.

Die intuitive Einteilung der Bedürfnisse in wesentliche und unwesentliche ließ die Probleme entstehen, mit welchen die Architektur und die Stadtplanung der späten fünfziger Jahre zu kämpfen hatten. Das Unwesentliche war zum Wesentlichen geworden: Altersprobleme, Jugendprobleme, Verkehrsprobleme. Die neuen Planer begannen sich wissenschaftlicher Methoden zu bedienen: Datenbanken, Umfragen, Prognosemethoden. Aber diese analytischen Techniken gaben noch kein Design; da es keine Methoden gab, die analytischen Erkenntnisse in die Lösungen einfließen zu lassen, blieb es bei grobschlächtigen Eingriffen.

Das Übermaß an Informationen führte in der Stadt- und Regionalplanung zu systemtheoretischen Ansätzen, bei der Bauplanung zu Entwurfstechniken, die mit Flexibilität, Multifunktionalität, geplanter Verdrängung und ähnlichem arbeiteten. Führte die Information also anfangs zur Verkomplizierung des Aussehens der Bauten, zu Wunderwerken der Maßschneiderei, so endete sie schließlich in Monotonie, wie sie etwa in den Planungen der neuen Hochschulen zum Ausdruck kommt.

Sind so die Baustile der Moderne Manifestationen ihrer Designmethoden, so kritisiert die jüngste Generation diese Designmethoden, indem sie das existierende Design durchbricht. Dabei zerstört sie nicht: Zerstörerisch sind vielmehr die Designmethoden der Moderne, die stets von der Voraussetzung der Tabula rasa ausgehen. Die Hoffnung der Avantgarde, das Werk der Väter zerstören und eine eigene gebaute Welt errichten zu können, ist durch den Boom der sechziger Jahre längst erfüllt. Aber dabei hat diese Zerstörung ihre emanzipatorische Botschaft verloren: Den Ausdruck der Hoffnung schöpfen wir heute nicht mehr aus den Bauplätzen zwischen den Bauten des 19. Jahrhunderts, sondern vielmehr gerade aus den verbliebenen Resten bürgerlicher und frühindustrieller Architektur, die die Spekulanten der sechziger Jahre noch übriggelassen haben. Nicht ihre Zerstörung, sondern ihre Besetzung und Nutzung sind der Lebensausdruck der sich befreienden Jugend. Es ist wohl noch keine Designmethode, was wir im folgenden als einige Regeln emanzipierter Planungs- und Bauweise aufzuzählen versuchen:

– Planung hat keinen Anfang; wir steigen stets in einen laufenden Planungsprozeß ein.

– Planung hat kein Ende; wir sollen nicht glauben, eine Planung werde ausgeführt, ein Bau werde fertig.

– Das Gebaute hat stets den Vorrang vor dem noch nicht Gebauten.

– Geplantes, das noch nicht gebaut wurde, kann als inexistent betrachtet werden.

– Entscheidungen, die nicht sogleich gefällt werden müssen, sollen aufgeschoben werden.

– Wer Planungsmaßnahmen in „Ziele“ und „Mittel“ aufteilt, betrügt sich und andere.

– Es gibt keine Sachzwänge, infolgedessen auch keine unmöglichen Lösungen; Alternativen unterscheiden sich lediglich durch den Grad, wie stark sie Rahmenbedingungen verändern.

– Bauliches verändert das Leben nur im Verein mit organisatorischen Regeln. Organisatorische Veränderungen können Baumaßnahmen überflüssig machen.

– Zeichen werden nur in dem Maße wahrgenommen, als sie mit der Nutzung und der gesellschaftlichen Kommunikation in Verbindung stehen. Die bloße Übernahme des Formenvorrates der modernen Architektur erzeugt Entfremdung.

– Nutzung, Kommunikation sind Abläufe in der Zeit. Bauten werden in dem Maße verständlicher, als sie Zeichen von Zeitabläufen und Nutzungsveränderungen tragen.

Die vom etablierten Bauwesen erstellten Gebäude erwarten vom Tage ihrer Fertigstellung an den Abbruch zugunsten eines noch aufwendigeren Neubaus; insofern ist etablierte Baupolitik stets Neubaupolitik. Bauerhaltung geschieht durch weit schwächere Kräfte: durch Bewohner, Nutzer, Bastler, Squatters, Besetzer, Oppositionelle. Baupolitik ist eine Politik der Nutzung bestehender Bauten. Zerstörung und Neubau (ebenso wie konservierende Erhaltung von Bauwerken außerhalb des gesellschaftlichen Lebens) sind Botschaften der Repression; nutzende Erhaltung und Ergänzung sind Botschaften der Emanzipation und Hoffnung.

„Alle Häuser sind schön, hört auf zu bauen“ ist sicherlich keine Lebensregel von ewiger Gültigkeit. Aber sie ist eine Antwort auf die Entwicklung der modernen Architektur und ihr Bündnis mit der etablierten Macht. An die Stelle der allgemein verfügbar gewordenen stilistischen Attribute des Modernismus treten Zeichen, die man bisher nicht beachtet oder für banal erachtet hat: die Spuren der Abnutzung, die Merkmale der Nutzung, die Umbauten. Sie erweisen sich als die *Zeichen der Zeit*.

Ästhetische Probleme des Bauens (1978)

Die Begegnung des gewöhnlichen Menschen mit Ästhetik der Architektur findet an einer durchaus anderen Stelle statt, als wir das üblicherweise denken. Lange hat man ja gemeint, die Leute achteten nicht darauf, wie sich durch die Wachstumseuphorie der vergangenen 15 Jahre die Städte verschlechterten, wie sowohl die Bequemlichkeit und die Qualität des städtischen Lebens wie auch die Schönheit der Stadt zerstört wurden. Ich glaube, so etwas wird heute niemand mehr behaupten. Vor einigen Jahren schon, als man in Deutschland noch in voller Munterkeit Stadtplanung betrieb, war ich bei einer Stadtplanertagung in Berlin, und neben mir saß ein eingeladener Stadtplaner aus England. Nach einer Weile stieß er mich an und sagte: Ich weiß gar nicht, wovon die hier noch reden; bei uns kann man Stadtplanung gar nicht mehr betreiben; wo immer wir irgend etwas beginnen, da steht die Bevölkerung auf und trägt Plakate herum, auf welchen steht: „Let us be“, „Laßt uns in Ruh’“. – Dieses, meine ich, ist doch ein Beginn mindestens des Verständnisses bei Stadtplanern dafür, was die Leute eigentlich sehen.

Der Beginn dieser Erkenntnisse war in Amerika etwas früher als bei uns. 1963 fand man zum ersten Mal in Architekturzeitschriften amerikanischer Provenienz Andeutungen: Chester Hartmann schrieb, daß in der Stadtplanung mittelständische Werte auf eine nichtmittelständische Bevölkerung projiziert werden. Brolin und Zeisel haben als erste den heute banal klingenden Satz geschrieben, daß Arbeiterhäuser für Arbeiter seien, aber nicht von Arbeitern. An dieser Stelle müßte man vielleicht mit Nachdenken einsetzen und die Geschichte zurückverfolgen an den Beginn der Moderne und an die Stelle, wo wir sozusagen nachzusitzen begannen nach dem Krieg, indem wir die Lehre wiederaufnahmen, die uns die großen Meister der Avantgarde mitgegeben hatten und die wir dann 1947 bis 1957 vielleicht nicht ganz richtig verarbeitet haben. Und wenn wir dann in den späten sechziger Jahren mit einer Kritik an der Avantgarde begannen, so ist das ja weniger eine Kritik an den damaligen Leuten, die wir immer mit hohem Respekt ansehen sollten, sondern eine Kritik an dem Mißverständnis der Generation, die nach dem Krieg wieder die Lehren jener aufnahm. Immerhin einiges wird deutlich: Ich kann das gerade hier in der Gegend von Frankfurt sagen, wo die bedeutendste Leistung der Architektur der zwanziger Jahre zu sehen ist: Das Neue Frankfurt mit allem, was damals tatsächlich an Positivem und Neuem geschaffen wurde, und allen Dingen, die wir daraus lernen müssen, damit wir es später vielleicht einmal richtiger machen.

Einmal wird die Sicherheit deutlich, mit der die damaligen großen Meister wußten, was für die Leute gut ist. Sie wußten es aus einem Wohlfahrtsgedanken heraus, der ja eine Erbschaft der Philanthropen des 19. Jahrhunderts ist. Das zweite ist der Gedanke an ein Leben auf einem Existenzminimum; der Glaube, daß man die Bedürfnisse messen, auf eine Norm bringen und sagen könne, dieses sei das Existenzminimum; und die Blindheit gegenüber dem, was man mit diesem Gedanken anrichtete. Das „Existenzminimum“ zieht willkürlich eine Linie zwischen Leuten, die dieses Existenzminimum erreichen und die man dadurch auf öffentliche Kosten etwas über das Existenzminimum heraushebt, und anderen Leuten, die dieses Existenzminimum nicht erreichen und die man damit diskriminiert. Man reißt einen Graben auf zwischen den Leuten, die es gerade noch schaffen, und jenen, die es nicht schaffen. Man hat nicht gesehen, daß die Festlegung des Existenzminimums politischen Charakter hat und nicht physiologischen Charakter; daß man nicht messen kann, wieviel Raum der Mensch braucht und wieviel Liter warmes Wasser am Tag und wieviel Kühlschrank. Man legt vielmehr fest, wieviel von diesen Gütern man ihnen zu einem bestimmten Zeitpunkt verkaufen möchte und welche Leute man eben dadurch fallen läßt, daß man sie nicht auf dieses Niveau steigen läßt. Man darf sich nicht einbilden, daß die Ärmsten – und ich meine damit nicht ein Lumpenproletariat, sondern ich meine die schlecht bezahlten Teile des Proletariats –, daß Leute auf dem Einkommensniveau eines Hilfsarbeiters in die Siedlungen des Neuen Frankfurt einziehen konnten; mit einer Ausnahme, und die ist Goldstein, das sie selber erbauen konnten.

Bei dieser Kritik an der Normierung und Minimierung und auch Rationalisierung des Haushaltes darf man vielleicht eines nicht vergessen, daß dies für die damalige Zeit, in einer sozialistisch regierten Stadt, ein Körnchen Utopie enthielt, das wir heute vielleicht nicht mehr sehen: nämlich den Glauben daran, daß das Wohnen gesellschaftlich weniger wichtig werde; daß die vereinfachte Küche, die berühmte Frankfurter Küche, etwas freisetze für einen anderen Sektor des Lebens, daß also die hier entlastete Hausfrau eine gesellschaftliche Leistung vollbringen könne. Nun, dieses Stückchen Utopie ist Utopie geblieben, und so sehen wir heute die Rationalisierung des Haushaltes mit einem anderen, etwas strengeren Auge, als sie damals zu messen war.

Nicht akzeptiert hat die Bevölkerung von Anfang an die mit diesen modernen Bauten verbundene Verarmung der Zeichen, der Semantik der Architektur; und da ist wahrscheinlich der Punkt, wo unsere heutige Erkenntnis einsetzt. Alles Gebaute sieht ja irgendwie aus; es gelingt also nicht, gewissermaßen neutrale Architektur zu setzen, die nicht aussieht und keine Informationen verströmt. Sondern diese der Zeichen entkleidete, eben sogenannte moderne Architektur hat ihre Bedeutung; sie hatte ihre Bedeutung damals und hat ihre bestimmte Bedeutung heute. Damals hatte sie, mindestens für eine kleine Zahl von Intellektuellen, eine Bedeutung, die Hoffnung einflößte auf eine bessere, transparentere oder rationalere Welt; heute hat sie, in riesiger Quantität imitiert, eigentlich nur noch die erschreckende Bedeutung des Beherrschtseins von Konzernen, Warenhäusern und Mächten, mit denen wir nicht fertig werden. Hier bei dieser Frage – was sehen eigentlich die Leute? – setzten einige Gedanken ein, die auch aus den Vereinigten Staaten zu uns kamen und die ich, obwohl sie bekannt sind, kurz nennen möchte: Als erstes das vielzitierte Buch von Kevin Lynch, das zu Anfang der sechziger Jahre zu uns nach Europa kam, dann auch in deutsch erschien, „The Image of the City“ – „Das Bild der Stadt“, das die Frage erstmals stellt – nicht: Was sehen wir? oder: Was wollten die Architekten zeigen mit der Stadt? – sondern: Was sehen die Leute? Was sagt einer, wenn man ihn fragt: Wo ist hier der nächste Weg zum Hauptbahnhof? – Dann sagt er uns nicht: „Ach, da müssen Sie bis zu dem wunderbaren Gebäude von Mies van der Rohe, und dann müssen Sie rechts, da kommt eines von Le Corbusier, dann müssen Sie wieder links, und dann sind Sie beim Bahnhof, Sie werden ihn leicht erkennen, er ist von Olbrich“ – sondern er sagt wahrscheinlich: „Da müssen Sie bis zu der Bäckerei, dort ist ein Verbotsschild, Sie können aber trotzdem durchfahren, und dann kommen Sie bei einer Seitenstraße vorbei, da ist ein Tabakladen, da können Sie gleich parken." Also er sieht die Stadt offenbar nicht so, wie die Architekten sich das gedacht haben, sondern er sieht Merkzeichen, die auf unterschiedlichem Niveau sowohl der architektonischen Wichtigkeit wie der Dauerhaftigkeit stehen, und er sieht vor allem das, was sein Leben betrifft und was er beachten muß, Verkaufsangebote, Verkehrszeichen, Institutionen, die er benutzen kann.

Eine weitere Erkenntnis war die von Robert Venturi in seiner berühmten Arbeit „Lernen von Las Vegas". Venturi zog da mit einer Studentengruppe nach Las Vegas, und die Erkenntnis des Lernens von Las Vegas war diese: Architektur ist nicht, wie die Pioniere der Moderne es uns lehren wollten, Information durch Räume, sondern sie ist Information durch Zeichen. Die schönen Proportionen und die Information aus unverzierten Raumfolgen sind ein außerordentlich subtiler und vager Code; es ist schwer abzulesen, was diese Räume direkt aussagen, wir orientieren uns deshalb an sehr viel elementareren Zeichen. Ein schöner Raum kann rasch verändert werden; wenn man z. B. ein Schild darin aufhängt „Rauchen verboten", ist er für manche Leute schon ungemütlich geworden. Also: Man orientiert sich nicht an der Architektur, sondern an Zeichen. In Las Vegas, dem amerikanischen Sündenbabel, ist deshalb die Architektur zerlegt in die riesigen Reklamen an der Hauptstraße und in die eingeschossigen Vergnügungsetablissements hinter dem Strip, in die uns die Reklamen locken wollen. Diese Kisten der Vergnügungsetablissements sind architektonisch anspruchslos; auch das beliebte architektonische Requisit der großen Raumhöhe wird da nicht gebraucht; da es klimatisierte Räume sind und es sehr teuer ist, große Lufträume zu klimatisieren, bleibt man lieber einheitlich bei 3 m Höhe und stellt davor eine große Reklame auf.

Sodann nenne ich die soziologisch orientierten Forschungen von Herbert J. Gans, der von der Frage ausgeht: Was zieht eigentlich die Leute in jene Vorstädte, wie sie die Firma Levitt baut? Das Buch „Die Levittowners“ erschien ja auch in deutscher Sprache. Warum ziehen die Leute in diese Wohnvorstädte, von denen wir Intellektuelle sagen, sie sind scheußlich, nicht für Geld bringt man uns dahin? Wieso verkaufen die Herren Levitt & Sohn diese Häuser wie frische Semmeln? Die Antwort auf diese Frage lautet: Die Leute orientieren sich nicht primär an der sichtbaren Umgebung. Die Umwelt der Menschen ist nicht das, was man sieht, die Umwelt ist sozial. Einer der markanten Sätze von Marshall McLuhan heißt „Environments are invisible“, Umwelten sind unsichtbar. Diese unsichtbaren Umwelten sind soziale Umwelten, die gebildet sind durch Verpflichtungen, Verträge, gesellschaftlichen Status, Nachbarschaft, Beziehung zu Institutionen am Ort; und keineswegs etwa durch den Kolonialstil dieser Häuser, den man schön finden kann oder, wenn man einen entwickelteren sogenannten Geschmack hat, weniger schön findet. Der Stil ist das allerletzte, was die Leute an diesen Häusern sehen. Was sie sehen, ist das, was wir nicht sehen, wenn wir nur durch die Augen schauen; es ist das, was wir erfahren, wenn wir wirklich in ihrer sozialen Situation sind und ein Haus suchen: daß es dort bestimmte Annehmlichkeiten und Vorteile, menschliche Relationen gibt, eine Entlastung von Verpflichtungen oder ein Eingehen von Verpflichtungen, die eine angenehmere Umwelt schaffen, als es in den Mietshäusern der Innenstädte der Fall ist.

Als europäischen Beitrag erwähne ich die Erkenntnisse der Studentenrevolte. Da gab es 1967 eine Ästhetiktagung in Berlin, bei der Studenten dann ein Plakat durch den Saal trugen: „Alle Häuser sind schön, hört auf zu bauen". Das ist sehr lustig, ist aber auch eine sehr ernste Erkenntnis. Heute, wo wir uns überlegen müssen, ob wir uns weiterhin die Zerstörung unseres überkommenen Baubestandes leisten können, ist die Erkenntnis „Alle Häuser sind schön, hört auf zu bauen" wahrscheinlich die volkswirtschaftlich und im Sinne einer realen Erhaltung von Volksvermögen wichtigste Erkenntnis, die man haben konnte.

Eine weitere Stelle, wo Erkenntnis einsetzte, war die plötzlich in den sechziger Jahren erscheinende Literatur über Squatting, also über das illegale Siedeln, sei es das Besetzen von bestehenden Häusern, wie wir es in Frankfurt erlebt haben, sei es das Siedeln, wie es in der dritten Welt geschieht, auf Boden, der einem nicht gehört, und mit Materialien, die man irgendwo zusammengesucht hat. Vorbild waren da die Vororte Südamerikas, speziell Limas. Turner und Olivier schrieben über die Barriadas und meinten, daß hier nicht nur der Beginn einer neuen Gesellschaft sei, sondern auch der Beginn einer neuen Architektur, einer Architektur, die das Gegenteil ist der „Architektur auf dem Existenzminimum", eine Architektur, die verwurzelt ist in der Existenz des Menschen und der Familie. Das illegale Siedeln schafft, was die Festlegung eines Existenzminimums verhindert, nämlich eine stufenlose „Enkulturation", den Eintritt der vom Lande zuziehenden mittellosen Bevölkerung in die städtische Kultur. Mit den Mitteln des illegalen Bauens können diese Zuwanderer stufenlos von der einfachsten Lebensform bis zur städtischen Behausung kommen.

Das soll keineswegs eine Romantisierung einer sozialen Situation sein, die außerordentlich hart ist. Jedoch ist solches Squatting nicht Zeichen absteigender Quartiere, es handelt sich hier nicht um Slums, wie wir sie in alten Innenstädten kennen, sondern es handelt sich um Quartiere, die von den zukünftigen tragenden Arbeiterschichten der Entwicklungsländer errichtet werden, wobei diese Arbeiter in undemokratischen, oft terroristisch regierten Ländern in einer selbstgeschaffenen demokratischen Ordnung eine selbstgeschaffene Architektur hinstellen. Diese Architektur auch noch schön zu nennen mag snobistisch erscheinen. Ich meine doch, daß das, was wir aus dieser Architektur an Ästhetischem lernen, dieses ist, daß die Architektur prozessualen Charakter hat. Daß nicht nur der ausgeführte Entwurf „schön" ist, also die volle Übereinstimmung des Gebäudes mit seinem Plan auf dem Papier, sondern daß das Wachsen von Gebäuden, das Verändern von Gebäuden ein ästhetischer Prozeß ist, der die Zeit der menschlichen Emanzipation abbildet.

Schließlich bietet der letzte Autor, den ich nenne, Robert Goodman, mit seinem Buch „After the Planners" eine völlige Abrechnung mit der Stadtplanung, wie sie in den sechziger Jahren betrieben wurde. Diese Planung ist – wie dies Goodman nachwies – durch zwei Eigenschaften charakterisiert. Erstens hat solche Stadtplanung stets unbeabsichtigte Nebenwirkungen produziert, die wichtiger wurden als die Hauptwirkung; sie richteten mehr Zerstörung an, als die eigentlich beabsichtigte Maßnahme Hilfe brachte. So erzeugte das Aufreißen der Städte für den Automobilverkehr die Parkingmisere und damit die weitere Zerstörung. Zweitens: Die positiven Wirkungen dieser technokratischen Planung bestanden meist in Vorteilen für die herrschende Klasse; unter den nachteiligen Nebenwirkungen hatten die ohnehin benachteiligten Stadtbewohner am stärksten zu leiden.

Dieses war eine Liste von Autoren und Erkenntnissen, die uns auf eine Kritik der Begegnung des durchschnittlichen Menschen mit dem Alltag vorbereiteten, eine Kritik, die uns zeigt, daß das offizielle Stadtbild und seine Ästhetik offenbar nicht das sind, das von der großen Menge der Bevölkerung erlebt wird. Nun kann man fragen – und das ist eine politische Frage –, weshalb kam solche Kritik nicht früher? Weshalb konnte die Entwicklung, die soviel Zerstörung, soviel Verwüstung und Verhäßlichung gebracht hat, nicht gestoppt werden? Warum haben wir auch heute noch solche Mühe, wo wir schon Einsichten in die Planungsprozesse und ihre zerstörerische Wirkung besitzen, diese Entwicklung zu stoppen?

Wir haben es mit einer Maschinerie zu tun, dem „Bauwesen“, das ein nicht minder festgefügter Komplex ist wie der technisch-industrielle Komplex, der Rüstungskomplex; und solche Komplexe sind schwer zu bremsen. Das Bauwesen hat sich zu einem Mechanismus entwickelt, der auf Zerstörung von Altbau und auf Erstellung von Neubau ausgerichtet ist. Jeder vorhandene Bau ist potentiell ein Bau auf der Abschußliste – insbesondere heute, wo wir wissen, daß sich unsere Bevölkerung nicht mehr vermehrt, daß es bis auf Jahrzehnte hinaus nie mehr so viele Kinder geben wird wie jetzt, daß also kaum mehr Wohnhäuser zu bauen sind, Krankenhäuser, Schulhäuser, Theater –, denn in diesem Zustand verhindert jeder vorhandene Bau einen Neubau. Das Bauwesen ist also die Institution, die vorhandenen Bauraum wegschafft, um Neubauten hinzusetzen.

Was an die Stelle dieses Bauwesens treten müßte, ist eine Institution, die den Umgang mit Bauten pflegt. Ich meine, auch die Aufgabe der heutigen Architekturschulen sei die, Architekten heranzuziehen, die nicht neu bauen, sondern die mit Bauten umgehen, die wirtschaftlich rechnen können mit vorhandenem Bauraum, die Bauraum erhalten können, die Bauraum umnutzen und die Bauraum interpretieren können in dem Sinne, daß er den wechselnden Bedürfnissen, den materiellen und ästhetischen, der Bevölkerung angepaßt werden kann.

Von kleinen Schritten und großen Wirkungen (1978)

Plan der kleinsten Voraussage

Ich komme gerade von einer Exkursion mit Studenten aus Pavia zurück. Diese Stadt nennt ihre Planung „die Planung der kleinsten Voraussage". Sie ist ein Beispiel dafür, daß die Voraussage in kleinen Schritten für die Bevölkerung eine effektivere Planung darstellt. Großartige Planungen waren Planungen gegen die Bevölkerung. Erinnert sei an Planungen aus den sechziger Jahren, als z. B. die Schweiz, die 5 Millionen Einwohner hatte, für 10 Millionen plante. Heute wissen wir, daß die Einwohnerschaft der Schweiz mit knapper Not gehalten werden kann. In Stuttgart feierte man vor einiger Zeit das zehnjährige Jubiläum der Bevölkerungsprognose von 1965. Dabei hat man feststellen müssen, daß gegenüber der Prognose rund 150000 Einwohner fehlen und daß ein Teil dieser Einwohner wahrscheinlich deshalb fehlt, weil für sie geplant worden ist: Vorhandene Einwohner wurden vertrieben von den Straßenbauten für die Einwohner, die noch kommen sollten. Dem gegenüberzustellen ist der Plan der kleinsten Voraussage.

Marshall McLuhan hat den geistreichen und verschieden interpretierbaren Satz gesagt: „Environments are invisible“, die Umwelten der Menschen sind unsichtbar. Wir wissen nicht, was die Umwelten der Menschen sind. Herbert J. Gans hat vor elf Jahren sein Buch über die Levittowner geschrieben, wo er zum ersten Mal diese Umwelten beobachtete. Seine Frage lautete: Wieso sucht man sich in diesem Levittown eine Wohnung, in einer Stadt also, die wir alle als optisch Geschulte scheußlich finden, in der wir nicht wohnen möchten? Und seine Antwort darauf lautet: Was da den Ausschlag gibt, das ist alles nicht sichtbar. Es geht um zwischenmenschliche Beziehungen, um die Möglichkeit, in bestimmte Kreise einzutreten, um die Abwesenheit anderer Gesellschaftsklassen, um Kaufbedingungen für das Haus, um die Zugänglichkeit zu den Privatschulen, die den Kindern tatsächlich ein späteres Universitätsstudium ermöglichen. Also alles das, was wir nicht sehen können, wenn wir diese Stadt besichtigen und uns fragen: Ist es denn menschenmöglich, daß sich Leute hier Häuser kaufen?

In Berlin ist über ähnliches diskutiert worden. Auf die Frage: Was ist Milieu? antwortete Frau Thürmer-Rohr ganz radikal: Das Milieu wird nur von uns Planern und Architekten gesehen. Aber wer im Milieu lebt, findet es gar nicht schön, im Milieu zu leben; es ist ihm eine zwar unangenehme, aber die einzige existenzbietende Umwelt. – Milieu besteht also aus kurzen Wegen, bestimmten Bevölkerungsschichten, billigen Mieten, eben aus der Möglichkeit, das Leben fristen zu können.

Wenn man das hört, ist man einigermaßen verblüfft, insbesondere wenn man, wie ich, jahrzehntelang eine

Architekturzeitschrift geleitet hat. Dann fragt man sich: Ja, ist das alles? Und man kommt zu der Überlegung, daß zwar die unsichtbare Umwelt die Umwelt ist, in der wir leben, daß wir also in einer sozialen Umwelt leben, daß diese Umwelt aber an sichtbaren Gegenständen, in sichtbaren Umwelten dargestellt werden muß. Wir erfahren die sozialen Situationen durch ein Kennenlernen der sichtbaren Umwelt.

Signale für soziale Situationen

Ein Beispiel aus einer Diskussion über die Ästhetik der Landschaft: Jeder weiß, wo die Landschaft schön und hübsch ist, wo man gern ein Picknick macht. Das sind fast immer die undefinierten Zonen, die Zonen zwischen zwei Zonen: der Waldrand, das niedrige Gebüsch, eine bestimmte artenreiche Vegetation. Das nämlich sind die Orte, wo wir uns gern hinbegeben, wo wir dann ein Feuer machen, wo die Kinder gerne spielen. Man kann darauf große ästhetische Theorien aufbauen und danach fragen, welches die Kompositionselemente dieses lieblichen Ortes sind. Dieser liebliche Ort ist aber auch ein ganz konkretes, ein existentielles Signal. Diese Orte zwischen zwei bewirtschafteten Zonen sind die nicht bewirtschafteten Zonen. Das primäre Signal ist: Hier könnt ihr Feuer machen, ohne daß der Bauer oder der Förster kommt und euch wegjagt.

Das ist kaum zu trennen von dem zweiten Signal: Abwesenheit der Bodenrente. Hier ist offenbar ein Ort, der so wenig wert ist, daß sich niemand um ihn kümmert.

Was wir lernen und was das Kind lernt, indem es seine Umwelt exploriert und versucht, immer weiter in die Welt einzudringen, um die sozialen Situationen zu testen, sind eben die Signale, die auf bestimmte soziale

Situationen schließen lassen: z. B. wo ich denn hingehen kann, ohne daß jemand einschreitet, welches denn die Orte sind, die nicht meiner Familie gehören – an welchen ich weiß, wie ich mich zu bewegen habe –, sondern fremden Leuten. Welches aber sind die Signale, an denen ich erkennen kann, daß diese fremden Leute mich nicht wegjagen? Wo lernt ein Kind diese sozialen Situationen kennen?

Da gibt es zwei Quellen: Einmal lernt es in der Realität, im Leben draußen; und dann lernt es in dem, was wir ihm vorsetzen, in vorfabrizierten Dingen – wie Bücher und Lehrmaterial – und auch in Bilderbüchern.

Das Leben gibt ihm eine wahre, eine richtige Erfahrung, aber eine schwer zu ordnende und schwer in Kategorien subsumierbare. Das Buch gibt ihm eine versüßte, verfälschte Information, die aber in eingängigen Kategorien subsumierbar ist. Die Welt des Kinderbuches ist ein Wunschbild der Erwachsenen; es ist eine Welt, die uns in einem nicht bewußten Maße beeinflußt, die eine soziale Welt hinmalt, nach der viele von uns, vielleicht wir alle leben, ohne es zu wissen. Wir sind ständig auf der Suche nach dieser reinen, sozialen und gestalteten Umgebung, wie sie uns im Kinderbuch vorgegaukelt wird. Im Kinderbuch sind die sozialen Rollen unverrückbar: Hier gibt es das Kind, die Eltern, die Kindsmägde, die braven Handwerker, und es gibt die bösen Diebe.

Das Kinderbuch bietet eine Welt an, in der die Rollen klar und die Zonen unklar sind. Es öffnen sich in diesen Kinderbüchern weite, sozial nicht umschriebene Zonen: Die Großmutter wohnt mitten in der Stadt, aber sie hat ein riesiges Haus mit unendlich großem Dachboden, mit Scheunen, wo man im Regen spielen kann. In der Erscheinung also eine unklare, traumhafte Welt, daneben eine scheinbar klare Rollenwelt. Die Erfahrung mit der Umwelt dagegen gibt zunächst eine klare Auskunft in bezug auf die Zonen und die Einteilung der Umwelt, der gebauten und gepflegten; sie gibt aber eine unklare Auskunft über die sozialen Zuständigkeiten. Diese müssen alle getestet werden, die Signale müssen gelernt werden.

Ordnung und Unordnung

Als wichtigstes Signal lernt man, daß das, was gepflegt ist, verboten ist. Das exerzieren uns ja die Gärtner und die Grünplaner vor: Was gepflegt ist, da darf man eben nicht drauftreten. Dieser disziplinierende Charakter der Umweltgestaltung durch die Mächte der Ordnung ist für Kinder ein Hindernis, aber einem anderen Bevölkerungsteil, z. B. älteren Menschen, ein Bedürfnis. Diese Ordnung signalisiert eben auch, daß man hier nicht von Kindern belästigt wird, daß man nicht einen Fußball an den Kopf bekommt, weil diese Gartenanlage mit schönen und wertvollen Blumen bestückt ist; daß hier jemand aufpaßt, damit keine Bälle geworfen werden.

Diese Signale gewinnen ein merkwürdiges Eigenleben, das auch zu merkwürdigen Beispielen führt. Ich erinnere an die Stadt, aus der ich komme, an Basel. Hier hat man versucht – andere Städte haben es auch getan –, verkehrsberuhigte Zonen einzuführen, also in gewissen Straßen den Verkehr stillzulegen und diese Straßen mit Blumen und Spielplätzen so zu gestalten, daß ein Außenraum für die Bevölkerung entsteht.

Dann aber mußte man die merkwürdige Erfahrung machen, daß die Bevölkerung gegen diese Umgestaltung der Verkehrsstraßen in Wohnstraßen war. Die Automobilclubs frohlockten sofort und sagten: Die Bevölkerung ist eben doch autofreundlicher, als man es in den letzten Jahren gemeint hat. Aber das ist keineswegs richtig; die alten Leute haben keine Wagen und sind gar nicht begeistert, wenn sie dauernd von den Automobilen bedroht werden. Sie haben aber Angst vor den bestimmten Signalen der Unordnung, die mit der Kinderfreundlichkeit verbunden sind. Sie meinen, daß das Signal: Hier fahren Autos durch, es ist noch eine Straße, eben immer noch das stärker disziplinierende Signal ist; in einer Wohnstraße würden sie sich eben nicht wohl fühlen.

Diese Signale der Ordnung und der Unordnung führen ja sehr weit, insbesondere im Gebiet der Gärtner. Da gibt es einen unerhörten Vorgang in der letzten Zeit: Louis Le Roy hat die Gärten des medizinischen Studentenheims der Universität Löwen gestaltet, große Unkrautgärten und Schutthügel, außerordentlich eindrucksvoll und leicht zu pflegen, sich selber erhaltend durch die Vegetation der Schutthalden. Nun haben die Präsidenten der Universität Löwen, die Bischöfe Belgiens, vor einigen Wochen diese Gärten schleifen lassen.

Da stellt sich die Frage: Was ist eigentlich Schmutz? Wer stellt eigentlich fest, was Schmutz ist und was nicht Schmutz ist oder was Ordnung ist und was Unordnung ist oder was Kraut ist und was Unkraut ist?

Robinson-Spielplatz

Ich war vor einigen Wochen mit Studenten auf dem Meißner. Dort machten wir eine merkwürdige, eigentlich gegenteilige Beobachtung. Der Meißner ist ein Naturpark; viele Familien fahren auf den Meißner und parkieren dort ihre Autos. Es gibt eine Unmenge markierter Spaziergänge in den Wäldern. Als Naturpark enthält der Meißner die Signale der Unordnung, gestützt durch eine Forstverwaltung, die sich bemüht, nicht zu förstern, sondern eine ungeförsterte, unbeforstete, ungepflegte Landschaft zu erzeugen. So werden beispielsweise die Wiesen zweimal jährlich gemäht. Das Heu wird aber liegengelassen. Sie werden nur deshalb gemäht, damit dieses Bild der baumbestandenen Lichtung, das also, was ich die Abwesenheit von Bodenrente nannte, dieses „weder Wiese noch Forst", damit dieses Signal aufrechterhalten wird. Die Wiese also muß zweimal im Jahr gemäht werden, sonst würde es ja ein richtiger Wald.

In diese Landschaft, die diese Signale ausströmt: Hier dürft ihr ja! Hier könnt ihr ja spielen! Hier setzt euch hin!, mitten in diese Landschaft wird nochmal ein Signal gesetzt, bei dem man sich fragen kann, was das ist: Disziplinierung oder Unordnung? Eben ein Robinson-Spielplatz. Den Kindern wird also noch einmal signalisiert: Hier ist eine eigentlich wilde Welt, aber natürlich eine zahme wilde Welt; hier dürft ihr nun wirklich spielen. Und in der Tat gibt es Leute, die logieren sich in dem Meißnerhaus ein, fahren jeden Tag zwei Kilometer über die Meißner-Hochfläche und setzen ihre Kinder in den Robinson-Spielplatz. Das hat mich schon einigermaßen erstaunt.

Rollenspiele

Noch einmal zurück zu der These: Das Kinderbuch vermittelt klare Rollen, aber unklare Zonen, aber dank der klaren Rollen auch Sicherheit. Die Realität hingegen vermittelt Situationen mit unklaren Rollen, aber in gestalterisch stärker definierten Zonen. Damit das nicht so abstrakt klingt, möchte ich ein Beispiel nennen. Es beschreibt das Phänomen der Notwendigkeit, daß die gestaltete Umwelt auch sozial tragbare Rollen zuweisen muß, weil sie sonst nicht angenommen werden kann. Bei der Gestaltung der Wohnumwelt muß darüber nachgedacht werden, in welchen Eigenschaften, in welchen Rollen der Mensch diese überhaupt annehmen kann.

Ich denke an eine Situation in Zürich. Dort fließt die Limmat, und entlang des Ufers gibt es Bebauung. An einer Stelle aber ist eine Baulücke, wo man vom Bürgersteig der Straße her zum Limmat-Ufer durchsehen kann. Es ist eine Westlage, also Sonnenlage. Wenn man da an einem warmen Frühlingstag abends vorbeispaziert, kann man zur Limmat hinuntersteigen oder sich auf die Stufen setzen und sich hier einen Augenblick in der Sonne wärmen. Nun ging die Stadtverwaltung hin und sagte sich: Hier ist ein schöner Ort, und es ist eigentlich falsch, daß sich hier der geschäftige Verkehr und diese Beschaulichkeit mischen. Wir müssen eine Schutzbarriere bauen mit einem Eingang.

Seit dieser Zeit gibt es auf dieser Treppe nur noch Hippies. Sie selber sind ein Signal: Wir arbeiten nicht, wir sind Müßiggänger! Und hier ist das Signal: Hier an dieser Stelle treibt man Müßiggang, man legt sich in die Sonne. Bei diesem Beispiel stimmen Rolle und Signal nur noch für eine ganz bestimmte soziale Position. Was aber ist mit dem Geschäftsmann oder der Hausfrau, die ihre Einkäufe gemacht hat und jetzt nach Hause will, die früher hier vorbeigegangen sind und von der Sonne verführt wurden, einen Augenblick hier herunterzugehen? Sie waren ja nicht in der Rolle des Müßiggängers, sie wollten es auch nicht sein. Sie hatten vor nichts mehr Angst, als daß von der anderen Seite her ein Bekannter kommt und sagt: Ach du sitzt hier einfach in der Sonne; hast du denn nichts zu tun? Sie wollten nur „zufällig" hier hinuntergestiegen sein. Hätten sie einen Bekannten gesehen, wären sie wahrscheinlich gleich wieder hinaufgestiegen, und der Bekannte hätte fast nicht bemerkt, daß sie da unten waren, oder er hätte sich selbst auch ein bißchen geniert, daß er da schon die Schritte nach unten gesetzt hat. Das Ganze hätte sich in ein Lächeln aufgelöst.

Wenn diese gleiche Hausfrau oder der heimkehrende Angestellte jetzt durch diese Schwelle getreten sind, dann sind sie in der Rolle des Müßiggängers. Wenn der andere kommt und über diesen Zaun guckt, lacht er: Haha, du sitzt hier in der Sonne, obwohl es eigentlich ein Werktag ist.

Daraus kann man eine Lehre ziehen: Die gestaltete Umwelt oder die Umwelt, die wir angenehm machen wollen, muß zunächst so gestaltet sein, daß sie sozial akzeptable Rollen ermöglicht. Das ist gleichzeitig eine Kritik an vielem, was auf den Plätzen der Umweltgestalter, der Gartenämter oder der Leute, die Gartengestaltung betreiben, so schön aussieht und dennoch falsch gemacht worden ist.

Halbprivate Zonen

Ich möchte da ein bißchen gegen ein Wort polemisieren, das sich in den Planerjargon eingeschlichen hat und von dem ich meine, daß es eine Selbsttäuschung enthält: Es sind die halbprivaten Zonen. In der Stadtsoziologie, die von Hans Paul Bahrdt her geprägt ist, geht man, wenn man in diesen Kategorien sprechen will, von der Teilung in öffentlich und privat aus, also von den Orten, wo man in der Öffentlichkeit auftritt, und den Orten, wo man privat ist. Nun schreiben die Planer auf bestimmte Teile ihrer Pläne etwas, was es ja eben nach dieser Theorie nicht geben kann, nämlich: „halbprivat";

sie meinen damit die Zonen zwischen den Miethäusern, wie Wiese, gepflegter Rasen, also die Landschaftsteile, die eben nicht angenommen werden, weil sie nicht angenommen werden können. Es gibt, wie an dieser Limmat-Seite, keine Rolle, in welcher man diese wohlgemeinten Rasenflächen annehmen kann.

Wir kennen den Wunsch nach dem privaten Garten, nach dem Schrebergarten, den Wunsch von uns Miethausbewohnern, daß die Miethausgesellschaft ein Stückchen aus ihrem grünen Land ausschneiden und uns als Garten geben würde. Damit wären wir schon zufrieden. Dieser Wunsch heißt ja nicht, daß wir selber da wühlen und Regenwürmer ausgraben wollen, sondern dieser Wunsch ist der nach einer Rolle. Die einzige Rolle, die man sich zunächst denken kann, ist die Rolle, Pächter oder Eigentümer dieses Gartens zu sein und in eine klare Position der Verfügbarkeit zu kommen. Das heißt, diese Unklarheit nicht zu haben, ob wir uns nun auf einer Wiese befinden, auf die wir eigentlich nicht dürfen; ob der Hausmeister das zuläßt; oder daß die anderen Leute alle aus dem Fenster gucken und sagen: „Ach, der Burckhardt hat auch wieder mal nichts zu tun. Der schleppt sich sogar einen Liegestuhl raus, legt sich weiß Gott da am hellichten Tag auf die Wiese." Das ist keine mögliche soziale Rolle, obwohl niemand sich wundert, wenn ich das in meinem eigenen Garten oder auf meiner eigenen Terrasse tue; dort wäre es eine sozial mögliche Rolle, in diesem halböffentlichen Bereich ist es keine.

Ansätze

Mein erster Ratschlag: Die Umwelt muß so gestaltet sein, daß sozial mögliche Rollen vorgesehen sind. Der zweite wäre: Der Signalcharakter der Umwelt muß von der Art sein, daß gerechtfertigte gesellschaftliche Situationen entstehen. Eines der großen Argumente der modernen Bewegung war ja, daß es Bedürfnisse gibt, die man befriedigen muß. Daraus entwickelte sich die Vorstellung, daß, wenn dieses Set von Bedürfnissen befriedigt ist, man eigentlich zufrieden sei. Gegen die Langeweile z. B. erfand man das Fernsehen; aber vor dem Fernsehen ist es auch langweilig. Die Zufriedenheit mit einem minimalen Set an Versorgung ist also nicht möglich, da unsere menschlichen Ansprüche unendlich sind. Wir alle sind potentielle Ludwigs XIV.; wir hätten alle gern ein Versailles. Aber selbst Ludwig XIV. hat es immer noch ein bißchen zu klein gefunden, was er da gebaut hat, er hätte es vielleicht gern etwas größer gehabt.

Um leben zu können, bedürfen wir der Andeutung von Besserem. Das heißt: Unsere Umwelt muß so geschaffen sein, daß sie sich in unserer Vorstellung komplettiert. Unsere Wohnungen müssen beispielsweise eine oder mehrere Eigenschaften haben, die Andeutungen davon geben, wie es sein könnte, wenn es richtig wäre. Jedem, der schon einmal Wohnungen gesucht hat, und das sind wir alle, widerlegt sich die Theorie der erfüllbaren Bedürfnisse. Wir schauen uns Wohnungen an; wir suchen zwischen unvollkommenen Wohnungen aus: Die eine hat zwar einen Balkon, aber sie hat noch Ofenheizung; die andere hat zwar schon eine Zentralheizung, aber sie hat keinen Balkon; die dritte hat eine schöne Aussicht, aber alles andere ist unzulänglich; die vierte hat eine ganz fabelhafte Ausstattung, aber die Fenster gehen leider nur auf die Fassade des gegenüberliegenden Hauses. Wir suchen also zwischen Unzulänglichkeiten aus. Wir suchen eigentlich nicht Zulänglichkeiten, sondern die Ansätze, von denen wir sagen können, daß sie die Ansätze davon sind, wie es sein müßte; und allein dadurch ist es eigentlich fast schön.

Darauf hat Goffman aufmerksam gemacht in seiner Beschreibung, wie eine Party abläuft. Wir wissen alle, daß Parties ganz unvollkommen ablaufen: Die Stühle reichen nicht, und die beiden Tische, die man aneinanderstellt, sind nicht gleich hoch, so daß die Gläser immer umfallen. Das Tischtuch reicht auch nicht bis ans Ende. Mit dem, was wir geben, ist eine Party gemeint. Aber die vollen materiellen Fähigkeiten, diese Party zu geben, haben wir nicht. Wir sind aber überzeugt von unserer Party, und alle Gäste glauben auch an unsere Party; alle tun wir, als ob unsere Party tatsächlich eine richtige Party wäre und die Tische alle gleich hoch wären und die Stühle reichen würden, obwohl jemand seinen Autositz noch freundlicherweise mit hineingebracht hat. So sitzen wir alle dann ganz vornehm um die wackeligen Tische und spielen Party, das heißt, wir haben die unvollkommenen Ansätze dazu benutzt. Diese Ansätze aber müssen dasein.

Design ist unsichtbar (1980)

Natürlich kann man sie sehen, die Gegenstände des Design; es sind Gestaltungen und Geräte bis hinauf zum Gebäude und hinab zum Dosenöffner. Der Designer gestaltet sie in sich logisch und gebrauchsfertig, wobei er gewisse äußere Randbedingungen annimmt: beim Dosenöffner die Beschaffenheit von Dosen. Der Designer von Dosen geht wiederum davon aus, wie die Dosenöffner beschaffen sind; dieses ist seine Randbedingung.

So kann man die Welt als eine Welt von Gegenständen auffassen und sie einteilen in – zum Beispiel – Häuser, Straßen, Verkehrsampeln, Kioske; in Kaffeemaschinen, Spültröge, Geschirr, Tischwäsche. Diese Einteilung hat Konsequenzen: Sie führt eben zu der Auffassung von Design, welche ein bestimmtes Gerät ausgrenzt, seine Außenbedingungen anerkennt und sich das Ziel setzt, eine bessere Kaffeemaschine zu bauen oder eine schönere, also das zu tun, was in den fünfziger Jahren mit der Auszeichnung *Die Gute Form* bedacht worden ist.

Wir können uns aber die Welt auch anders einteilen – und wenn ich die Pattern Language recht verstanden habe, so hat das Christopher Alexander dort versucht. Sein Schnitt liegt nicht zwischen Haus, Straße und Kiosk, um bessere Häuser, Straßen und Kioske zu bauen, sondern er scheidet den integrierten Komplex Straßenecke gegen andere städtische Komplexe ab; denn der Kiosk lebt davon, daß mein Bus noch nicht kommt und ich eine Zeitung kaufe, und der Bus hält hier, weil mehrere Wege zusammenlaufen und die Umsteiger gleich Anschluß haben. Straßenecke ist nur die sichtbare Umschreibung des Phänomens, darüber hinaus enthält es Teile organisatorischer Systeme: Buslinien, Fahrpläne, Zeitschriftenverkauf, Ampelphasen usw..

Auch diese Einteilung der Umwelt gibt einen designerischen Impuls. Aber dieser bezieht die unsichtbaren Teile des Systems ein. Erforderlich wäre vielleicht ein vereinfachtes Zahlungssystem für Zeitschriften, damit ich den Bus nicht verfehle, während ich die Münzen hervorklaube und der Verkäufer gerade einen anderen Kunden bedient. Manche werden nun wieder ein neues Gerät vor sich sehen, einen elektronisch summenden Zeitschriftenautomaten, wir aber einen Eingriff in das System: vereinheitlichte, runde Zeitschriftenpreise, oder

Zeitungs-Abonnementkarten auf Sicht – jedenfalls eine Regelung, die sich mit der Institution der Zeitschriftenverteilung befaßt.

Was sind Institutionen? Verlassen wir Christopher Alexanders Straßenecke zugunsten einer klar erfaßbaren Institution: das Krankenhaus. Was ist ein Krankenhaus? Nun, eben ein Haus mit langen Korridoren, gebohnerten Fußböden, weiß lackierten Möbeln und Wägelchen, die mit Speisegeschirr beladen sind. Diese Sicht des Krankenhauses führt wieder zum traditionellen designerischen Anspruch: Der Architekt, der Designer sind aufgerufen, Krankenhäuser zu planen mit kürzeren Korridoren, intimerer Atmosphäre, praktischeren Speisewägelchen.

Wie jedermann weiß, sind indessen die Spitäler größer, die Wege länger, die Essensangebote anonymer, die Krankenpflege ungemütlicher geworden. Denn der Architekt und der Designer durften ja nicht in die Institution eingreifen, sondern sie verbesserten Gestaltungen und Geräte innerhalb der zugeteilten Bedingungen.

Beschreiben wir also das Krankenhaus als Institution. Es ist vor allen sichtbaren Dingen ein System von Beziehungen zwischen Menschen. Auch zwischenmenschliche Systeme sind designt, entworfen, zum Teil allerdings von Geschichte und Tradition, zum andern Teil aber von heute lebenden Menschen. Wenn das Gesundheitsministerium verfügt, die Diätküche sei nicht dem medizinischen Personal, sondern der Direktion unterstellt – oder umgekehrt –, so ist dieser Beschluß ein Stück der Gestaltung der Institution.

Zunächst aber besteht das Krankenhaus aus den drei traditionellen Rollen: Arzt, Krankenschwester und Kranker. Die Schwesternrolle, assoziativ hoch aufgeladen und irgendwo zwischen Muttergottes und Ingrid

Bergman, scheint klar, ist aber in Wirklichkeit höchst unklar, da sie viele ungleiche Tätigkeiten in sich vereinigt. Der Arzt, im historischen Krankenhaus eine unwichtige Figur, hat sich im 19. Jahrhundert an die Spitze manövriert, unterstützt von einem gläubig geschluckten Forschungsmythos, der über Groschen-Roman und Fernsehen dafür sorgt, daß es noch im hintersten Bezirkskrankenhaus ein bißchen nach Herztransplantation riecht. Und der Kranke? Der hat doch keine Rolle? Er ist doch einfach krank, da kann er doch nichts dafür? Also entschließen Sie sich bitte mal, ob Sie krank sein wollen oder gesund! Offenbar kann man sich dazu entschließen. Und muß: sonst geht man dem Chef auf die Nerven – dem Chef im Büro oder dem Chef im Spital. Ein Kranker liegt – bei Chodowiecki saß er noch –, oder er wandelt als Rekonvaleszent dankbar im Park herum. Jedenfalls fügt er sich dem Drei-Rollen-Spiel, das längst des Re-Design bedürfte; aber davon später.

Gibt es weitere solche Institutionen? Jawohl: die Nacht. Aber die Nacht ist doch ein Naturphänomen, die Sonne bescheint gerade die Antipoden, und bei uns ist es dunkel? Anne Cauquelin hat als erste die Hypothese vorgeschlagen: Die Nacht ist gemacht. Und in der Tat ist es menschliches Verhalten, das entlang menschgemachter Einrichtungen die Nacht so oder anders gestaltet. In der Schweiz kann ich nach 21 Uhr ruhig arbeiten und dann schlafen gehen; so spät zu telefonieren gilt als unhöflich. In Deutschland schweigt mein Telefon den ganzen Abend bis um 23 Uhr, dann kommt Leben in den Apparat; um 22 Uhr setzt der Billigtarif ein, worauf sogleich alle Überlandleitungen überlastet sind, bis man dann nach etwa einer Stunde durchkommt.

Die Nacht also, die ursprünglich wohl einmal etwas mit Dunkelheit zu tun hatte, ist ein menschgemachtes

Gebilde, bestehend aus Öffnungszeiten, Schließungszeiten, Tarifen, Fahrplänen, Gewohnheiten und auch aus Straßenlampen. Wie das Krankenhaus, so hätte auch die Nacht ein Re-Design dringend nötig: Weshalb stellen die öffentlichen Verkehrsmittel ihren Betrieb gerade dann ein, wenn die Leute nach einem Glas Wein das Wirtshaus verlassen, so daß sie sich eben doch selber ans Steuer setzen? Würde nicht eine andere Organisation der Öffnungs- und Schließungszeiten jene Frauen vor Gewalt bewahren, die nachts allein zu Fuß nach Hause müssen? Muß es auch bei uns so weit kommen, daß nur noch das fahrende eigene Auto einigermaßen Sicherheit gewährt?

Wir nennen eine weitere Institution: den Haushalt. Für den traditionellen Designer ist der Haushalt eine Ansammlung von Geräten, ein Tummelplatz für den Entwurf. Was gibt es da nicht alles zu erfinden und zu verbessern: Kaffeekocher, Mixer, Spülmaschinen, um nur die Küchengeräte zu nennen. Der Entwerfer sorgt dafür, daß mit neuen Mitteln alles beim alten bleibt. Es gab um 1900 eine Bewegung zur Reform des Haushalts; die beginnende Mechanisierung forderte eine Kollektivierung, Großküchen, Wäschereien, Zentralstaubsauger wurden ausprobiert. Mit Hilfe der Kleinmotoren kamen alle diese Funktionen wieder in den Haushalt zurück. Küchengeräte dienen dazu, der Hausfrau Zeit zu sparen … Daß ich nicht lache!

Ein Untersystem der Institution Haushalt ist die Entfernung von Schmutz. Was ist Schmutz? Weshalb entfernt man ihn? Und wo ist er, wenn er angeblich entfernt worden ist? Wir wissen es alle, geben es nur nicht gern zu: Der entfernte Schmutz, zusammen mit den Reinigungsmitteln, ist die Umweltverschmutzung. Aber man muß doch putzen, Schmutz ist doch unhygienisch? Kurios, man putzte schon vor der Kenntnis der Hygiene. Und im übrigen sind die Filtermaschen der Staubsauger-Einsätze zu groß, um Bakterien zurückzuhalten. Das heißt also: Staubsauger wirbeln Bakterien lediglich auf. Schade um dieses Lieblingskind der Designer, den Staubsauger!

Aber wie putzt man denn da, wo es auf Hygiene wirklich ankommt, im Krankenhaus? Die Hygiene im Krankenhaus beruht, soviel ich sehe, auf drei Pfeilern. Der erste Pfeiler ist rein symbolischer Natur: Man hält das Blinken weißer Oberflächen und das Glänzen gebohnerter, also fettbeschmierter Böden für Sauberkeit. Der zweite Pfeiler beruht auf Antisepsis, also auf Giften: Die Bakterien sollen mit immer neuen Desinfektionsmitteln umgebracht werden. Unglücklicherweise erringt man damit aber nur temporäre Erfolge, denn es bilden sich ständig resistente Stämme, die eben durch diese Gifte selektiv gezüchtet werden. Der dritte Pfeiler beruht auf dem Absaugen: Im Gegensatz zum häuslichen Staubsauger, der den Staub im gleichen Raum wieder fliegen läßt, verteilen die Klimaanlagen und Absaugevorrichtungen der Spitäler die gefährlichen Keime in der ganzen Umgebung. Gibt es ein Mittel gegen alle diese Übelstände? Natürlich, aber es liegt nicht im Bereich der Randbedingungen der Designer! Es lautet: Re-Design des Gesundheitssystems, vor allem in Richtung auf Dezentralisation.

Wir nennen eine letzte Institution: die Produktionsstätte. Vieles wäre da zu sagen, hier nur so viel: Auch Arbeitsplätze sind gemacht, sind Gegenstand der Gestaltung. Wir meinen damit nicht, daß am Arbeitsplatz die Stühle besser gestaltet oder die Tapeten etwas freundlicher sein könnten und Topfpflanzen aufgestellt werden müßten. Gegenstand der Gestaltung ist der Abschnitt von Arbeit, der dem einzelnen zugeteilt ist, mit dem Maß an Einsatz, Wissen, Können, oder Nicht-Können, Verblödung, Langeweile, das an dieser Stelle geleistet werden muß. Alles dieses gilt nicht nur für die Produktionsstätte im engeren Sinne, die Fabrik, sondern auch für Verwaltung, Stehkragenarbeit. Die Arbeitsplätze sind gestaltet nach einer scheinbaren Produktivität, die der Kontraproduktivität schon sehr nahe steht. Die sogenannte Automatisierung vernichtet Arbeitsplätze, die noch mit Befriedigung verbunden waren, und beläßt solche, die dringend der Rationalisierung bedürften. Wir können das Problem hier nur andiskutieren und müssen den Beweis für die Behauptungen schuldig bleiben. Der Sinn der Aussage ist nur dieser: Auch Arbeitsplätze sind gestaltet, nicht nur im traditionell-designerischen Sinne, sondern in der Art, wie sie Teilarbeit aus der Gesamtarbeit ausscheiden, ihr Kompetenzen zuteilen oder wegnehmen und Zusammenarbeit erzeugen oder verhindern.

Die bisherigen Ausführungen haben zeigen wollen, daß das Design eine unsichtbare Komponente hat, nämlich die institutionell-organisatorische, über welche der Designer ständig mitbestimmt, die aber durch die gängige Art der Einteilung unserer Umwelt im verborgenen bleibt. Indem nämlich die Welt nach Gegenständen eingeteilt wird und das Unsichtbare dabei als Randbedingung auftritt, wird die Welt auch gestaltet. Auch das Nicht-Verändern der Institutionen ist ja – bei sich entwickelnder technischer Gegenstandswelt eine Gestaltung: Der Röntgenapparat wird für die Bedienung durch die Röntgenschwester ausgestattet.

Im folgenden möchten wir nun schauen, ob wir mit diesen Erkenntnissen etwas anfangen können oder ob sie vielmehr nur der melancholische Beweis dafür sind, daß die Welt eben schlecht eingerichtet ist.

Jede Nachdenkerei über das Design hat sich mit zwei Phasen zu beschäftigen: mit der Phase des Entwurfs bis hin zur Produktion und mit der Phase der Konsumtion bis hin zum Ende im Mülleimer oder im Museum. Dazu zunächst je eine traditionelle Hypothese.

• Zum Entwurf: Gesucht ist das zweckmäßige Objekt, wobei man sich endlos darüber unterhalten kann, ob Zweckmäßigkeit schon von selbst identisch sei mit Schönheit oder ob der Designer die Schönheit zuzufügen habe.

• Und zur Konsumtion: Die Technik und die technischen Gegenstände sind neutral; ihr Mißbrauch kommt von den bösen Menschen. Das Werkbund-Jahrbuch von 1914 zeigte Kriegsschiffe als Gegenstände der Gestaltung, in gleicher Weise zeigte die Zeitschrift „Werk" im April 1976 die Kühltürme von Atomkraftwerken als eine reizvolle Aufgabe für Architekten.

Dazu zwei Gegenthesen als Ausgang für eine neue Beschreibung der beiden Prozesse des Entwurfs und des Verbrauchs.

• Zum Entwurf: Die Objekte erhalten ihre Gestalt durch die Interaktionen des Entwurfsprozesses.

• Und zum Verbrauch: Die Produkte wirken aktiv in die Interaktion der Gesellschaft zurück; die Dinge sind nicht neutral, sondern es gibt (Illich!) Tools for Conviviality und auch ihr Gegenteil, gesellschaftsverhindernde Dinge.

Und gleich fügen wir noch probeweise eine dritte Hypothese an; eine Hypothese zur Kontraproduktivität: Jeder neue Entwurf bewirkt im Gebrauch Änderungen, und diese Änderungen ziehen die Notwendigkeit neuer Entwürfe nach sich. Werden alle diese nacheinander sich öffnenden Probleme konventionell, nämlich als Einzelprobleme gelöst, so entsteht Kontraproduktivität.

Dazu kurz ein Beispiel: Die mehrere Wohnungen bedienende Zentralheizung brachte angeblich das Bedürfnis, den individuellen Verbrauch des einzelnen Bewohners zu messen. Basierend auf der Verdunstung von Flüssigkeit wurden an den Heizkörpern Meßgeräte angebracht, was zur Folge hatte, daß jeder Mieter, wenn er ausgeht, seine Radiatoren abstellt. Die Mieter verlangen dann aber auch, daß die Zimmer gleich wieder warm werden, wenn sie die Radiatoren wieder andrehen. Infolgedessen wird das Heizwasser so heiß gehalten, daß schlußendlich jeder Mieter, auch der sparsamste, insgesamt mehr Heizkosten zu zahlen hat als zu der Zeit, als man die Kosten nur nach Anteilen und ohne Messung verrechnete.

Beginnen wir also mit dem Entwurfsprozeß. Hier stellten wir schon eingangs fest, daß der Designer die Welt einteilt nach Objekten anstatt nach Problemen. Dies beruht auf der linguistischen Determination, welche die Benennung eines Übelstandes gleich zum Gerät seiner Abhilfe macht. Indem ich beklage, daß meine elektrische Zwiebelmaschine mir zwar beim Hacken der Zwiebel eine Minute einspart, jedoch zum Reinigen wiederum zehn Minuten verbraucht, steht mir vor Augen nicht die Rückkehr zum einfachen Küchenmesser, sondern der Entwurf eines Zwiebelmaschinen-Reinigungsgerätes. Der benannte Zweck wird direkt zur Abhilfe, anstatt daß ich generell versuche, unter den Bedingungen des Mangels an Zeit wirtschaftlicher zu kochen.

Mit zu dieser direkten Verbindung zwischen Benennung und Abhilfe gehört die Stillegung der Randbedingungen: Über das zu entwerfende Gerät hinaus sollen keine technischen oder organisatorischen Veränderungen nötig werden. Erfolgreich ist, was in die bestehenden Systeme eingefügt werden kann, und seien die noch so überlastet: ein Abfall-Zerkleinerungsgerät im Ablauf des Spülbeckens, eine Reinigung des Backofens durch Überhitzung usw. Diese Art der Problemlösung hat ihre Ursache in der Stellung des Designers innerhalb der Entscheidungsgruppen: als ein im Grunde von der Verantwortung befreiter Ideenlieferant.

Ulm, gemeint ist die zu Ende der fünfziger Jahre tätige Hochschule für Gestaltung, hat wohl als erste Instanz gemerkt, daß das Design kontraproduktiv ist, doch die Ulmer Lösungen waren technokratisch. Sie beruhten auf einer radikalen Analyse des zu erfüllenden Zwecks, stellten aber den Zweck selbst nicht in einen höheren Zusammenhang. Studentenarbeiten in Ulm begannen ungefähr folgendermaßen: Die Aufgabe lautet, feste bis breiige Substanzen in Portionen von zehn bis zwanzig Gramm von einem Teller etwa dreißig Zentimeter in die Höhe zu heben und horizontal zur Mundöffnung zu schieben, wobei dann der Träger durch die Oberlippe von seiner Substanz entlastet wird ... Das Resultat ist nicht etwa Charly Chaplins Eßmaschine, sondern eine etwas modernistisch gestaltete Gabel.

Inzwischen hat man wohl erkannt, daß Dinge mit so hohem Symbolwert und so geringem Anteil von Erfindung wie das Eßbesteck gar nicht Gegenstand des Design sind. Diejenigen Dinge aber, die noch zu erfinden sind, sind wohl, mindestens in ihren technischen Teilen, für den Designer zu schwierig. So muß sich das Design öffnen zu einem Soziodesign: einem Nachdenken über Problemlösungen, die dadurch entstehen, daß sowohl Rollen wie Objekte aufeinander abgestimmten Veränderungen zugeführt werden. Etwa so: eine Küche, die dazu anregt, dem Gastgeber beim Zerkleinern der Zwiebel zu helfen ...

Bevor wir das Gebiet des Entwurfs verlassen und zum Verbrauch übergehen, eine kurze Zwischenbemerkung zum Verkauf und seinen verborgenen Verführern. Natürlich sind sie noch am Werk, die Marketing- und Reklamefachleute, die tiefenpsychologisch Seifenflocken verkaufen und vorgemischtes Kuchenmehl, das der Mutter ein Gefühl gibt, als stille sie die ganze Familie an der Brust. Aber auf dem Gebiet des Design hat sich doch im großen und ganzen das Fieber gelegt; ich werde mir einen neuen Eisschrank kaufen, wenn der alte nicht mehr kühlt, und nicht bloß deshalb, weil die Kante jetzt eine andere Rundung haben sollte. Auf dem Gebiet des Autos finden noch Nachhutgefechte statt; indessen erblühen auch hier die Revivals und in den übrigen Sektoren des Warenhandels kauft die Avantgarde ohnehin auf dem Flohmarkt. Der Flohmarkt wird zur Begegnungsstätte zwischen der schwindenden Verschleißbevölkerung und der wachsenden nachindustriellen Gesellschaft.

Das alles soll keineswegs heißen, daß der Fortschritt, im guten und im kontraproduktiven Sinne, etwa stillstehe. Aber der Sektor, auf dem er noch stattfindet, wird überschaubar. Neben der von ihm beherrschten Produktion für den weißen Markt wachsen der graue Markt, die Schwarzarbeit, die Eigenversorgung, der Tausch und die informelle gegenseitige Hilfe. Auch hier erzielt die weiße Produktion noch vorübergehende Erfolge: neben dem Putzmittelpotlatsch nun die Versuchung mit HobbySelbermach-Produkten. Das könnten aber Übergangserscheinungen sein auf dem Wege zu höherer Selbstversorgung. Ob daran alles erfreulich ist, sei dahingestellt, es droht auch die Gefahr der Verspießerung, der Isolierung; aber vielleicht sind gesellschaftliche Rückschritte unvermeidlich als Ausgangspunkt neuer Erfahrungen.

Beim Verbrauch oder Konsum wollten wir hinweisen auf die Nicht-Neutralität der Objekte. Gibt es böse

Objekte? Güter sind dann schädlich, wenn sie uns von Systemen abhängig werden lassen, die uns am Ende ausplündern oder im Stich lassen. Zweifellos hängen wir alle an solchen Systemen, die uns erpreßbar werden ließen. Einfluß haben wir aber immer noch auf den Grad der Abhängigkeit. Wir sollten diejenigen Objekte meiden, die uns dazu zwingen, weitere Zusatzgeräte zu kaufen. Wir sollen den Gütern mißtrauen, die einseitige Informationswege enthalten, wenn wir wohl auch nicht mehr ohne solche auskommen. Wir sollten zurückhaltend sein im Kauf und Gebrauch solcher Güter, die isolieren. Hier ist vor allem das Auto zu nennen, das überdies die Eigenschaft hat, den Benutzer zur Rücksichtslosigkeit zu erziehen.

Das Auto hat nicht nur unsere Städte zerstört, es zerstörte auch die Gesellschaft. Da kann man lange Forschungsaufträge vergeben, weshalb die Jugendkriminalität wachse, woran es liege, daß mehr Frauen überfallen werden, weshalb Quartiere verslumen oder veröden und nachts nicht mehr zugänglich seien. Solange als Abwehr gegen das motorisierte Verbrechen eine motorisierte Polizei eingesetzt wird und dem Passanten empfohlen wird, seinerseits den Wagen zu benutzen, kann die Lösung auch ohne größere Forschung genannt werden: Die Motorisierung durch Privatwagen gab die nicht-motorisierte Bevölkerung hilflos der Unsicherheit und dem immer leistungsschwächer werdenden öffentlichen Nahverkehrssystem preis.

Dies führt zu unserer letzten Bemerkung: über Kontraproduktivität. Wir nannten das Beispiel der Messung des Wärmeverbrauchs; sie ist nur ein Ausschnitt aus der ungeheuren Kontraproduktivität des gesamten Heizungssystems, bei welchem auf jeden Fehler eine neue Abhilfe gebaut wurde, die sich wiederum als Fehler erwies, bis wir hinkamen zu unserem elektronisch gesteuerten, überhitzten, in verschwenderischer Weise auch als Boiler benutzten, auch lufthygienisch ungesunden Zentralheizungssystem, das jetzt abgelöst wird von der noch übleren Klimatisierung. Kontraproduktivität, so sagten wir, entsteht, wenn Erfindungen so eingesetzt werden, daß sich ein Bruch zum Gesamtsystem öffnet, der wiederum durch eine isolierte Erfindung zugekleistert wird. Die Summe der Nachfolgeerfindungen ergibt dann die Kontraproduktivität des Gesamtsystems.

Nochmals zum Auto: Nachdem die Durchschnittsgeschwindigkeit des Autos in Großstädten auf die des Radfahrers oder gar Fußgängers abgesunken ist, treiben die Automobilfabriken Forschungen in Hinblick auf den Nachfolger des Autos. Und was entwickeln sie? Das mit einem Zusatzgerät ausgestattete Auto, welches beim Stadteingang von einem elektronischen Kurzwellen-Fernlenksystem übernommen und seinem Ziel zugeführt wird. Oder nochmals der Staubsauger: Nachdem das Publikum gewahr wurde, daß Staubsauger um so schädlicher sind, je besser sie funktionieren, das heißt, mit je mehr Gewalt die Bakterien durch die Filter getrieben werden, sucht die Staubsaugerindustrie nach dem Nachfolgegerät, und worin besteht dieses? In einem Staubsauger, der mit einem Bakterien-Absorber ausgestattet ist.

Unsichtbares Design. Damit ist heute gemeint: das konventionelle Design, das seine Sozialfunktion selber nicht bemerkt. Damit könnte aber auch gemeint sein: ein Design von morgen, das unsichtbare Gesamtsysteme, bestehend aus Objekten und zwischenmenschlichen Beziehungen, bewußt zu berücksichtigen imstande ist.

Was ist Wohnlichkeit? – Meßbare und unsichtbare Bedürfnisse (1981)

Um planen zu können, braucht man exakte Zahlen. Deshalb ergeht die Frage der Planer an die Soziologen: Wieviel Platz braucht der Mensch? Wieviel Spielfläche? Welche Zimmerhöhe? Wieviel Grünfläche? Wieviel Bürgersteig? Aus der Summe der Antworten, so stellt sich der Planer wohl vor, sollte dann die „wohnliche Stadt" erstehen.

Natürlich fallen die Soziologen auf diese Anfrage der Planer herein und beginnen mit ihren sogenannten empirischen Methoden zu forschen. Eine der frühesten empirischen Untersuchungen betraf die optimale Raumtemperatur für Fabrikarbeit. Eine Unternehmung stellte für diesen Versuch eine Fabrikhalle zur Verfügung, in welcher eine Anzahl von Frauen eine einfache, repetitive Tätigkeit im Akkord verrichteten. Man fixierte die Temperatur auf 20° – an diesem Tag wurde von den Frauen eine ungewöhnlich hohe Leistung erbracht. Tags darauf stabilisierte man die Temperatur auf 22° – die Leistung der Frauen stieg noch an. Zur Kontrolle erhitzte man den Raum am dritten Tag auf 25° – die Leistung der Frauen stieg noch einmal an. Schließlich senkte man die Temperatur auf 18° – soviel wie an diesem Tag hatten die Frauen noch gar nie produziert. Schließlich kam es den Soziologen doch etwas kurios vor, und sie zogen einen Psychologen hinzu. Dieser fand heraus, daß es sich um eine von der Fabrik bisher vernachlässigte und auch in der Belegschaft isolierte Gruppe von Arbeiterinnen handelte; die Tatsache, daß sich nun erstmals einige scheinbar von der Fabrikleitung eingesetzte, jedenfalls wissenschaftlich sich gebärdende Leute um diese Frauengruppe kümmerten, beantworteten die Arbeiterinnen mit gehobener Leistung, in welche Richtung immer das Experiment sich bewegte.

Die Geschichte ist lustig, aber sie macht auch nachdenklich. Sie handelt von der Schwierigkeit der Empiriker, die Probleme des Nicht-Meßbaren einzubeziehen. Im Titel unserer Tagung und dieses Vortrages steht ein wichtiges Wort, „Wohnlichkeit". Das Wort Wohnlichkeit wurde in den sechziger Jahren geprägt, als die Städte aufgrund eines meßbaren Anspruchs, nämlich der Normen des Verkehrs, scheinbar optimalisiert wurden. Das Wort „Wohnlichkeit" dient eben dazu, den Wert dessen zu bezeichnen, was man damals der scheinbaren Verbesserung der Städte geopfert hat.

Unser Referat befaßt sich, wenn man es wissenschaftlich formulieren will, mit der Kritik eines quantitativen Bedürfnisbegriffs. Dazu müssen wir in einem ersten Schritt die Indeterminiertheit der menschlichen Bedürfnisse, verglichen etwa mit dem Tier, beschreiben. Daraus folgt ihre technische Unerfüllbarkeit, die Unmöglichkeit, für die Bedürfniserfüllung quantitative Standards festzulegen. Wir müssen verstehen, daß die menschlichen Bedürfnisse nicht biologisch determiniert sind, sondern sich gesellschaftlich entfalten: Wenn wir sagen, Bedürfniserfüllung erzeuge Bedürfnisse, so meinen wir nicht die Entstehung von Begehrlichkeit und ungerechtfertigtem Luxus, sondern eben von Lebensqualität, wie sie sich in Wohnlichkeit, Zivilisation und Kultiviertheit äußert. Sodann sollten wir verstehen, daß die Bausteine solcher Lebensqualitäten, wie Wohnlichkeit oder Kultur, nicht einzelne, in bestimmten Quantitäten auftretende Objekte sind, etwa Wohnraum oder Grünfläche, sondern kleine Subsysteme, die organisatorische, gestalthafte und materielle Komponenten haben. „Nächtliche Sicherheit" ist beispielsweise solch ein System, das sich nicht mit der Abwesenheit von Verbrechen definieren läßt; „Ruhe“ ein anderes, das sich nicht in der Unterschreitung eines bestimmten Geräuschpegels auf der Dezibel-Skala erschöpft. Schließlich müssen wir noch verstehen, daß die Wohnlichkeit, selbst wenn es uns gelänge, sie vollkommen zu definieren, nicht verordnet werden kann, daß sie kein Wohlfahrtsprinzip ist, sondern aktive gesellschaftliche Beteiligung voraussetzt; und zum Schluß reicht es vielleicht noch für ein Wort über die Planer selbst und deren Planungsweise, die ja stets das Gute will, nur eben manchmal das Böse schafft.

Wir beginnen mit der Undeterminiertheit des Menschen, verglichen etwa mit dem Tier, dessen Haltung, beispielsweise im zoologischen Garten, eben durch die Beachtung bestimmter Quantitäten und Qualitäten ermöglicht wird, Flächen, Temperaturen, Nahrungszusammensetzung, Beleuchtungsverhältnisse. Nicht daß der Mensch nicht auch solche biologischen Anforderungen stellte, sie sind aber von der Natur so plastisch und formbar ausgebildet, daß sie durch den späteren Entwicklungsprozeß, die sogenannte Erziehung, in bestimmte Richtungen gebracht und geformt werden, wo sie nicht mehr quantitativ sind, sondern Gestalt- oder Bildcharakter haben. Bevor wir an Kälte, Hunger oder Raummangel sterben, gehen wir daran zugrunde, daß unsere Welt nicht mehr so ist, wie wir gelernt haben, daß sie sein soll.

Unsere Bedürfnisse sind also nicht biologisch, sondern historisch bedingt, zumindest durch die gesellschaftliche Entwicklung so stark überformt, daß ihre biologische Basis weit zurückgelassen ist. Dieser Fortschritt der Bedürfnisentfaltung und Bedürfnisbefriedigung darf nun aber nicht als ein Luxus, sozusagen als ein abhebbarer Überbau über der biologischen Basis betrachtet werden. Ein einzelner unter uns kann nicht zurück auf den Lebensstandard zu Beginn der Industrialisierung – gemeinsam, und als Folge einer Katastrophe etwa, würden wir einen solchen Rückgang unter Umständen überwinden. Daß der Lebensstandard, das Maß der Bedürfnisse und ihrer Befriedigung einer historischen Entwicklung unterworfen sind, darüber dürfte wohl wenig Uneinigkeit herrschen. Viel schwieriger ist es zu verstehen, daß auch der historisch verstandene Bedürfnisbegriff es nicht erlaubt, ein Existenzminimum anzunehmen, auf welchem der heutige Mensch überleben kann. Ich möchte dieses als eine absichtliche paradox formulierte These sagen: Niemand kann auf dem Existenzminimum überleben.

Niemand kann auf dem Existenzminimum überleben? Ja, dann laßt uns doch das Existenzminimum anheben! Genau dieser Prozeß der Anhebung des Existenzminimums in jeder Dimension vollzieht sich ja seit Jahrzehnten in den Normen, den Maßen und den Komfortansprüchen des sozialen Wohnungsbaus.

Niemand kann behaupten, man könne in den Wohnungen, beispielsweise des deutschen sozialen Wohnungsbaus, nicht leben. Aber Hunderttausende von Mitbürgern leben in Altstädten weit unterhalb dieses historisch und politisch festgelegten Minimalstandards. Und man spricht zunehmend von der Unwirtlichkeit der Siedlungen des sozialen Wohnungsbaus der sechziger Jahre – und schützt, um den Menschen den Umzug in diese Quartiere zu ersparen, einen Altwohnungsbestand von teilweise tieferem Standard.

Offenbar ist der Begriff der Wohnlichkeit nicht mit dem Standard, welcher eine Addition von Normen darstellt, einzufangen. Die Wohnlichkeit erscheint uns als ein Ganzes, das wir weiter nicht in seine Teile zerlegen mögen. Wir können sagen, wo es noch wohnlich ist, in alten Quartieren, in Kleinstädten, sicherlich auch in diesem oder jenem modernen Quartier; aber dem Planer nützt das alles nichts, solange er den Begriff nicht in irgendwelche Bausteine zerlegen kann, aus welchen er die neue Wohnlichkeit aufbaut. So müssen wir einmal versuchen, die Umwelt nicht in die üblichen, meßbaren Teile zu zerlegen, eben in Räume, Straßenbreiten, Raumhöhen und Grünflächen, sondern in handliche Subsysteme, die aus Meßbarem und Unmeßbarem zusammengesetzt sind.

In seinem Buch „A Pattern Language" nennt Christopher Alexander einen solchen Baustein der wohnlichen Stadt: die Straßenecke, in ihrer Kombination aus Wegkreuz, Bushaltestelle, Zeitungskiosk und Zebrastreifen. Dieses sind die sichtbaren Elemente der Straßenecke; ergänzt sind sie durch unsichtbare, organisatorische: den Fahrplan des Autobusses, die Verkehrsregeln, die Öffnungszeiten des Kiosks. Ist der Kiosk noch geschlossen, wenn mich mein Bus zum Arbeitsplatz erwartet, so funktioniert das Subsystem Straßenecke nicht, es fehlt ein Stück von Wohnlichkeit.

Wir nannten eingangs andere Subsysteme, Bausteine der wohnlichen Stadt, die gleichermaßen untrennbar aus mehreren Komponenten, aus quantitativen und organisatorischen, zusammengesetzt sind. So nannten wir nächtliche Sicherheit in unserer Wohnstraße; und jedermann wird zustimmen, daß dieses eine elementare Forderung der Wohnlichkeit ist. Wie leichtfertig sind wir doch mit ihr umgegangen! Dabei schauen wir uns alle an wie die Unschuldslämmer und versichern uns gegenseitig, die Kriminalitätskurve sei eben sehr im Ansteigen begriffen. Blickt man dann in die einschlägigen Statistiken, so ist es sehr fraglich, ob sich diese elementare Behauptung überhaupt belegen läßt. Fraglich ist zudem, ob die Sicherheit in unserer Wohnstraße überhaupt etwas mit dieser Kriminalitätsstatistik zu tun hat: Wir sprechen ja nicht von Gewaltverbrechen, sondern von der leisen Unsicherheit, die uns daran hindert, um Mitternacht noch einmal mit einem Brief zum Postkasten zu gehen und dann noch ein Glas Bier zu trinken.

Die Sicherheit, die man früher in der Stadt empfinden konnte, rührte von der Anwesenheit einer Vielzahl von Passanten her. Heute befinden sich die meisten Menschen, die nachts unterwegs sind, in Autos. Da durch das Autofahren die Frequenz des nächtlichen öffentlichen Verkehrs zurückgegangen ist, hat man diesen nahezu vollständig eingestellt. Dadurch ist auch der Rest der nächtlichen Passanten gezwungen worden, den Wagen zu benutzen. Die Folge davon sind nicht nur die Unfälle wegen Alkohol am Steuer, sondern auch das Unsicherheitsgefühl in den Straßen: Begegne ich nämlich in der Einsamkeit der vorbeirauschenden Autos einem einzelnen anderen Passanten, so fürchte ich mich vor ihm.

Ein anderes Subsystem ist der Lärm. Die Planer ziehen mit Schallmeßgeräten durch die Stadt und messen die Lautstärke in Dezibel. Lärm aber ist mehr als eine physische Einwirkung auf unser Gehörorgan; er ist eine Informationsquelle; und die Summe der Geräusche bildet unsere akustische Umwelt. Störender Lärm also ist ein Ungleichgewicht in unseren Umweltinformationen, längst bevor er ein physischer Schaden wird.

Aller Lärm ist lästig, aber wir reagieren ganz unterschiedlich, je nach der Beziehung, die wir zur Lärmquelle haben. Unsere nie ganz einschlafende Wachsamkeit entziffert die akustischen Botschaften und unterrichtet unser Bewußtsein, ob wir das wollen oder nicht. Die Selektion der „gemeldeten" Botschaften geschieht nun nicht nur nach der Lautstärke, sondern ist gesteuert von Sympathien, Ärger, Angst und Neugierde. – Von alledem nimmt bisher nur die Messung des Fluglärms, und auch diese nur in geringem Maße, Kenntnis, indem sie nicht mehr die Dezibelskala, sondern den Noise-and-number-Index verwendet.

Aber zurück zur Wohnlichkeit. Beginnend in den USA, nun aber auch bei uns, zeichnet sich im Publikum eine Haltung ab, die man voreilig mit dem Wort „Nostalgie" abzutun versuchte. Der amerikanische Soziologe Herbert J. Gans hat als erster bemerkt, welche Wohnwerte ein abgebrochenes italienisches Getto in Boston für die Bewohner gehabt hatte. Die Wiederansiedlung der betroffenen Bevölkerung auf einem höheren Lebensstandard hat ihnen nicht die Qualitäten von Wohnlichkeit vermittelt, die sie vorher hatten. Zu einem Aufschrei kam es, als in St. Louis das von dem amerikanischen Prestige-Architekten Minoru Yamasaki errichtete Quartier Pruitt-Igoe, das anstelle eines abgebrochenen Slums gebaut worden war, wegen zunehmender Verbrechen gesprengt werden mußte.

Daß sich die Wohnwerte in einem malerischen Aussehen manifestieren können, nicht aber müssen, bewies Herbert J. Gans an dem Beispiel von Levittown. Die Levittowns sind spekulative, neuerrichtete Wohnsiedlungen, die uns modernen Ästheten ebenso wie Liebhabern alter Stadtbilder scheußlich vorkommen, die aber offenbar jene unsichtbaren Qualitäten aufweisen, die der nicht-spekulative moderne Städtebau nicht zu reproduzieren in der Lage ist. Mit dem ästhetisch orientierten Wort „Nostalgie" wird uns also nur der Sand in die Augen gestreut, der uns hindert, die wahren Probleme der Wohnlichkeit zu entdecken. Die wachsende Beliebtheit des Altwohnungsbestandes beruht nicht darauf, daß dieser vergammelt, pittoresk, ruinös oder sonstwie unvollkommen ist. Vielmehr sind eben dort die Systeme noch intakt, die ich als die wahren Bausteine der wohnlichen Umwelt bezeichne.

Hinzu kommt aber ein zweites, nun vielleicht doch ästhetisches oder gesellschaftlich-ästhetisches: Unsere persönliche Umwelt besteht nicht nur aus dem, was physisch vorhanden ist, also dem Gebauten, aus Steinen, Ziegeln, Rasen, Bäumen und Parkplätzen. Vielmehr muß diese Umwelt Ansätze bieten, daß unsere Imagination uns eine Welt aufbauen kann, die wir für uns als richtig empfinden, die wir akzeptieren. Dazu helfen uns aber nicht die zentimeterweise angebotenen Portionen von Komfort, der 60 l-Eisschrank der fünfziger Jahre, der 70 l-Eisschrank der sechziger Jahre usw. Jeder kennt die Situation des Wohnungssuchenden, der große Ansprüche hat, die insgesamt nicht zu erfüllen sind. Die eine ihm angebotene Wohnung hat eine schöne Aussicht, aber eine noch nicht mechanisierte Heizung; die andere bietet den neuesten Komfort, aber sie hat keine Terrasse. Was verlangen wir denn von einer Wohnung? Doch wohl auch, daß ein Besuch uns sagt: „Hier hast du es aber schön, eine solche Aussicht möchte ich auch", oder: „Was hast du doch für hohe Räume, was gibt das doch für eine angenehme Stimmung und Akustik!" Von dem Idealhaus, das wir erträumt hatten, als wir uns auf die Suche nach einer Wohnung machten, blieb doch immerhin etwas: die Terrasse, der Garten, die hohen Räume; für dieses sind wir bereit, auf anderes zu verzichten. Was wir also verlangen, sind Ansätze: Ansätze zum Träumen, sagt der Funktionalist verächtlich, wobei wir gleich einfügen, daß der Funktionalismus, als er noch am Leben war, nämlich in den zwanziger Jahren, auch Ansätze zum Träumen gegeben hat: Nie war Architektur utopischer als damals, als sie sich für funktionalistisch hielt; sie wies auf eine unerreichte Stufe der Vergesellschaftung.

Wir kommen noch zu zwei letzten Punkten, die nun nicht mehr vom Bewohner, sondern vom Planer handeln. Der Gedanke der Erforschung der Bedürfnisse, ihrer Umsetzung in Baupläne und Stadtpläne und ihrer Erfüllung entspricht einem Wohlfahrtsdenken, das gerade sein eigenstes Ziel, nämlich die sogenannte Befriedigung der Bedürfnisse, nicht erreicht. Wie mit Notwendigkeit jede Rationierung den Schwarzhandel, so erzeugt jede Normierung das Bedürfnis nach Überschreitung der Norm. Man hat diese menschliche Eigenschaft moralisch verurteilt und gemeint, man müsse sie den Leuten abgewöhnen; auch dieses entspringt der fürsorgerischen Haltung von Leuten, die offenbar mehr sind als andere Leute. Was bedeutet sie denn, diese von den Planern so sehr beklagte Flucht der Leute ins Einfamilienhaus, aufs Land, ins verlassene Bauernhaus, in die stillgelegte Fabrik? Es ist die Flucht vor der Fürsorge der genormten Bauerei im Wohlfahrtsstaat.

Ein Zweites kommt hinzu: Niemals hat die so wohlgemeinte Wohlfahrt die wahrhaft bedürftigen Kreise erreicht. Der gesamte soziale Wohnungsbau ist einer Schicht von wohl minderbemittelten, keineswegs aber notleidenden Familien in durchaus geordneten Verhältnissen zugute gekommen. Nichts sei dagegen gesagt, daß durch die Zuschüsse des sozialen Wohnungsbaus einige Familien auf einem etwas höheren Niveau leben konnten, als sie es sich sonst hätten leisten können. Für die wirklich Minderbemittelten hatte diese Tatsache aber katastrophale moralische Folgen. Nicht nur gehörten sie nicht zu den begünstigten Kreisen, die durch die Zuschüsse emporgeliftet wurden, sondern durch die Steigerung des Standards öffnete sich ein Graben zwischen den Lebensbedingungen jener, die Hilfe in Anspruch nehmen konnten, und denen, die man ganz einfach sitzen ließ. Wohnlichkeit in diesem sozialen Sinne besteht also auch darin, daß mir die Hoffnung auf eine bessere Wohnung nicht ganz genommen wird. Die Stufe von meiner gegenwärtigen Lage zur nächstbesseren darf nicht allzu hoch sein; wenn der sozial bezuschußte Minimalstandard zu weit über dem tatsächlichen Standard der Bewohner unserer Altstädte und Arbeiterstädte liegt, so stoßen wir diese in eine gettoartige Unwohnlichkeit – soziale Unwohnlichkeit hinein. Deshalb sollte alle Hilfe nicht auf dem Wohlfahrtsgedanken der Fürsorge, sondern auf dem politischen Gedanken der Mithilfe und Partizipation beruhen.

Der Kern dieser Ausführungen bestand in einer Kritik des planerischen Bedürfnisbegriffs, der Quantifizierung und Erfüllbarkeit annimmt. Dieser Bedürfnisbegriff hatte zur Folge, daß das Meßbare jeweils verbessert wurde, das Unmeßbare aber vernachlässigt blieb. Mehr noch, das Meßbare wurde auf Standards gebracht, die durch ihre Ansprüche das Unmeßbare zurückdrängten. Das beste Beispiel ist die Straße: Quantifizierbar für die Verkehrsplaner ist die Autospurbreite, nicht quantifizierbar ist die Annehmlichkeit auf dem Bürgersteig. Was also lag näher, überall in unseren Städten die Bürgersteige zu verschmälern bis knapp auf die Breite des menschlichen Körpers, die Straßen aber nach der immer wieder erhöhten Norm der Verkehrsplaner zu verbreitern? Dieses Verbessern der meßbaren und Vernachlässigen der unmeßbaren Übelstände beruht, wie wir zu zeigen versuchten, auf einer falschen Planungsmethode:

Das Planungsobjekt wird in Teile zerlegt, die nicht nach den Funktionszusammenhängen geordnet sind, sondern nach Produktionsprozessen, Bauprozessen. Die Wohnlichkeit aber wird erst dann zu etwas, was wir bewahren oder gar wiederherstellen können, wenn wir verstehen, daß sie nicht eine Addition bauorientierter Verbesserungen, sondern eine Organisation lebensnotwendiger Subsysteme ist.

Die sogenannte Stadtplanung der 60er Jahre (1989)

In den sechziger Jahren war es plötzlich Mode geworden, sich gegenseitig zu versichern, in der Bundesrepublik habe man „die Chance des Wiederaufbaus verpaßt". In der Schweiz, da haben dieser angeblichen Chance ja leider die bestehenden Städte im Wege gestanden. – Aber was hat man sich eigentlich bei dieser Aussage gedacht? Uns heute schaudert bei dem Gedanken, die Deutschen hätten die Chancen des Wiederaufbaus nicht verpaßt! Die Frage nach den verpaßten Chancen versetzt mich in eine ähnliche Stimmung, wie sie in der Zwischenkriegszeit Erich Kästner befiel, als er dichtete: „Wenn wir den Krieg gewonnen hätten ..."

Angenommen, die Schweizer Städte wären im Zweiten Weltkrieg ausradiert worden; eine reuige amerikanische Regierung hätte uns aber angeboten, den Wiederaufbau zu bezahlen: Was hätten wir dann gebaut? Was war denn da an Ideen auf Lager, die zu einer städtebaulichen Chance geführt hätten? Antwort: Genau dieselben Ideen wie in Deutschland. Und bevor man über die sechziger Jahre reden kann, muß man einen Blick auf die fünfziger Jahre werfen. Der deutsche Wiederaufbau und in der Schweiz das Weiterplanen und Weiterbauen beruhten im wesentlichen auf drei Traditionen. Die erste und wichtigste ist die CIAM-Tradition mit ihrer neuen Vision der Separierung von Gebäuden und Straßen durch Freiflächen. Der französische Stadtkommandant von Mainz bot dieser Stadt einen solchen Plan zur Verwirklichung an, und den Bürgern war es nur mit Mühe gelungen, sich diesem hochherzigen Geschenk zu entziehen. In diesem Plan war von der alten Stadt Mainz nichts mehr zu bemerken; vielmehr war sie zu einer Art von grünem Golfplatz geworden, auf welchem sich einerseits Scheibenhochhäuser erhoben, durch den sich anderseits Straßenbänder schlängelten, von welchen jeweils ein Abzweiger zu einer solchen Hochhausscheibe hinführte. Die zweite verfügbare Tradition hat keinen offiziellen Namen; ich nenne sie den „Werkbund-Stil". Sie war es, die auch viele Bauten der Nazi-Zeit beeinflußt hat, aber auch solche der späten dreißiger Jahre in der Schweiz. Sie geht zurück auf die Vision von Paul Mebes „Um 1800". Paul Mebes und der von ihm ausgehende „rechte" Flügel des Werkbundes vertraten die Meinung, die bürgerliche Handwerkerstadt um 1800, das frühe Biedermeier, habe eine Lebensform für den Bürger und Handwerker geschaffen, wie sie heute dem gesamten Volk zugänglich gemacht werden sollte. Schuh, Hose, Teller, Besteck, aber auch Haus, Vorgarten, Bürgersteig, Straße, alles sei in dieser Zeit in eine Form gebracht worden, wie sie eigentlich heute noch nicht übertroffen werden könne. Diese Tradition hatte, hinter den Kulissen der spektakulären Ereignisse wie Weißenhofsiedlung, Siemensstadt, Neues Frankfurt und den modernen Einzelbauten in der Schweiz, die zwanziger und dreißiger Jahre überstanden, so daß sich ein roter Faden von der Siedlung Freidorf bis zu, sagen wir, der Siedlung Klosterreben bei Riehen zieht. Die dritte Tradition ist mit dieser zweiten näher verwandt als mit der ersten, greift aber weiter aus in städtebauliche Gedanken. Ihre Wurzeln sind die englische Gartenstadt, die deutsche sogenannte „organische" Stadtbaukunst und die aus der Denkmalpflege herausgewachsene Idee der Stadtsanierung als „Auskernung". In zerstörten deutschen Städten ist es immer sehr seltsam zu beobachten, wie auf freier Fläche und unter Verlegung von Straßen und Parzellen, das Bild der ausgekernten Altstadt wiedererrichtet wurde, das man um 1930 geplant und aus Finanzmangel nicht hatte verwirklichen können. Mit zur Sanierung gehörte es, daß durch die Altstädte sogenannte „Entlastungsstraßen" geschlagen oder, im Falle des Wiederaufbaus, geführt wurden; für die Luftschutzbeamten waren es Brandabschnitte, für die Verkehrsplaner „weitsichtige Maßnahmen". Sie sind es, die dann in den sechziger Jahren den Verkehrssalat anrichteten, an dem wir heute noch leiden.

Die Stadt der sechziger Jahre, die Stadt für den neuen, automatisierten und tertiären Arbeiter wurde nicht als Stadt gebaut, und zwar aus dem einfachen Grunde nicht, weil ihr die gebaute Stadt der fünfziger Jahre im Wege stand. Gebaut wurde allerdings, und das Ausmaß des Bauens hätte ausgereicht, um mehrere Städte zu füllen. Die Stadt der sechziger Jahre heißt „Göhnerswil". Gegen sie war, einigermaßen visionär, das Büchlein „Achtung: die Schweiz" verfaßt worden. Es enthielt keine planerische oder bauliche Vorstellung einer neuen Stadt. Als dann die Macher kamen und behaupteten, sie würden die neue Stadt von Burckhardt, Frisch, Kutter verwirklichen, gingen wir Autoren auf

Distanz: Gerade Göhnerswil hatten wir nicht gewollt. „Achtung: die Schweiz“ handelte eben nicht von der Art und Weise, wie die neue Klasse der ausbeutenden Ausgebeuteten untergebracht werden solle; vielmehr handelte es davon, wie stadtplanerische Beschlüsse in der Demokratie gefaßt werden müßten. Aber damit war man natürlich ein übler Spielverderber in dem Spiel, bei welchem sich Stadtplanungsbehörden, Tiefbauunternehmer und Häuserspekulanten die Karten zuschoben, aus welchen die künftige autogerechte Stadt errichtet werden sollte – und durchgesetzt wurde.

Kommen wir also endlich zum Thema, zum Auto. Das Auto der Nachkriegszeit ist das Auto der Vorkriegszeit: der Käfer. Frühling für Frühling kamen sie, die neuen Käfer, und nur wenige verpaßten es, in einen solchen zu schlüpfen. In Zürich und Basel trug man sich zu Beginn der sechziger Jahre mit der Absicht, die noch nicht zum Käfer geschlüpfte Menschheit dorthin zu verbannen, wo auch in der Natur die Maden leben: unter den Erdboden. Ingenieur Leibbrand, in Krieg und Frieden der Mann der praktischen Lösungen, gab dazu den Anstoß: An Kreuzungen muß der Fußgänger ohnehin durch die Unterführung; was liegt näher, als alle Unterführungen mit einer Tiefbahn zu verbinden, so daß der Käfer oben freie Fahrt hat? Die sogenannten „Fachverbände“ planten jahrelang an einer Tiefbahn für Basel; „Gruppe Dreieck“ als Stichwort für den Wissenden. In Zürich mußte das Volk zweimal in einer Volksabstimmung das Madendasein zurückweisen, zuerst in Form der Unterpflasterbahn und einige Jahre später in Form der Tiefbahn. Soviel für die Maden, jetzt für die Käfer: In der Bundesrepublik hatte Bernhard Reichow seine alte, bräunliche „organische Stadtbaukunst“ in den sechziger Jahren umgetrimmt auf die „autogerechte Stadt“:

Gleich wie das Geäder bei Pflanzen und Tieren die Flüssigkeit in die Zellen bringt, so sollte ein Straßengeäder den Verkehr von der Quelle zum Ziel führen. Man hielt das für verkehrsgerecht und flexibel, weil man nicht bedachte, daß Organismen mit ihrem Geäder wachsen können, die steinernen Straßen der Stadt aber mit dem Wachstum verstopft werden. Wie dem auch sei, die Lehre von Bernhard Reichow erhielt zu Beginn der sechziger Jahre noch eine glänzende Bestätigung durch den führenden Verkehrsingenieur ihrer britischen Majestät, durch Sir Colin Buchanan. Das System von Sir Colin war bedeutend raffinierter als dasjenige Bernhard Reichows, und bekanntlich ist „On Traffic in Towns“ das verkehrsplanerische Rezeptbuch bis heute. Lediglich in der Wortwahl ist man etwas vorsichtiger geworden: Man verkauft die neuen Straßen jetzt als „Verkehrsberuhigung“. Jedenfalls war Buchanans Impuls so groß, daß das andere, ungleich tragfähigere Konzept der sechziger Jahre niemals den Schritt vom Papier in die Wirklichkeit machen konnte: „A City is not a Tree“ von Christopher Alexander.

Im Hochbau begann die Ära der Vorfabrikation. Ganz entgegen ihrem Versprechen, einen Baukasten zu liefern, erwies sich die Vorfabrikation als eine starre Angelegenheit, die wegen ihrer mangelnden Flexibilität erhebliche Rückwirkungen auch auf die Stadtplanung hatte. Es zeigte sich nämlich, daß die Vorfabrikation nur dann rentabel baut, wenn man aus ihren schweren Tafeln genau das Gebäude zusammensetzt, das sich der Erfinder des betreffenden Systems auch ausgedacht hatte. Konsequent führte dieses in der Schweiz nach Göhnerswil, in Frankreich zu den berüchtigten ZUP, die in einer stadtplanerisch ausgeschiedenen Zone bestanden, in welcher sich der betreffende Unternehmer denjenigen Plan zurechtlegen durfte, nach welchem er mit seiner Methode die Kosten des handwerklichen Bauens um einige Prozentchen unterschreiten konnte. Kranbahnen und Wendekreise der Ausleger, nicht mehr Platzdimensionen und Stadtlandschaft waren die maßgebenden Faktoren.

Für den jungen Architekten war dies alles höchst enttäuschend. Die Schule hatte ihn ausgebildet als den großen Problemlöser aller physischen Aufgaben. Das Zeitalter roch nach Fortschritt, Entwicklung und Reichtum. Wo der nun flügge gewordene Architekt aber auch ansetzte, überall stieß er an Grenzen. Er bekam zwar Aufträge, aber sie waren nicht so, wie er sie sich wünschte: Entweder waren es kleine, bautechnisch altmodisch hergestellte Einzelhäuser oder aber Großaufträge, bei welchen Technik und Bauorganisation die erste Geige spielten. Auch manches traditionelle Architekturbüro erlitt damals Schiffbruch; am Basler Bürgerspital konnte man erleben, daß weder der beauftragte Architekt noch die Behörden als Bauherren fähig waren, mit ihrer herkömmlichen Vorgehensweise einen solchen Bau zu Ende zu führen. Der bis ins erste Obergeschoß hochgezogene Trakt mußte bis in die Fundamente vollständig entfernt und neu begonnen werden.

Was Wunder also, daß sich der Architekt einer Welt zuwandte, in welcher seinen Eingebungen keine Grenzen gesetzt waren: der städtebaulichen Utopie. Jeder Architekt, der etwas auf sich hielt, hatte damals eine solche Utopie in seiner Schublade. Besuchte man ihn, so zeigte er einem zuerst die Pläne, an welchen er für sein tägliches Brot zu arbeiten hatte, dann zuckte er entschuldigend die Achseln, und schließlich ging man zusammen ins Hinterzimmer, wo er einen in die Geheimnisse der neuen Raumstadt einweihte: Sie war natürlich flexibel, die Menschen wohnten in transportablen Raumzellen, Reisen erfolgten nach dem Prinzip der Rohrpost, die Menschen versammelten sich an großen Verkehrsknotenpunkten und schwebten wieder in ihre Zellen zurück. Dem Besucher wurde plötzlich klar: Wenn man nur diesen Architekten bauen ließe, so würde die Welt vernünftig und gut.

Die Utopien gingen zunächst alle von der Fourastiéschen Prognose aus, daß die manuellen Arbeiten sinken und die administrativen steigen. Man nahm an, daß die dann notwendig werdenden Lenkungsfunktionen in ungeheuren Hauptstädten beheimatet seien, die gewaltige Interaktions- und Kontaktmöglichkeiten böten. Eine der frühesten Utopien war Kenzo Tanges Greater Tokyo Plan, der es ermöglichen sollte, die Industrienation Japan dadurch zu führen, daß in der Metropole zwanzig Millionen Menschen leben und arbeiten, die sich auf einem ungeheuren Verkehrssystem in stets neuen Kombinationen untereinander treffen und informieren können. – Denn seltsamerweise gingen die Utopisten davon aus, daß man sich auch in Zukunft persönlich zu den Treffpunkten zu begeben habe bzw. gefahren, geschossen oder sonstwie transportiert werde, jedenfalls aber nicht das Telefon oder ein erweitertes Kommunikationsmittel benützen werde.

Glichen sich die Utopien untereinander durch die Annahme einer metropolitanen tertiären Lebensweise, so unterschieden sie sich voneinander dadurch, daß sie je einem anderen Faktor die absolute Priorität gaben. Ging es bei Tange um die Bereitschaft, jederzeit mit jedem zu einer Besprechung zusammenzukommen, so war es bei Yona Friedman die Umzugsmöglichkeit. Man wohnte bei ihm auf großen Gestellen in kleinen Zellen. Obwohl alle diese Zellen gleich waren, so waren sie doch transportabel, und wer umzog, nahm gleich sein Häuschen mit, um es anderswo in ein gleiches Gestell einzuhängen. Warum man seine Wände mitnahm, nicht nur sein Handköfferchen, wo doch überall alles gleich war, habe ich nicht ganz begriffen, aber jedenfalls hob die Flexibilität damit die Planung und den Städtebau auf. Daß es auch in einem mobilen System, beispielsweise auf dem Markt, zu Stauungen kommen kann, blieb außer Betracht.

Viele utopische Städte begnügten sich mit ihrem technischen Effekt, seien dies nun Gestelle oder Aufhängungen abenteuerlichster Art, seien es Kommunikationen nach Art der Rohrpost, die sich im Raum verknüpften, oder seien es Trauben aus Kunststoffzellen, die sich in der Tiefsee versenken oder im Äther aufhängen ließen. Architekt Ruhnau meinte sogar, im All genüge als Baustoff blaues Licht.

Die utopischen Städte sind selbstverständlich nicht gebaut worden; Kinder des Utopismus der frühen sechziger Jahre sind aber einige Hochschulprojekte, denn die Hochschulplanung war das große Übungsfeld des Städtebaus. Die Wissenschaft galt als die größte Wachstumsindustrie des tertiären Sektors, welche auch die größten unbekannten Wachstums- und Schrumpfraten enthalte. Demnach handelte es sich um den Bau von Hüllen für unregelmäßig wachsende, teilweise unvorhersehbare Inhalte, denen man nur durch verschiedene Formen der Flexibilität gerecht werden konnte. Von der Berliner Rostlaube bis zur EPF-Lausanne-Dorigny erwies sich aber dieses Bauen für die unbekannte Zukunft als teuer und unpraktisch; wieder einmal hatte man ein gesellschaftliches Problem durch eine technische Lösung erledigen wollen.

Nicht nur die fünfziger, auch die sechziger Jahre endeten vorzeitig, die sechziger im Mai 1968, wenn auch die gelinde utopistischen Hochschulen nach dieser Zeit errichtet wurden, weil die Behörden erst aufgrund der Studentenrevolte bereit waren, für den Bildungsnotstand Geld auszugeben. Die revoltierenden Studenten selbst aber hatten keineswegs Bauvorhaben gefordert, sondern vielmehr Planungskritik angekündigt. Um das Buch „Göhnerswil" zu schreiben, waren ihnen die alten Hallen der Eidgenössischen Technischen Hochschule in Zürich noch lange gut genug. Wenn überhaupt irgend etwas Gebautes den Vorstellungen der jungen Kritiker entsprach, dann allenfalls die zweite und dritte Generation der New Towns in England, etwa das Fragment gebliebene Cambernauld, bei welchem die neue und komplexe Forderung nach Wohnlichkeit zum Kriterium der Planung und Architektur geworden war.

Mit „Wohnlichkeit" war zum ersten Mal wieder ein etwas differenzierterer, mehrdimensionaler Begriff in die Planung gerückt, dem man nicht nur mit der Besserung einer einzigen Dimension, etwa der Transportgeschwindigkeit oder der Flexibilität, gerecht werden konnte. Wohnlichkeit in diesem Sinne bedeutete für die Studenten, zentral zu wohnen, aber doch billig, und die Vorteile der Großstadt mit einer Umgebung im menschlichen Maß kombinieren zu können. Und zum Unglück für das Bauwesen entdeckten die Architekturstudenten, daß diese Wohnlichkeit am ehesten in jenen Stadtteilen vorhanden sei, die beide Kriege überstanden haben.

Die Komplexität des Begriffs Wohnlichkeit war aber nur ein erster Ansatz für ein Denken in komplexeren Systemen. Zum ersten Mal in der Geschichte der polytechnischen Wissenschaften wollte man nun nicht mehr monokausal und eindimensional vom Übelstand zur

Abhilfe hin denken, nicht mehr bei Verkehrsverstopfung die Häuser abreißen und die Straße verbreitern, sondern das städtische Gefüge als ein gesellschaftliches verstehen. Zum Erstaunen aller planenden und schaffenden Architekten ging damals der größte verfügbare Architekturpreis der Vereinigten Staaten an jenen jungen Menschen, der mit einem einzigen, hier schon erwähnten Artikel die bisherige Planungsweise ad absurdum geführt hatte: an Christopher Alexander für sein „A City is not a Tree".

Mit zur Komplexität des städtischen Geschehens gehört auch, daß die Veränderungen von Leuten beschlossen werden, welche Teile des städtischen Systems sind. Zum ersten Mal fiel es den polytechnischen Ingenieuren auf, daß ihre Entwürfe nicht immer die begeisterte Zustimmung fanden, die sie verdient hatten, und daß die Ablehnung ihrer Pläne nicht auf bloßer Dummheit und Unwissenheit der politischen Instanz und der Öffentlichkeit beruhe. In anderer Form wurde zu Ende der sechziger Jahre aktuell, was „Achtung: die Schweiz" schon zwölf Jahre zuvor zur Diskussion gestellt hatte: Wie beschließt die demokratisch regierte Gesellschaft über ihre eigene Lebensweise? Und wie verantwortet sie Beschlüsse, die politisch Unmündige oder gar ungeborene Generationen betreffen? Im Verlauf dieser Debatte entdeckte man etwas, was dem polytechnischen Selbstbewußtsein einen tiefen Stoß gab: Es gibt keine beste Lösung; vor allem sind nicht dieses die besten Lösungen, die einen Faktor maximieren, sondern allenfalls solche, die mehrere Faktoren zum Ausgleich bringen, die optimieren. Oder mit anderen Worten, Worten von heute: Planung ist Leidensverteilung. Niemand kann aber sagen, wieviel Leiden welchen Menschen zumutbar sind. Kann man den Fußgängern einen Umweg zumuten, und wie lang darf er denn sein, um den Autofahrern eine Kreuzung zu ersparen? Soll man statt Stadtstraßen Autobahnen bauen, auf welchen die Unfälle zwar seltener sind, aber dafür schwerer? Und wer soll solche Entscheidungen treffen? Ja wer? – Und hier kam das neue Zauberwort: „die Betroffenen“. Zu Ende der sechziger Jahre entdeckte man die Betroffenen. Genießen Sie den Satz: Man entdeckte die Betroffenen. Man selber war offenbar nicht betroffen, hatte man sich doch längst der Betroffenheit dadurch entzogen, daß man in einem eigenen Häuschen außerhalb der Stadt im Grünen wohnte. Aber ach, an die Betroffenen hatte man doch schon lange gedacht, so sagten die Ingenieure, und zogen aus ihren Schubladen die Umfragen, die Soziologen für sie durchgeführt hatten. Übrigens hatten diese Umfragen immer ergeben, daß alle Betroffenen mit ihrer Wohnweise zufrieden seien. Die Entdeckung der Studenten, zu Ende der sechziger Jahre, war also diese: daß man selbst der Betroffene sei. Derjenige, der leidet, ist gleichzeitig einer, der andern Leiden zufügt. Planung ist nichts als eine Umverteilung der Leiden von den Mächtigen auf die Schwachen.

Für den polytechnischen Ingenieur waren die Entdekkungen der Studenten, sofern er sie zur Kenntnis nahm, niederschmetternd. Bei den städtischen Übelständen soll es sich nicht um Aufgaben handeln, die er zu lösen hat, sondern um Probleme, die unlösbar sind? Vor allem kann sich der Ingenieur nicht mehr dadurch als erlöst betrachten, daß er die Schuld an der Leidenszuteilung auf die Politiker schiebt: Die technische Lösung und das zugefügte Leid sind ein und dasselbe, nicht trennbar. Es war in den letzten Jahren der Hochschule für Gestaltung in Ulm, als dort der Planungstheoretiker Horst Rittel den zugehörigen Begriff erfand: „Bösartige Probleme“

sind solche, die durch den polytechnischen Ansatz nicht lösbar sind, sondern lediglich im Konsens zu managen.

Zu Beginn der siebziger Jahre war es ein politischer Entschluß der gaullistischen Regierung, auf die Regeneration von Paris zu verzichten und in einem kühnen Sprung über alle Problemgebiete der Banlieues und ZUPs und ZACs hinweg außerhalb und an völlig neuer Stelle fünf Villes Nouvelles in der Größe von Großstädten zu bauen. Die problematische Zone zwischen Zentrum und neuen Städten wurde mit einer neuen, schnelleren Untergrundbahn, der RER, überbrückt. Mit dem Übergang von der Planung in der Stadt durch Planung auf der grünen Wiese war der Ingenieur wieder Herr der Situation geworden; er hatte die unheimlichen Begleiter abgeschüttelt, die Politiker, die Soziologen, die Schwätzer, die ihm in den sechziger Jahren so nahe auf den Pelz gerückt waren, und konnte draußen im Marnetal oder im Yvelines seine Chance ergreifen. Ist es dieses Mal eine Chance? Findet hier wohl der verpaßte Wiederaufbau statt?

Wertvoller Abfall, Grenzen der Pflege, Zerstörung durch Pflege (1991)

Ich möchte in meinem Referat einige soziologische Überlegungen machen, wenn man das so nennen darf; und das Unseriöse an diesen Überlegungen ist, daß sie nicht nach rückwärts gehen, sondern nach vorwärts, nämlich prophezeiend gemeint sind. Das ist immer eine schwierige Angelegenheit, zu versuchen, das Kommende vorwegzunehmen und die Frage zu beantworten, wie sich Wertewandel in der Gesellschaft auswirkt auf die Anliegen, die wir hier vertreten.

Eine grundlegende Kalamität bei der Denkmalpflege ist das Wort „alt". Denkmalpflege befaßt sich mit dem Alten, und „alt" hat eine doppelte Codierung: Alt ist das, was wir wegwerfen, und alt ist das, was wir verehren. Alt ist das Patrimonium, und alt ist der Müll. Ich zitiere einen Satz aus dem Buch von Michael Thompson „Rubbish Theory". Thompson hat den Satz aus den Verhandlungen des englischen Parlaments abgeschrieben, aus einer Rede des letzten Labour-Party-Wohnungsministers Richard Crossman. Crossman redete über die Londoner Innenstadt, und zwar über die Reihenhäuser aus dem 18. Jahrhundert, die Backstein-Reihenhäuser, die wir alle kennen, mit ihren weißgestrichenen Fenstern. Crossman sagt: „These rat infected slums must be demolished. Old terraced houses may have a certain snob appeal to members of the middle class, but they are not a suitable accomodation for working class tenants." Offensichtlich ist alt und neu ein Balanceakt auf einer sehr schmalen Kante: Diese alten Häuser sind für die Bessergestellten wünschenswert, haben sogar Snob Appeal, aber für Arbeiter sind dieselben Häuser von Ratten vergiftete Elendsquartiere. Auf dieser Kante bewegen wir uns, und diese Kante ist eigentlich auch historisch. Das alte Schöne ist auch das Malerische. Wir kennen das malerische Verwahrloste, und wir lieben es, und gleichzeitig verabscheuen wir das Verwahrloste. Ich war sehr erstaunt, als mir schon mehrmals Deutsche, die die Schweiz bereist haben, sagten: „Der Häuserbestand der Schweiz ist in schlechtem Zustand." Ich konnte mir das erst erklären, nachdem ich erlebt hatte, wie die Deutschen renovieren. In Deutschland ist man eine Sauberkeitsstufe über uns. Man renoviert öfter als bei uns, aber dafür oberflächlicher. Beide Arten von Hauspflege sagen überhaupt nichts aus über den Bauzustand von Häusern: Es sind einfach zwei Sehensweisen von „alt“ und „neu“. Ein anderes Beispiel: Ich denke an ein Kirchlein, das Sie vielleicht kennen, das Schöntal an der Belchenstrasse. Jahr für Jahr, wenn die Zeitungen im Sommer nicht wußten, was schreiben, brachten sie Artikel von der Art: „An der Belchenstrasse zerfällt ein Kunstwerk.“ Es war nicht so, daß die Kirche zerfiel, sie war nur nicht gepflegt. Das Mauerwerk war vollkommen in Ordnung. Unlängst hat ein neuer Besitzer die Kirche mit Hilfe der Denkmalpflege restauriert, und jetzt ist die Stimmung umgeschlagen: „Ach, wie schade.“ Vorher war das Kirchlein „verfallen“, und jetzt ist der Charme weg. An der Bausubstanz hat sich überhaupt nichts geändert. Es betrifft alles nur die Sehweise des Alten.

Mein Vortrag befaßt sich mit vier Aspekten, bei denen ich denke, es seien Meinungswandel und soziologische Wandlungen der Meinungsträger im Gange, auf die wir uns einstellen müssen. Ein Aspekt ist noch einmal dieses Begriffspaar „ehrwürdig/verwahrlost“, dann folgt die Frage nach der Interpretation der Architektur über die Stile. Ist die Einordnung in einen Stil immer noch die einzige Art, über Architektur zu reden? Der dritte Aspekt lautet: Was versteht man heute eigentlich unter Stadtbild? Und wird sich das ändern? Und wenn wir Zeit haben, so werde ich etwas sagen über: Was verstehen wir eigentlich heute unter Landschaft?

Ich fange jetzt wieder an mit dem Patrimonium, mit der ehrwürdigen Erbschaft der Vergangenheit, speziell mit den von Michael Thompson eben beschriebenen 18.-Jahrhundert-Häusern in London, die für Arbeiter „rat infected slums“ sind und für Snobs begehrenswerte Schätze. Ich folge weiter Michael Thompson und schaue dann, ob wir eine Lehre daraus ziehen können. Er hat als Architekt in diesen Quartieren gearbeitet und festgestellt, daß sie drei Bevölkerungsgruppen beherbergen und daß sich die Häuser infolgedessen auf drei verschiedene Arten verändern. Diese Häuser können von Pakistanis gekauft werden, ein typisches Phänomen in London. Gerät ein solches Haus in die Hände von Pakistanis, so ist es im Augenblick entwertet. Das hat wiederum nichts mit der Haussubstanz zu tun, die bleibt natürlich noch eine Weile gleich wie zuvor, aber wenn das an sich weiß zu streichende Fenster violett gestrichen wird oder wenn die Backsteine, die an sich unverputzt und roh belassen sein müssen, saftgrün gestrichen werden, dann ist das Haus augenblicklich entwertet, das heißt, es hat seinen Snob Appeal verloren. Es gibt eine zweite Entwicklung: Viele dieser Häuser kommen in die Hände von Handwerker-Unternehmern, vom Typ Garagist, Drucker, Elektroniker usw..

Die Häuser werden dann sehr gut gepflegt, und diese Pflege entwertet sie langsam. Das heißt, die Haustüre aus Holz, die weiß oder grün gestrichen ist, mit Messingknopf, landet im Sperrmüll. Es wird auf dem Baumarkt eine Kunststofftüre gekauft, die auch 50 Jahre hält, die auch ganz dicht ist, aber ein späterer Snob-Käufer müßte sich wieder eine hölzerne Tür beschaffen. Die Pflege durch die Handwerker-Unternehmer ist also eine Pflege, die eine langsame Entwertung ist. Dann die dritte Möglichkeit: Es kaufen aufsteigende Intellektuelle das Haus; diese Intellektuellen holen sich die Haustür auf dem Sperrmüll, sie kaufen beim Antiquar einen Messingknopf und schrauben ihn wieder dran. Nicht daß das Haus durch diese Maßnahmen in seiner Substanz besser wird, aber es steigt unmittelbar in seinem Wert; und wenn so ein Besitzer zehn Jahre daran herumgemacht hat, kann er es für einige hunderttausend Pfund mehr verkaufen.

Was lernen wir daraus? Wir lernen zwei Sachen. Offenbar gibt es Meinungsmacher, die Werte schaffen können – ich meine jetzt: Finanzwerte schaffen können. Also auch das Gegenteil: Menschen, die keine Meinungsmacher sind und die Werte zerstören. Mit dem Wert als Gebrauchswert hat das alles nichts zu tun.

Das zweite, was wir daraus lernen: Wir haben es mit Gruppen zu tun, über die wir nicht sehr viel wissen. Die öffentliche Meinung hat nicht mehr die Form einer Pyramide: oben eine Elite, die sagt, was schön ist, und unten Leute, die es vielleicht nicht so gut wissen, aber im Zweifelsfalle der Elite nachlaufen. Vielmehr gibt es heute gegeneinander abgeschottete Kulturgruppen, die geschlossene Märkte bilden und die durchaus verschiedene Wertentwicklungen einleiten. Das betrifft besonders die Dialektik vom „alt = ehrwürdig" und „alt = vergammelt", und zwar deshalb, weil diese eine ganz besonders empfindliche Gratwanderung ist und man nie weiß, nach welcher Seite ein Objekt kippt.

Ich komme zu meinem zweiten Aspekt: die Interpretation der Bauten durch Stil. Die Etablierung der Stile ist eine Leistung des 19. Jahrhunderts und eine große Leistung. Sie schuf die Art, wie wir heute ältere Architektur und Kunst wahrnehmen. Es fällt heute außerordentlich schwer, sich vorzustellen, daß es einmal nicht so war, daß es eine Zeit gab, wo man nur zwei Begriffe kannte: Vor dem 19. Jahrhundert war ein Gebäude entweder klassisch, dann lohnte es sich, es anzuschauen, oder es war barbarisch – bis einige snobistische Engländer darauf kamen, nicht mehr barbarisch zu sagen, sondern gothic. Als Horace Walpole in einem Rundbrief an seine

Freunde schrieb, er baue jetzt eine gotische Bibliothek an sein Haus und sie sollen ihm gotische Altertümer schicken, da bekam er ganz merkwürdige Gegenstände. Kopfschüttelnd hat er seinen Freunden geschrieben, hier begreife noch niemand, was gotisch und was der Unterschied zwischen dieser verehrungswürdigen und der gewöhnlichen Barbarei sei.

Der Stil ist also nicht in den Bauten, sondern in unseren Köpfen. Eine Kirche ist nicht „durch und durch romanisch“, sondern sie erscheint uns so, weil sie dem entspricht, was wir seit dem 19. Jahrhundert so benannt haben.

Unsere Kunstdiskussion ist die „Berichtigung“ und die freie Ausgestaltung dieser Stilbegriffe. Wir kennen doch diese Diskussionen: Romanik, und dann kam noch die Ottonik davor. Wenn wir so diskutieren, dann denken wir, oder wir denken es vielleicht nicht, aber wir tun oberflächlicherweise so, als sei die Rede von Bauwerken. In Wirklichkeit redet man über ein Konstrukt, das wir in unseren Köpfen haben und das stark an den Zeitgeist gebunden ist. Es ist bekannt, daß dieses zeitliche Vorschieben der Romanik in Zusammenhang stand mit dem Expressionismus und auch mit den jungen Nationalismen in Europa um die Jahrhundertwende. Wir denken an den Kunsthistoriker Puig i Catafalch, der die neue Sehweise, die er auf die frühromanischen Kunstwerke richtete, unmittelbar umsetzte in nationale architektonische Experimente, die wir heute dem spanischen Jugendstil zuordnen. Unsere Stildiskussion ist eine Diskussion über Konstrukte in unseren Köpfen und in unserer Zeit und betrifft nicht die Bauwerke, die dastehen wie eh und je.

Nicht nur die saure Luft greift unsere Bauwerke an, sondern auch die Diskussion über Stile und die damit verbundene Rechthaberei. Es gibt kaum eine Bewegung, die so viel Schaden anrichtete, wie die der Materialechtheit. Das späte 19. Jahrhundert hatte den Stil der Materialechtheit erfunden; seine Gebäude mußten aus dem Stein errichtet werden, der als echt galt. Das hat auch einen Zusammenhang mit dem Nationalismus. Die ersten Denkmäler des jungen Kaiserreiches in Deutschland waren aus echten Steinen. Und daraufhin ging auch in der Denkmalpflege das große Schrubben an: Unter den Farbschichten entdeckte man das echte Holz und den echten Stein. Auch in Basel gab es eine Zeit, die das große Schrubben brachte, und da hat man neben unersetzlichen Verlusten auch viel Lustiges erlebt. In einer Seitenstraße der Rittergasse, im sogenannten Gässchen, stehen sich zwei Häuser gegenüber, rechts ein Barockhaus, die Hohe Sonne, und links ein Neubau von etwa 1860/70, Neurokoko. Die Hohe Sonne stand auf einem graugestrichenen Sockel, und deshalb hat man ca. 1860 oder 70 dem Haus gegenüber einen Granitsockel gemacht, weil er eben echt sein mußte. Als man dann an der Hohen Sonne die graue Farbe weggeschrubbt hatte und das Haus auf einem echten Sandsteinsockel stand, da ist jemand hingegangen, ich vermute, es sei ein Denkmalpfleger, und hat an dem Bau gegenüber den grauen Granitsockel rot gestrichen.

Die Frage lautet: Werden wir die Kunst immer und ewig durch die im 19. Jahrhundert geschaffene Stilbrille anschauen? Es ist uns selbstverständlich, wir können einen Dom nicht anders verstehen, als indem wir uns sagen, es ist ein gotischer Dom, ein frühgotischer, ein spätgotischer, und meinen, nach der Gotik komme die Renaissance und nach der Renaissance der Barock. In der Denkmalpflege heißt das, immer das Stilideal als Hintergrund zu haben. Dazu noch eine Geschichte aus

Basel: In der Aeschenvorstadt steht ein Haus, der sogenannte Raben. Er wurde von der ersten Basler Familie erbaut, die eine eigene Bank hatte, der Familie Ehinger. Als der Raben renoviert wurde, da sagte der Denkmalpfleger den Besitzern, eigentlich hat ein solches Palais, wie Ihr es habt, ein Sockelgeschoß, das sich von dem übrigen Bau abhebt, und er hat ernsthaft vorgeschlagen, daß man im Parterre nicht mehr verputzt, sondern Rustikaquader vorblenden soll. Es war eine Besonderheit von Basel, daß die Fabrikantengeschlechter selber Zweige ausbildeten, die die Bankgeschäfte machten. Diese Banquiers lebten wie Herrschaften, aber sie konnten ja nicht die Kunden ins erste Geschoß nehmen. Also mußte das Parterregeschoß wie ein Wohngeschoß ausgebildet sein. Und das ist eben gegen das Stilideal. Ist nicht eine solche Zweideutigkeit unglaublich interessant?

Und nun die Frage: Wird nicht das Zweideutige in Zukunft an Interesse gewinnen gegenüber dem Stil? Das, meine ich, wäre das, was man so gemeinhin die postmoderne Situation nennt: nämlich, daß die Zweideutigkeit, der doppelt codierte Stil, interessant wird. In diese Richtung haben ja die Architekten vorgearbeitet. Das erste Buch darüber, nicht lesbar, aber doch wichtig, ist von Robert Venturi: Complexity and Ambiguity. Ein Architekt bereist das Land, aus dem er stammt, Italien, und ihn interessierten gerade nicht das Stilideal, sondern die Stellen, wo die Brüche sind, die sind sein Ideal, die doppelte Codierung. Wenn Venturi vor die Wochenendhäuser, die er dann in Amerika gebaut hat, aus Holz ganz übertriebene Säulenfassaden macht, dann sind das eben nicht klassizistische Fassaden, sondern es ist eine doppelte Codierung, die Ketten von Nachdenkereien auslöst, Nachdenken über die Geschichte des Klassizismus in Amerika, über die politische Rolle der führenden amerikanischen Klassizisten, über die Millionäre, die sich nun mit dieser Vergangenheit schmücken. Diese doppelte Codierung, nicht das Stilideal, ist das, was uns in Zukunft interessieren wird.

Dritter Aspekt: Ich wollte noch über das Stadtbild reden. Zuerst muß ich ein paar Sätze sagen über den Ansatz, in dem ich denke. Der „Tages-Anzeiger“ hat mich einmal interviewt und schrieb dann, ich sei Spaziergangswissenschaftler. In die Spaziergangswissenschaft muß ich Sie jetzt einführen. Der alte Spaziergang ging so: Am Ostersonntag verläßt der Bürger seine Stadt, die ummauerte Stadt. Er geht aufs Land, er überquert ein Feld, er geht über eine Brücke, durch ein Dorf, in einen Wald, er kommt auf einen Hügel. Er geht zurück und betritt wieder seine Stadt. Und dann erzählt er, was er gesehen hat. Wenn er ein Zürcher ist, sagt er: „Auf der Lägern ist es so und so.“ Ein Basler sagt: „In Baselland ist es so und so, im Jura ist es so und so.“ Das heißt, er vermag es, aus dieser Bilderkette ein Bild zu machen. Es ist nirgendwo so, wie er erzählt. Er war an ganz speziellen Orten, am Bach, Hügel, Wald, aber er sagt nachher: „Der Jura ist so.“ Er macht also eine Integration, die er aber nicht ganz alleine macht. Er las Bücher über den Jura, als Kind hörte er im Heimatkunde-Unterricht über den Jura. Auf seinem Spaziergang hat er das dann wiedergefunden, aber nicht alles an einem Ort, sondern danach als Synthese.

Diese Konzeption der Umwelt hat sich im 19. Jahrhundert verändert durch ein Verkehrsmittel, die Eisenbahn. Wir merken, daß wir auch darüber nachdenken müssen: Wie wird später das Auto unser Bild der Umwelt ändern? Die Eisenbahn hat bekanntlich die unangenehme Eigenschaft, daß man sich vorher vornehmen muß, wo man hinfahren will, und dann steigt man da aus, und da bleibt man. Unsere Großeltern nahmen sich vor, dieses Jahr gehen wir nach Luzern, oder nach Ostende, und da blieben sie dann. Diese Zielorte haben eine ganz andere Eigenschaft als die Spazierlandschaften: Sie müssen nämlich ungemein typisch sein.

Ein Zielort ist charakterisiert dadurch, daß, wenn man im Hotelzimmer den Vorhang aufmacht, das Bild, das man im Prospekt gesehen hat, nun im Fenster erscheint: Das Matterhorn, der Bürgenstock oder die Klippen von Helgoland. Denn man hat ja vierzehn Tage da zu bleiben, und es muß immer typisch sein.

Und jetzt unsere Zeit, die Zeit des Automobilspaziergangs. Ein Automobilspaziergang ist bekanntlich ein Großspaziergang. Er funktioniert allerdings nach dem Muster des Kleinspaziergangs unserer Vorfahren. Man geht durch die Stadtmauer hinaus, aber eben: viel weiter weg. Die nächsten Ferien fahren wir ins Burgund. Nach den Ferien müssen wir erzählen: „Wie ist es denn im Burgund? Ja, im Burgund, wie war es denn da?"

Die Abstraktionsfähigkeit, die jetzt verlangt ist, übersteigt bei weitem das, was wir leisten können. Wir haben den Prospekt gesehen, die Kathedralen, Weinberge, Schlösser, dann sind wir losgefahren. Wir sahen die Autobahn, Fabriken, Vororte. „Ach wißt ihr", sagen wir nachher, „das Burgund ist auch nicht mehr, was es war. Wir gehen das nächste Mal in die Toscana."

Wir sprechen jetzt über zwei Dinge: über das Stadtbild und dann über das Landschaftsbild. Der Städter, der das Land besucht, ist Spaziergänger, Betrachter im Kantischen Sinne: ohne Interesse. Er ist nicht der, der die Ernte einbringen muß, sondern er schaut zu, wie die Bauern die Ernte einbringen. „Glückliches Volk der Gefilde, noch nicht zur Freiheit erwachet", sagt Schiller.

Draußen ist der Städter „ohne Interesse“ wie der Bauernjunge, der einmal aus Neugierde in die Stadt läuft: Er staunt, er hat aber damit nichts zu tun. Die Situation der jeweiligen Spaziergänger ist die Situation des nicht Engagierten, der in das jeweils andere geht.

Wir leben heute nicht mehr weder in der Stadt noch auf dem Lande, sondern wir leben in einem Medium, das wir nennen können: die Metropole. Unsere Dörfer werden Städte, und unsere Städte werden Dörfer, dafür sorgen schon die Stadtgärtner.

Stadt und Land sind heute überall. Es ist auch nicht mehr personell zugeordnet. Wer auf dem Land wohnt und arbeitet in der Stadtsparkasse, der fährt täglich in die Stadt, und selbst die Förster wohnen irgendwo in der Stadt, und wenn sie den Wald sehen wollen, dann fahren sie dorthin.

In Holland wohnen sogar die Bauern in den Städten und fahren mit dem Auto auf ihr Tulpenfeld. Die Stadt begrünt ihre Quartiere, und das Dorf baut Miethäuser. Das heißt für das Stadtbild einmal ganz sicher: Die Stadt hat kein Außen mehr.

Der Schillersche und Goethesche Spaziergänger, der die Stadt verlassen hatte, drehte sich um und sah die Stadt; das ist heute nicht mehr möglich. Die Stadt, die Merian, der Kupferstecher, hinterließ, ein Strich und darüber die Türme: diese Stadt ist nicht mehr sichtbar. Sie kann also nicht gemeint sein, wenn wir sagen: Stadtbild. Was ist denn heute das Stadtbild? Das Stadtbild ist offenbar nicht außen, sondern innen. Unser Problem: Wie machen wir innen ein Stadtbild? Und dann noch: für wen? Für die Stadtbewohner oder für die Touristen? Früher sah man in Nürnberg die Burg und die Türme beider Kirchen. Die Silhouette von Nürnberg war sichtbar. Was ist heute mit Nürnberg? Abgesehen davon, daß es 1952 erbaut wurde, ist Nürnberg heute „die Stadt der Erker": ein Motiv.

Man durchstreut die Stadt mit einem Motiv, das man für typisch hält, und sie wird die Stadt der Erker. Was ist Aarau: Jedermann weiß es, die Stadt der schönen Giebel. Aarauer Schüler haben einmal einen Aufsatz schreiben müssen, und jeder Aufsatz hat damit angefangen: Aarau ist die Stadt der schönen Giebel. Die meisten Aufsätze gingen dann so weiter: Nur leider hat Aarau ein unangenehmes Kopfsteinpflaster, so daß man dort nicht Velo fahren kann. „Die Stadt der schönen Giebel" ist der Slogan, der propagiert wurde. Typisch ein Innenmotiv. Das Stadtbild wird erzeugt von einem Innenmotiv, das ein Ubiquitäres dieser Stadt zeigt. Ich muß in jeder Straße ein bißchen Nürnberg oder ein bißchen Aarau sehen. Ich muß also jede Straße voller Erker oder voller Giebel machen. Andererseits soll sich Aarau von einer anderen Stadt unterscheiden, damit es sich lohnt, nach Aarau oder nach Nürnberg zu fahren. Daher also diese beiden Anforderungen: Das Motiv muß ubiquitär sein, in jeder Straße in dieser Stadt, und in keiner anderen Stadt das gleiche. Das führt natürlich zu dem, was die Städte dann doch gleich macht, nämlich zum Fußgängerzonenstil, dieser durchgehenden Verniedlichung, die wir durch die Städte führen und die bezwecken soll, daß wir uns an jeder Stelle in dem von der Propaganda verbreiteten Bild befinden.

„Typisch" ist es nur noch in der jeweils anderen Stadt. Dem Bewohner kann man nur raten, am Samstag oder Sonntag in eine andere Stadt zu gehen und zu schauen, wie es ist, wenn es keine Giebel oder Erker hat. Daß es einmal anders ist.

Eine Prognose zu machen ist schwierig. Vermutlich ist Ähnliches zu sagen wie da, wo wir über Stil und

Stilerfüllung geredet haben, nämlich daß die Disharmonie wichtig werden wird. Die Brüche in den geschönten Fußgängerensembles werden wichtiger als der Ensemblecharakter. Ich sage das wirklich mit aller Vorsicht.

Jetzt komme ich zum letzten, zum vierten Aspekt: zur Landschaft. Der Städter geht aufs Land, um die Landschaft zu sehen. Was wir historisch Landschaftsbild nennen, war aufgebaut auf der Dialektik Stadt/Land. Das heißt, der Städter mußte möglichst noch durch das Stadttor, aus der steinernen Stadt hinaus aufs Land.

Aber was heißt das für den Städter, der in der Metropole wohnt, in einem Vorortsquartier, wo weder die Stadt noch das Land irgendwo anfangen? Dieses ist die Schwierigkeit des Landschaftsbildes heute: daß es nicht mehr aus der Dialektik Stadt/Land entwickelt werden kann, sondern daß das Bild auf sich selbst stehen muß – oder woraus kann es sonst eine Spannung beziehen?

Der zweite Punkt ist wieder spaziergangstheoretisch: Der Spaziergang aufs Land wird immer länger. Das kommt daher, daß es überall gleich ist und bei Spaziergängen immer die Hoffnung bleibt, es werde mal anders. Weil der Abstraktheitsgrad dessen, was wir erleben wollen, nämlich die Landschaft des Burgund, so hoch ist, wird der Spaziergang immer länger und der Bildcharakter immer geringer.

Und nun der dritte Punkt, das scheint mir der wichtigste, da von dem her wahrscheinlich die größten Wertverschiebungen kommen werden. In Kants Sprache gesagt: Der künftige Betrachter der Landschaft ist nicht mehr „ohne Interesse", das heißt, die Figur des Unbetroffenen existiert nicht mehr. Auch der Städter ist involviert in das Geschehen in der Landschaft. Daran sind verschiedene Faktoren schuld, die alle mit der Umweltverschlechterung zu tun haben. Das Waldsterben hat uns die Wälder anders sehen lassen. Ich wage sogar zu sagen: Das Waldsterben hat uns die Wälder plötzlich sehen lassen. Wenn wir einen schönen Wald sehen, fragen wir: „Ist hier das Waldsterben auch?“ Wenn wir einen kranken Baum sehen, dann sagen wir: „Ist hier das Waldsterben?“, und wir wissen, daß wir daran „interessiert“, das heißt, involviert sind. Wir wissen, daß es unsere städtischen Abgase sind, die das bewirken. Wenn wir dem „glücklichen Volk der Gefilde, noch nicht zur Freiheit erwachet“, zusehen, wie es Herbizide auf einen Acker spritzt oder Insektizide ausbringt, dann wissen wir daß wir das Herbizid in unserem Grundwasser haben werden. Das ist nun nicht mehr der unbeteiligte Spaziergänger, der sagt, „das glückliche Volk der Gefilde.“ Wir wissen, daß die Bauern diese Herbizide nicht aus eigenem Gutdünken spritzen, sondern daß wir sie in Zwangslagen gebracht haben, in welchen sie das erwirtschaften müssen, was aus diesem Boden nicht zu erwirtschaften ist, und daß sie es deshalb mit der Chemie doch noch herausholen.

Zur Zukunft der Landschaftswahrnehmung war mein erster Punkt: Die Dialektik Stadt/Land funktioniert nicht mehr; der zweite: Der Spaziergang wird immer länger, und nun der dritte Punkt: Die Figur des Städters ist nicht mehr die desinteressierte Figur, sondern der Städter ist auch involviert. Aus diesen drei Punkten werden sich für das Landschaftsbild völlig andere Wertkategorien herausbilden.

Ich schilderte in meinem Referat vier Aspekte, von denen ich meine, daß sie auf Wertänderungen hinweisen, die auf uns zukommen und die wir als Soziologen, Sie als Kunstwissenschaftler und Denkmalpfleger beobachten müssen.

Die Stadt im Jahr 2028 (1998)

In den 1960er Jahren wußte man noch ganz genau, was uns bevorsteht. Colin Clark hatte die statistischen Unterlagen aufbereitet und Jean Fourastié hatte das Resultat daraus anschaulich gemacht. Vor Fourastié hatte jedermann geglaubt, wir würden eine industrielle Gesellschaft; Fourastié stach uns den Star und fortan war man überzeugt, wir würden eine Gesellschaft der Dienstleistungen. Niemals war eine nicht-religiöse Prophezeiung erfolgreicher als diese. Weltweit wird sie heute noch geglaubt. Über die Zukunft in den 2020er Jahren zu reden heißt also: Zunächst den Fourastiéschen Schutt wegschaufeln.

Was war Fourastiés Neuigkeit? – Zunächst eine richtige Analyse der Landwirtschaft. Zwischen den Kriegen hatte man von der „Landflucht" gesprochen; Fourastié wies nach, daß es sich nicht um eine Flucht handle, sondern um eine Abwanderung infolge des Verlustes der Arbeitsplätze. Die Landwirtschaft rationalisierte und entließ Bauern und Landarbeiter. Hatte das nicht-industrielle Europa im 18. Jahrhundert zu 80% aus Landwirten bestanden, so sollten es nach Fourastié nur noch 10% sein. Gegenwärtig tendieren wir gegen 3%. Die zweite Neuigkeit war diese: Hatte man bisher geglaubt, daß der Fortschritt der Industrie darin bestehe, daß immer mehr Menschen industriell tätig seien, so machte Fourastié auf eine gegenläufige Entwicklung aufmerksam. Industrialisierung heißt Rationalisierung und Automatisierung, also die Wegrationalisierung repetitiver Arbeitsvorgänge. Waren die Arbeitsplätze in gewerblichen Betrieben in vorindustrieller Zeit auf etwa 10% der gesamten Arbeitsplätze fixiert, so stiegen sie im Laufe der Industrialisierung auf 50% und würden, so meint Fourastié, wieder auf 10% zurückfallen. Auch dieses schien schön und logisch und man bemerkte nicht, daß sich in diese Kurve ein soziologischer Wandel eingeschmuggelt hatte: Was am Anfang Gewerbe genannt wurde, war am Ende Großindustrie.

Kombiniert man diese beiden Kurven, die Entleerung der Landwirtschaft und die steigende und fallende Welle der Industriearbeit, so entsteht dazwischen das Bild einer sich öffnenden Trompete. Womit kann ich dieses füllen? – Fourastié gibt die für ihn und seine Zeit unzweideutige Antwort: Dieses sind die Dienstleistungen. Alle Menschen, die aus der Landwirtschaft und aus der Industrie entlassen werden, sammeln sich in den Dienstleistungen, denn diese sind nicht rationalisierbar. Bedienen lassen kann man sich in beliebigem Masse, jedermann wird umgeben von fürsorgenden Instituten, Regierungen, Versicherungen, Krankenpflege, Ausbildung von Informanten, Werbung, bis hin zur Fourastiéschen Dienstleistung schlechthin, dem Friseur.

Diese Lehre von der kommenden Dienstleistungsgesellschaft glaubten die Politiker, glaubten die Wirtschaftsfachleute, glaubten vor allem die Planer. Und sie planten und verwirklichten und planen und verwirklichen noch heute eine Umwelt für die Dienstleistungsgesellschaft, die nicht kommt. Diese Welt besteht aus Dienstleistungswüsten anstelle der Städte und aus Wohnwüsten, die das Umland zerstören und die jene Distanzen schaffen, die nur noch im Privatauto zurückgelegt werden können. Es entstand jene Stadt oder Nicht-Stadt, in der nur die Zwei-Auto-Familie existenzfähig ist, weil der Mann zu seinem Arbeitsplatz fährt und die Mutter ihren Tag damit verbringt, die Tochter von der Flötenstunde zur Gymnastik und von da zur Ballettstunde, den Sohn vom Griechisch-Nachhilfeunterricht zur Fechtstunde und von da zu seiner Musikgruppe zu fahren.

Um zu einem Bild der Zukunft in den 2020er Jahren zu gelangen, müssen wir die zwei großen Fehler der Fourastiéschen Theorie aufbrechen. Der erste Fehler resultiert aus Fourastiés Lieblingsfigur, dem Friseur. In der Tat tanzt er immer noch eine Viertelstunde um unseren Haarschopf; seine Arbeit ist nicht rationalisierbar. Rationalisierbar ist aber, seit EDV, die ganze bürokratische Dienstleistung vom Verwalten über das Versichern bis zum Versorgen. Damit ergibt sich für die Dienstleistungen eine ähnliche Figur wie zuvor die industrielle Arbeit: Ein Anstieg von 10% auf, sagen wir 50% und von da an wieder ein Abstieg auf, sagen wir, 10%. Die Entwicklung der Zahl der Arbeitsplätze in Industrie und Dienstleistungen ist vergleichbar, nur zeitverschoben. Damit öffnet sich die Trompete wiederum, und noch heftiger, und wir müssen uns fragen, ob sich hier die Gesellschaft der Arbeitslosigkeit oder jene der Freizeit breit macht.

Hier tröstet uns der zweite Fehler der Fourastiéschen Theorie. Was Fourastié unter industrieller und gewerblicher Arbeit subsumiert, ist nur zum Teil automatisierbar. Wohl montieren heute Roboter die Bestandteile der Autos, Kühlschränke, Monitoren und Waschmaschinen. Dieses aber ist nur ein Teil der industriellen und gewerblichen Tätigkeit. Autos, Waschmaschinen, Monitoren, sind vielleicht die typischen Gegenstände unserer Zeit, keineswegs aber die einzigen.

Produktionsstraßen, Fließbänder, Roboter werden nämlich nicht ihrerseits auf Fließbändern durch Roboter erzeugt, vielmehr sind sie weitgehend Bastelei, Bricolage, allenfalls Kombinationen von Halbfertigprodukten. Zudem gibt es durchaus andere Zweige dessen, was Industrie (oder auch Dienstleistung) zu nennen uns widerstrebt: Bekanntlich leben mehr Leute von der Musik als vom Automobil.

Es öffnet sich also in dieser revidierten Fourastiéschen Figur eine Lücke, die wir sicherlich teilweise mit dem anfüllen müssen, was man „strukturelle Arbeitslosigkeit" nennt. Diese vielfach jungen, begabten, aber schlecht ausgebildeten und in die Arbeitslosigkeit geschickten Leute sind genau diese, welche das neue Gewerbe aufbauen. Die Gesellschaft allerdings, da sie sie ignoriert, tut wenig für sie. Weder hilft man ihnen bei der Ausbildung, noch stellt man ihnen billige Gewerbeflächen zur Verfügung, wo sie ihre Experimente und ihre Aufträge ausführen können. Sie bilden sich also selber aus, betteln der Großmutter ein kleines Kapital ab, kaufen sich ein elektronisches Gerät, ein Onkel gibt ihnen eine Garage zum Arbeitsplatz, sie tun sich zusammen mit anderen jungen Leuten, pröbeln herum und nehmen schließlich Aufträge an. Ihre Gebiete: Elektronik, Sound, Werbung, Repro, Foto, Steuergeräte.

Auch die Großindustrie macht eine Wandlung durch. Der konservative Betrieb hatte sich alle Nebenbetriebe untergeordnet; eine richtige chemische Fabrik hatte auch eine Glasbläserei, eine Schmiede, Klempnerei, eine Ettiquetten-Druckerei, eine Kistenfabrik und eine Spedition. Heute heißt es: Lean Production. Die Aufträge werden abgegeben, und zum Teil eben an jene jungen Firmen, die damit Risiken tragen, die das Großkapital nicht mehr übernehmen will; insbesondere das Risiko arbeitsloser Zwischenzeiten. Der Bedarf an Steuer- und Regelgeräten ist periodisch, normalerweise läuft die Produktionsstraße ohne solche neuen Einbauten.

Kommen wir nun endlich zu dem, worum es uns geht: Wie lebt die Mehrheit der Menschen in entwickelten Gesellschaften im Jahre 2028? Diese Mehrheit wird also weder dem landwirtschaftlichen, noch dem industriellen noch dem dienstleistenden Sektor angehören, sondern vielmehr eben jenem „neuen Gewerbe", das auch manches alte Gewerbe enthält. Dieses Gewerbe organisiert sich in kleinen Buden, die wenig Kapital haben, hochspezialisiert sind und für die meisten Aufträge in kleine „joint ventures" eintreten müssen, die sich nach Vollendung des Auftrags wieder auflösen.

Wie sieht also die Stadt aus? – Nicht so sehr viel anders wie eine von den dienstleistungsgläubigen Planern verschonte heutige Stadt. Man wird wieder nahe beim Arbeitsplatz leben, vieles wird umgenutzt, umgebaut werden, und diejenigen Bauten werden beliebt, die sich das gefallen lassen. 1960 zog ich in eine bürgerliche Wohnstraße und betrieb unseren Haushalt als eine kleine Redaktion einer Zeitschrift. Heute sind in dieser Straße allein drei hochspezialisierte Fotografen tätig, dazu noch Werbebüros. Von außen bemerkt man nichts; diese Leute arbeiten alle für eine Kundschaft, die nicht durch Außenreklame angelockt wird. Das schwarz/weiß Atelier, der Gegenstandsfotograf, der Reproduktionsfotograf für Kunstwerke, sie alle haben investiert, arbeiten für Einzelaufträge und überdauern wohl auch Zeiten der Auftragslosigkeit. Bekommen sie aber einmal einen komplexeren Auftrag, so schließen sie sich untereinander und mit anderen Spezialisten zusammen.

Wie die Stadt im Jahre 2028 aussehen wird, kann ich mir nicht vorstellen, ich kann nur als Analogie eine Stadt zeigen, die Cité Ouvrière, die sich gemäß den Bedürfnissen einzelner Familien und Bewohner ständig entwickelt. Das Baujahr ist 1860. Wer mehr über die statistische Seite dieser Entwicklung wissen will, liest von Piore und Sabel: „Das Ende der Massenproduktion".

Mensch

Macht die moderne Architektur uns unfrei? (1961)

Es ist ein altes Wort, und es hatte im Mittelalter einen ganz präzisen Sinn. Es lautet: „Stadtluft macht frei", und es bedeutete, daß derjenige, welcher den Boden bestimmter neugegründeter Städte erreichte, dort ohne Rücksicht auf sein Herkommen und auf eventuell bestehende Leibeigenschaft frei würde und ein Handwerk betreiben könne. Längst ist die Institution dahingegangen, die dem Worte seine Bedeutung gab, und doch ist das Wort geblieben. Noch immer ist in der Stadtluft etwas, was frei macht, was den Menschen aus seinen ganzen bisherigen Bindungen herausnimmt, ihn ganz auf sich selber zurückwirft und ihn ganz allein und vereinzelt dem großen Getriebe der Stadt gegenüberstehen läßt. Gewiß gilt diese extreme Polarisation nur für ganz kurze Zeit. Augenblicklich wird der Einwanderer in die Stadt irgendwelche Wurzeln fassen. In seiner Tasche knistert ein Empfehlungsschreiben an einen Arbeitgeber. Irgend jemand hat ihm auch eine Adresse gegeben, wo man eine billige Wohnung findet, und schließlich kommt ihm noch in den Sinn, daß in dieser Stadt ein entfernter Vetter oder ein ehemaliger Schulkamerad seines Vaters wohnen müßte.

Mit diesen drei Adressen, die wir unserem Einwanderer in die Tasche gesteckt haben, haben wir gleich die drei Kreise seines künftigen Lebens umschrieben, nämlich die Wohnung, den Arbeitsplatz und den Verwandten- und Bekanntenkreis. Wo diese Dreiheit getrennt ist, da handelt es sich um moderne städtische Verhältnisse. Wo zwei Punkte sich überschneiden, da handelt es sich noch um Reste älterer Strukturen. Die Wohnung fällt mit dem Arbeitsplatz zusammen im traditionellen Handwerk, das noch als Familienbetrieb und vielleicht mit einem ledigen Gesellen betrieben wird, wenn es das noch gibt, oder dann im Falle werkseigener Siedlungen, wie solche in den vergangenen 150 Jahren der Industrialisierung aus mancherlei ideologischen, karitativen oder praktischen Gründen gebaut worden sind. Fällt aber Wohnort und Bekanntenkreis zusammen, so stehen wir vor nicht in vollem Sinne städtischen Verhältnissen, vielleicht kleinstädtischen oder industriedörflichen, oder aber vor einer Siedlung, die sich auf einer irgendwie gearteten weltanschaulichen oder sonstigen gemeinsamen Basis zusammengefunden hat. Fällt aber der Arbeitsplatz mit dem Verkehrskreis zusammen, dann handelt es sich um eine Gruppe von Leuten, die neu in die Stadt gekommen sind, die alle noch keine Beziehungen hatten und sich am Arbeitsplatz befreundeten.

Die Zeit zerschneidet Zuordnungen

Aber in städtischen Verhältnissen bringt die Dauer der Zeit mit Sicherheit alle Überschneidungen durcheinander; wo sich zwei Nachbarn kennengelernt haben, da wird dem einen die Wohnung zu klein, und er muß ausziehen, wo sich Arbeitskollegen befreundeten, da bekommt der eine eine bessere Stellung angeboten, und wo sich gar die Verhältnisse als unerschütterlich und stabil erwiesen, wie etwa in einer Werkssiedlung, da ist es die zweite Generation, die das Bild verschiebt. Denn auch dieses ist ein Kennzeichen der Stadt, daß die jungen Leute nicht dem Vater im Berufe folgen und daß die Mädchen nicht bei der Mutter sitzen bleiben. Der neuen Generation steht die ganze Palette der möglichen städtischen Berufe offen, und da mag nun der Vater in die Nähe seines Arbeitsplatzes gezogen sein, vielleicht zu einer Fabrik am Stadtrand – um so längere Wege müssen seine Söhne und Töchter zurücklegen, in die Schule, an die Lehrstellen und ins Stadtzentrum, wo die Mädchen Sekretärinnen oder Verkäuferinnen werden. Und wenn es gar ein Eigenheim war und es kommt der Erbgang, so ist die schönste Zuordnung zum Arbeitsplatz sinnlos geworden.

Anders als die Stadtplaner glauben

Die Trennung der drei Kreise städtischen Lebens, Arbeit, Wohnen, Verkehrskreis, bringt ungeheure Nachteile mit sich. Ein gewaltiger Aufwand ist nötig, um die entstehenden Distanzen zu überwinden. Die Gemeinschaft und jeder einzelne wenden einen großen Teil ihres Einkommens an den innerstädtischen Transport. Und doch ist dieser ganze Aufwand nur der Beweis, wie wichtig und wie lieb uns diese Trennung geworden ist. Denken wir an den sogenannten Pendler, der bei seiner täglichen Wanderung zur Arbeit und nach Hause eine Gemeindegrenze überschreitet und deshalb zu einem Lieblingskind der Statistiker geworden ist. Keineswegs alle Pendler sind Pendler der Not; manche vielmehr Extremisten der freien Ortswahl, die sich an einem bestimmten Wohnsitz und an einem sehr weit entfernten Arbeitsplatz gleichzeitig so wohl fühlen, daß sie den langen Weg in Kauf nehmen, weil die Aufgabe des einen oder des andern Teils ihrer Existenz ihre Lage nur verschlechtern würde. Und diejenigen von uns, die keine Arbeitspendler sind, sind wir nicht alle Pendler in unserem Verkehrskreis? Keineswegs besuchen wir, wie es die Stadtplaner glauben, am Sonntag unsere Nachbarn und besprechen mit ihnen die architektonischen Schönheiten des neuen Wartehäuschens an der Straßenbahnhaltestelle unseres Quartiers. Vielmehr besteigen wir eben selbige Straßenbahn und fahren an einen ganz entgegengesetzten Ort der Stadt, wo wir einen Bekannten haben.

Und nun kommen Städtebauer und wollen Ordnung in das so geliebte Gefüge der städtischen Freiheit bringen. Jede Ordnung aber enthält Ideologie, enthält einen tiefgreifenden Entwurf vom Leben, wie es sein sollte. Dieser Entwurf bleibt zunächst unsichtbar; man spricht von scheinbar technischen Dingen. Es liegt nahe, den uns alle so plagenden Verkehr an der Wurzel seiner Entstehung ausrotten zu wollen, durch Zerschlagung der Großstadt selbst. Die Ausgliederung von Teilen der Stadt verringert den Verkehr. Aber zweifellos enthält diese „Entballung" einen sehr intensiven Entwurf des künftigen Lebens, und es fragt sich, ob die Bewohner ihn annehmen und sich auf den verengten Rahmen reduzieren lassen oder ob sie nicht eines Tages doch in Beruf, Verkehrskreis und Vergnügungsbedürfnis Ansprüche bekommen, die sich nur in der Großstadt befriedigen lassen und die die einst erreichte Reduktion des Verkehrs in ihr Gegenteil verkehren.

Vetternschaften quer durch die Stadt

Damit soll nun beileibe nicht gesagt werden, daß alle städtische Planung, die auf Verminderung des Verkehrs zielt, nutzlos sei. Die Bereitstellung einer genügenden Anzahl genügend differenzierter Wohnungen von möglichst verschiedenartigem Charakter in der Nähe der Arbeitsstätten kann durchaus die dort Beschäftigten anziehen. Sicherlich ist ein großer Teil des heutigen Langstreckenverkehrs und besonders der Pendelei von der Wohnungsnot bedingt, denn die Wohnungsnot brachte eine Versteinerung des Status quo der Wohnverteilung bei einer weiterschreitenden Veränderung der Arbeitsplätze. Sobald einmal da die Rolle des Wohnungsmarktes wiederhergestellt ist, wird sich ein besseres Gleichgewicht einpendeln.

Einige Städtebauer glauben, daß sie der modernen Trennung von Wohnung und Arbeitsplatz in der Weise Rechnung tragen müßten, daß sie ein strahlenförmig, fächerförmig oder wurzelförmig sich ausdehnendes und sich in den Wohnzonen verästelndes Straßensystem vorschlagen, das sich gegen die Stadtmitte bei dem Vegetationspunkt dieser Wurzelsysteme ständig verbreitert. Nun scheint mir, daß diese Figur in wesentlichen Punkten nicht den Bewegungsvorgängen unserer Stadt Rechnung trägt. Die Bevorzugung der zentrifugalen und zentripetalen Fahrtrichtungen ist ganz unberechtigt. Der Verkehr ist die Überwindung immer neu sich ergebender Verwirrungen und Verschiebungen der Zuordnungen im Sinne unserer drei Freiheiten der Wahl des Arbeitsplatzes, Wohnorts und Verkehrskreises. Abbild dieser Freiheit kann also nicht eine irgendwie gerichtete Figur sein, sondern eine richtungslose nach Art etwa des so verpönten Quadratrasters.

Dieser falschen Polarisierung, des städtischen Lebens auf einen Arbeitsplatz und einen Wohnort, liegt die Vorstellung zugrunde, der Städter sei gesellschaftlich entwurzelt, man müsse ihm in seiner Nachbarschaft eine neue Verwurzelung, einen Verkehrskreis schaffen. Aber gerade die empirische Soziologie in Deutschland hat zeigen können, daß die Vorstellung vom entwurzelten Städter falsch ist. Jeder hat nicht nur einen Bekanntenkreis, sondern auch eine ziemlich ausgedehnte Verwandtschaft. Selbst im Ruhrgebiet, wo die Bevölkerung so durcheinandergerührt ist, daß man sich primär vorstellen würde, es gäbe keinen verwandtschaftlichen Zusammenhalt mehr über den Grad des Onkels hinaus, gerade da sieht man, daß die Vetternschaft durch die ganze Stadt hindurch doch gepflegt wird und daß eben dieses die Verwurzelung des Städters ist, daß sein Verwandten- und Bekanntenkreis, würde man ihn auf dem Stadtplan aufzeichnen, sternbildartig in alle Quartiere reicht.

Überwachung in der Nachbarschaft

Die Städtebauer, die den Großstädter von seiner freien Verflechtung mit der ganzen Stadt trennen wollen und ihn auf seine Nachbarschaft zurückwerfen, diese sind es, die ihn entwurzeln. Auch dieses steckt in den Worten „Stadtluft macht frei“: Im Dorf, in der Kleinstadt herrscht gegenseitige Überwachung, die Stadt ist seit alters her der Ort der Toleranz. Diese Lektion hatte schon Jonas unter seiner Rizinusstaude zu lernen. Das Dorf, die Kleinstadt haben eine sichtbare Ordnung; die Stadt ist wesentlich unhierarisch; die Abhängigkeit der Menschen voneinander beschränkt sich auf Teilgebiete, den Arbeitsplatz, das Mietverhältnis. Im ganzen aber treten sich die Menschen anonym, frei und mit einer Reserve gegenüber, die auf das genaueste dem Gedichtpaar von Erich Kästner entspricht: „Keiner weiß, wie reich du bist“ und „Keiner weiß, wie arm du bist.“ Zerschlägt man den Zusammenhang der städtischen Gesellschaft, teilt man die Stadt in Nachbarschaften auf, so vernichtet man auch diesen Effekt der Toleranz und bringt das Verhalten der Städter gegenüber Andersartigen wieder auf das Niveau der Kleinstadt und des Dorfes.

Das führt zur Frage der politischen Integration des Städters. Die Vertreter des städtebaulichen Nachbarschaftsgedankens sind der Meinung, daß sich in der Nachbarschaft das politische Interesse des Städters an seinem Gemeinwesen entzünden müsse, daß man über nachbarschaftliche Vereine, welche sich für bestimmte materielle Forderungen der Nachbarschaft einsetzen, das politische Interesse im kleinen wecken könne und daß daraus die politische Betätigung an der gesamten Stadt entstehen werde. So sehr ich als Schweizer auf den Gedanken einer Demokratie von unten und aus den kleinsten Einheiten heraus eingeschworen bin, so glaube ich doch, daß die politische Betätigung in der Großstadt einen politischen Willen und ein programmatisches Vermögen verlangt, wie es nicht additiv aus den kleinen Belangen der kleinsten Einheiten hervorgehen kann.

Die politische Verwaltung so kleiner Gebilde wie Nachbarschaften vollzieht sich sachlich auf der Basis der direkten materiellen Entscheidung, politisch auf der Basis von persönlichen Bekanntschaften und einer gewissen lokalen Berühmtheit der einzelnen in Frage kommenden politischen Figuren. Von dieser kleinen Struktur der städtischen Verwaltung ist kein bloß quantitativer Übergang zu den großen Problemen der ganzen Stadt. Die Probleme des großen Stadtorganismus sind so komplex, daß sie nur auf der Basis einer gewissen programmatischen Ideologisierung an die Bevölkerung herangetragen werden können. Andererseits sind die einzelnen Personen in der Großstadt so unbekannt, daß sie sich nur auf Grund von Listen wählen lassen können. Beides führt dahin, daß große Städte nur mittels eines demokratischen Parteiensystems regiert werden können, eines Parteiensystems, das im Rahmen der Nachbarschaft und auf der Basis ihrer kleinen materiellen Probleme nur Unfriede und Lächerlichkeit ernten würde. So muß gesagt werden, daß die demokratische

Stadtverwaltung nicht dazu geschaffen wurde, um die Langeweile der Vorstadtbewohner zu beheben, und daß die Nachbarschaft, weit entfernt davon, die demokratische Resistenz der Großstadt zu erhöhen, solange sie unpolitisch bleibt, eher das Interesse ablenkt und desintegrierend wirkt, sobald sie aber politisch wird, zu un- und antidemokratischen Effekten neigt.

Das Phantom der Familie im Jahre 2011

Die Tatsache, daß sich heute Hunderte und Tausende von Menschen in ihrem Hause oder in ihrer Wohnung nicht wohl fühlen oder in ungeeigneter Weise einrichten müssen, wird oft damit in Zusammenhang gebracht, daß die Häuser heutzutage nicht mehr für den Bewohner gebaut werden, daß heute nicht mehr oder nur noch in Ausnahmefällen ein Bauherr zum Architekten geht und sich bei ihm ein Haus nach Maß bestellt und ihm erklärt, er habe vier Kinder, einen Hund, ein Dienstmädchen und eine ledige Großtante und möchte außerdem noch einen Bastelraum und eine Dunkelkammer für fotografische Experimente.

Das mag alles stimmen. Ich möchte aber den Finger auf eine andere Stelle legen. Ein Haus lebt sehr lange, lebt fünfzig Jahre und mehr, und es muß auch fünfzig Jahre bestehen, denn erst in dieser Zeit hat es sich abgezahlt. Es kann aber kein Mensch fünfzig Jahre Zukunft vorausplanen. Am allerwenigsten kann es jener private Bauherr mit seinem Hund und seiner ledigen Tante und seiner Dunkelkammer. Gerade dieses Haus veraltet ja in seiner Zweckbestimmung am schnellsten. So ist es kein Wunder, daß dort, wo es die Bomben nicht besorgt haben, also beispielsweise in meiner Vaterstadt Basel, in den letzten Jahren reihenweise Häuser abgebrochen worden sind, welche noch keine 50 Jahre alt waren und gerade aus jener Zeit des allerhöchsten privaten Luxus stammten. Ebenso interessant ist es, daß sich Häuser aus sehr viel älteren Zeiten weit besser nutzen lassen. Basel hat viele einfache Handwerkerhäuser, Sie reichen bis ins 14. Jahrhundert zurück und in ihrer Mehrzahl unterstehen sie nicht dem Denkmalschutz. Sie werden umgebaut, renoviert, nochmals umgebaut, aber abgebrochen werden sie nur dann, wenn sie dem Verkehr oder einem Großprojekt im Wege stehen. Sie sind heute noch brauchbar in ihrem bescheidenen, normhaften und nicht auf einen speziellen Zweck festgelegten Grundriß, zum Unterschied eben der Häuser der Gründerjahre.

Was der Private mit seinem Hause macht, zehn Jahre später, wenn ihm das Fotografieren verleidet ist, die Tante gestorben und die vier Kinder verheiratet, das sei ihm selber überlassen. Uns interessiert hier der Grundriß der Mietwohnung. Da treffen wir auf das entgegengesetzte Phänomen: Weil die Wohnung für alle passen soll und weil sie fünfzig Jahre lang einen Zins abwerfen muß, deshalb ist sie für keine bestimmte Familie gemacht. Nicht einmal für die durchschnittliche Familie unserer Jahre. Nicht die reale Familie von 1960 liegt der Wohnung als Muster zugrunde, sondern ein Phantom, das Phantom der Familie der nächsten 50 Jahre, wie sie der Planer sich vorstellt. Der Planer, der nicht einmal die allerelementarsten Dinge über diese Familie wissen kann.

Einer der Unterschiede zwischen der bürgerlichen und der arbeiterlichen Wohnung ist der, daß die Bürgersfrau als Nachfolgerin ihres nicht vorhandenen Dienstmädchens die Speisen aus der Küche ins Eßzimmer trägt und dem Herrn der Schöpfung kredenzt. Nichts hiergegen, und man mag ihr sogar den Balanceakt abnehmen durch die Einrichtung einer Durchreiche. Aber man muß sich klar darüber sein, daß die einmal so erstellte Wohnung diesen Lebensstil für alle Zeiten festgelegt hat; denn in der Regel sind die Küchen dann so klein, daß die Speisen in einem anderen Zimmer serviert werden müssen. Es gibt keine Wohnung, der nicht ein solcher Entwurf vom Leben, wie es sein sollte, zugrunde liegt, und gerade wenn der Architekt geglaubt hat, er habe sich nichts Derartiges überlegt und ganz neutral die für eine bestimmte Preislage richtige Wohnung gebaut, gerade dann kann man sicher sein, daß sich hier ein Schemenvorrat soziologischer Klischeevorstellungen in Stein und Klinker verwandelt hat.

Wünsche wandeln sich geschwind

Nun gibt es gerade in Deutschland verdienstvolle Ansätze, dieser gefühlsmäßigen Soziologie der Planer durch eine empirische Untermauerung zu Hilfe zu kommen, beispielsweise das Gutachten über die Wohnwünsche der Bergarbeiter der Sozialforschungsstelle der Universität Münster in Dortmund. Der Grundgedanke dieser Untersuchung war, daß es zumindest in einem so ausgeprägten und so stark prägenden Beruf wie dem des Bergarbeiters eine bestimmte, begrenzte Anzahl von Wohnvorstellungen geben müßte, die zueinander in einem bestimmten anteilmäßigen Verhältnis stehen, und daß man dann, wenn man für Bergarbeiter baut, anteilmäßig soundso viele Wohnungen des einen und des anderen Typus erstellen könnte. Diese Vorstellung wurde im Laufe der Untersuchungen zunächst überraschend bestätigt. Bei den Befragungen kristallisierte sich im wesentlichen nur ein Haustypus als von den Bergleuten gewünscht heraus, die sogenannte Kleinsiedlerstelle, das Einzelhaus oder Doppelhaus einfachster Art, aber mit einem ausgedehnten Wirtschaftsteil, das umgeben ist von einem Umschwung, der hinreicht für einen Nutzgarten von erheblichem Ertrag.

Andererseits hielt aber dieser so bestimmt vorgetragene und durch alle Altersstufen hindurchgehende Wohnwunsch der zeitlichen Entwicklung nicht stand. Der wirtschaftliche Aufstieg der Bevölkerung hat den Lebensstil in diesen Siedlungen in sein Gegenteil verkehrt; wo mit aller Entschiedenheit ein Hühnerstall, ja sogar von vielen ein Schweinestall gefordert worden war, mit der Versicherung, der Bergmann brauche eben sein Schwein, da wird nun das Auto hineingestellt, und der Hausherr pinselt vergnügt an der neuen Garagentür. Wo vor sieben Jahren energisch ein Nutzgarten und Ackerland gefordert wurden und ein Keller, um die Kartoffeln und das Sauerkraut eigener Produktion überwintern zu lassen, da ist nun ein Zierrasen angesät, mehr um des Schattens als des Obstes willen zwei Bäumchen gepflanzt, und darunter stehen die bunten Liegestühle.

Einengende Wohnmaschine

So zeigt sich, daß auch die empirisch fundierte Wohnwunschforschung mit dem Problem der Lebensdauer der Häuser nicht fertig wird. Was uns also bleibt, ist die Forderung nach äußerster Vorsicht bei allen Festlegungen und Fixierungen. Wo starr gebaut wird, da soll darauf geachtet werden, daß die Räume vielseitig verwendbar sind, daß die Möbel nicht an bestimmte Aufstellungen gebunden werden, und daß möglichst wenig determinierende Einbauten da sind. Von neuem aber sollten wir uns an das Experiment der flexiblen Bauweise wagen. Daß es einige Male gescheitert ist – zum Beispiel in der Stuttgarter Weißenhofsiedlung – sollte uns nicht von diesem Experiment abhalten. Und zum letzten ist den Wohnungen dadurch Elastizität zu geben, daß sie genügend groß angelegt sind. Denn allein diese Größe gewährt eine gewisse Elastizität. Wo Häuschen gebaut werden, da sollte diese Elastizität durch die Möglichkeit einer Einliegerwohnung gewährleistet sein. Im Rhythmus des Generationenwechsels wächst und schwindet die Größe der Familie, ebenso der Umfang ihres Einkommens; und diese pulsierende Bewegung kann ausgeglichen werden durch die jeweilige Aufnahme von Mietern oder Untermietern.

Der Fortschritt läuft im Augenblick in einer anderen Richtung. Immer stärker fixiert die vom Entwerfer vorgesehene Nutzungsweise das Leben des Bewohners. Immer neue feste Einbauten machen die Wohnung zur Wohnmaschine. In der Schweiz treten nun ganz allgemein in den Miethäusern Küchen mit barartigen Theken auf, an welchen man essen oder über welche man die Speisen in eine Eßnische des Wohnzimmers transportieren kann. Küche, Wohnzimmer und Eßzimmer sind dadurch ein Raum geworden, wenn sie auch optisch getrennt werden.

Die Wohnungen, wie wir sie heute bauen und bewohnen, sind in ihrer Kleinheit notwendig, Schrumpfformen weit ausgedehnterer Wohnprogramme. Da gibt es einmal das alte bürgerliche Appartement mit seinen sehr vielfältig aufgeteilten Raumzwecken, die aber auf die fundamentale Einteilung zurückgehen: Küche, Eßzimmer, Wohnzimmer. Wobei das Wohnzimmer sich noch vervielfachen kann in Damenzimmer, Herrenzimmer, Fumoir und Boudoir; die Arbeitsregion der Küche kann noch weiter ausgedehnt werden durch Bügelzimmer, Nähzimmer und Anrichtezimmer, und auch der Schlafteil kann noch erweitert werden durch eine Nursery, ein Spielzimmer und Aufenthaltsräume für die Kinder und Gouvernanten.

Wenn wir nun heute unter dem Druck der Bauteuerung und des Raummangels zu reduzierten Programmen der vollen Wohnung schreiten und also eigentlich zu trennende Raumnutzungen zusammenlegen müssen, so müssen wir uns überlegen, wovon wir eigentlich eine solche Reduktion vornehmen und für welchen Lebensstil wir eigentlich hier ein verkleinertes Surrogat erzeugen. Selbst wenn wir es uns vorher nicht überlegen, wovon wir eine Reduktion vornehmen, indem wir beispielsweise Wohnzimmer und Eßzimmer vereinigen, so haben wir doch durch die Art, wie wir die Zusammenlegung vornehmen, den Lebensstil determiniert. Denken Sie sich einmal das folgende Experiment: Sie stellen einem Ehepaar eine Dreizimmerwohnung zur Verfügung; die Räume seien ungefähr gleich groß und einer davon enthalte den Herd, so daß die Küche determiniert ist. Wie nutzt nun dieses Ehepaar die Räume? Nun, es scheint selbstverständlich. Es gibt scheinbar nur eine mögliche Nutzung: Schlafzimmer, Wohnzimmer, Küche. Machen Sie ihre Wohnungszählung, so werden die hundert und tausend Dreiraumwohnungen, die es in jeder Stadt gibt, stets in dieser Weise genutzt werden. Und doch stecken in dieser Nutzung mindestens zwei völlig verschiedene Lebensstile, Schrumpflebensstile, wie ich sie nenne. Die eine Familie wird in der Küche essen und wohnen und das Wohnzimmer als gute Stube, kalte Pracht, oder wie immer man das polemisch nannte, unbenutzt lassen. Die andere wird in der Küche lediglich kochen, das Essen in das als Eß-Wohn-Zimmer eingerichtete mittlere Zimmer tragen, das ihr auch für die übrige Zeit und am Feierabend als Aufenthaltsraum dient. Sodann wird es vermutlich noch eine mittlere Gruppe geben, die in der Küche ißt und sich anschließend ins Wohnzimmer begibt.

Von Wohnzimmern, Wohnküchen und guten Stuben

Ich hatte Gelegenheit, an der Sozialforschungsstelle in Dortmund mehrere hundert Gesprächsprotokolle einzusehen, die von einer Untersuchung in der Dortmunder Nordstadt stammten. Von 97 Leuten benützten die Küche als Eßküche in dem Sinne, daß sie sich nach dem Essen ins Wohnzimmer begeben, nur acht; 66 Fälle benutzen die Küche als Wohnküche, wobei wegen der Kinder nicht immer eine reine gute Stube abfällt, sondern das mittlere Zimmer auch als Schlafzimmer benützt werden muß. In 20 Fällen aber zeigt sich die Kombination: Wohnküche, Fernsehanschluß, gute Stube, Schlafzimmer. Ja es fehlt sogar nicht der eine Fall, bei welchem lieber in der Küche geschlafen wird, als daß die gute Stube benützt würde. Rechnen wir die acht Fälle der Eßküche unter die Arbeitsküchen, dann gibt es neben 20 unbenutzten guten Stuben 19 eindeutige Wohnzimmerbenützer.

Aber zurück zu unserem Thema. Bringen wir nun in unserer Dreiraumwohnung zusätzlich fixierende Einrichtungen an, beispielsweise eben die Durchreiche, den Kühlschrank, den Fernsehanschluß usw., so stören wir die freie Einrichtung nach den hergebrachten Lebensweisen.

Und nun noch ein Wort über diese gute Stube. Seit es sozialen Wohnungsbau in irgendeinem Sinne gibt, wird sie bekämpft als ein altmodisches bürgerliches Relikt. Ich glaube, daß man damit auf der völlig falschen Fährte war. Nicht nur deshalb, weil es nicht angeht, einen Wohnwunsch nur aus dem Grunde zu bekämpfen, weil er Rationalisten unnötig scheint – die unnötigen Wünsche sind genau so legitim wie die notwendigen, und wir bestreiten auch niemandem das Recht auf einen Fernsehapparat oder auf den wöchentlichen Kinobesuch: Auch viele Autos sind unnötig, und doch ist der Autoverkäufer ein Lieblingskind der Wirtschaft. Aber mir scheint, daß man noch aus anderem Grunde auf falscher Fährte war: Die „kalte Pracht“ ist gar nicht der Nachkomme des bürgerlichen Salons oder des Damenzimmers, wie man geglaubt hat, sondern viel mehr die Stadtform eben jener bäuerlichen Stube, die neben der Diele lag und in die sich das Ehepaar bei seltenen Gelegenheiten zurückzog.

Schon immer und seit es sozialen Wohnungsbau gibt, haben sich Wohnbaupolitiker gefragt, wie denn der Arbeiter wohnen solle. Man hat sich nie offen und ehrlich zugegeben, daß es eine traditionelle proletarische Wohnform nicht gibt. Auch nicht geben kann, denn wo hätte sie sich entwickeln sollen? Der Arbeiter mußte immer vorliebnehmen mit den Wohnungen, die ihm die Bauindustrie zur Verfügung stellte. Als man in Deutschland 1919 und in Erfüllung des Kriegerheimstättenversprechens daranging, Arbeiterwohnungen und Arbeiterhäuser bewußt zu entwerfen, war es bezeichnend, daß man zwei völlig verschiedene Wege einschlug. An einem Orte sieht man ein betontes Jasagen zur Großstadt zur städtischen, zur industriellen Existenz, man baute große Mietblöcke von pathetischer Nüchternheit, und man glaubte, daß sich der Arbeiter in dieser ernsten und groß gedachten Welt von Zement selber erkennen und seiner staatstragenden Macht bewußt werde. Am andern Ort hing man Reformbewegungen an und wollte den Arbeiter des Glückes der bürgerlichen Gartenstadt teilhaftig werden lassen; man baute kleine

Eigenheime, Doppelhäuser weit verstreut im Grünen. Wer hatte recht? Beide und keiner. Keiner jedenfalls in dem Sinne, daß er eine proletarische Tradition erkannt hätte, und keiner in dem Sinne, daß er eine proletarische Tradition geschaffen hätte.

Keine Wohnform heißt aber noch nicht: kein Wohnstil. Der Wohnstil ist ein elementares menschliches Bedürfnis; jeder will sich in einem Wohnstil manifestieren, durch einen Wohnstil sich und andern eine Lebensauffassung und ein Standesbewußtsein kundtun. Es ist ganz natürlich, daß in der Zeit der Wohnungsnot auch dieses menschliche Bedürfnis zurückgestellt werden mußte. Aber einmal stellt sich doch die Frage, wie lange dieser Wille zum Wohnen, zu einem über das elementare Schutzbedürfnis hinausgehenden Wohnen eigentlich anhält, resistent ist, wenn er durch die Wohnungsnot zurückgedrängt wird. Verlernen die Leute das Wohnen? Obwohl die Wohnung, die fünfzig Jahre halten muß, in gewissem Sinne die Entwicklung der nächsten fünfzig Jahre antizipieren will, kann sie das natürlich nicht in bezug auf die Größe. Die Größe ist immer für den jetzigen Moment. Eine Einkommensteigerung wird also, wie Nationalökonomen sagen, einen unbefriedigten Kaufkraftüberhang bilden. Ein Kaufkraftüberhang, der gerne für Wohnzwecke abgebaut werden würde, aber nicht werden kann. Der für Wohnwünsche bereite Kaufkraftüberhang existiert sogar schon. Aber es ist der Bauwirtschaft nicht gelungen, daraus etwas zu machen. Was tun die Leute mit diesem überschüssigen Geld? Es wird nicht überall in den Sparstrumpf gesteckt, um später daraus ein Häuschen zu kaufen; es schafft sich Bahn in anderen Konsumgütern, die man als Wohnsurrogate ansehen muß: Auto, Wochenendhaus, Zelt, Hotelaufenthalt.

Das wäre nicht schlimm, wenn es reversibel wäre. Aber das ist es nicht. In dem Moment, in dem wir in fünf oder zehn Jahren mit Vier- bis Fünfzimmerwohnungen und kleinen Häuschen aufrücken, um dem gehobenen Standard einen Rahmen zu geben, ist es vielleicht zu spät. Dann haben sich die Leute schon an das Auto, Hotel und so weiter gewöhnt und ihren Lebensstil geändert. Das Wohnen – nicht als Befriedigung einer Notdurft, sondern als genußreichste Tätigkeit –, wurde ihnen ungewohnt.

Eine wachsende Literatur beschäftigt sich besorgt mit dem wachsenden Prestigebedürfnis des modernen Großstädters. Die Güter, an welchen dieses Prestige manifestiert wird, fallen teilweise zusammen mit den „Wohnsurrogaten“. Wird nicht dieser Wettlauf entschärft, wenn anstelle ablesbarer Skalen die Möglichkeit tritt, sich vom anderen zu unterscheiden? Das ist möglich auf dem Gebiete des Wohnens. Jedes Kind kennt die Preise und den Prestigeanspruch der Automarken. Die Unterschiede im Wohnen sind unkommensurabler. Ein Bastelraum, eine Bibliothek, ein Atelier, ein Musikzimmer – sei es für Hausmusik oder für stereophonische Experimente –, sie unterscheiden, ohne zu übertreffen. Aber sie alle setzen voraus, daß wir ausreichenden Wohnraum haben, der undifferenziert genug ist, beliebiger Verwendung zugeführt zu werden.

Wohn-Bedürfnisse (1970)

Es ist das Wesen der menschlichen Gesellschaft, natürliche Bedürfnisse in den Dienst gesellschaftlicher Akte zu stellen: Indem ein Bedürfnis befriedigt wird, bestätigt sich auch die Gesellschaft – indem zur Mittagszeit das Kind am Familientisch seinen Hunger stillt, ist die Ordnung der Familie wieder einmal bestätigt worden. Die menschlichen Bedürfnisse sind durch diesen Prozeß in solchem Maße mit den gesellschaftlichen Erfordernissen verschmolzen worden, daß von natürlichen Bedürfnissen zu sprechen kaum mehr sich lohnt. Das Existenzminimum selbst ist gesellschaftlich bestimmt; der in den dreißiger Jahren von den Werkbünden unternommene Versuch, eine „Nullinie" festzulegen, mußte scheitern. Gehen wir – gar nicht so weit – in die Vergangenheit zurück, so stellen wir fest, daß die Mehrheit der Menschen unter unvorstellbar schweren Bedingungen ihr Leben fristete; sie ertrug es eben deshalb, weil es dem gesellschaftlichen Rahmen entsprach. Unerträglich aber ist das Leben unterhalb der Normen der Gesellschaft, unterhalb des erreichten Standards, woraus man die paradoxe Regel ableiten könnte: Das Existenzminimum ist immer über dem Existenzminimum.

Wir sprechen hier von den Wohnbedürfnissen des Menschen und müssen sogleich präzisieren, daß damit nicht der Schutz vor den Unbilden der Witterung gemeint sein kann, sondern die Inszenierung des Menschen bei seinem Auftritt im Leben. Die Bewohner einer Wohnung sind nicht in erster Linie Konsumenten von Schlaf, Reinlichkeit, Lebensmitteln und Freizeitunterhaltung, sondern eine Gruppe, die unter den Bedingungen einer teilweise gegebenen, teilweise veränderbaren Wohnung unter sich, mit Bekannten und mit der Umwelt zu agieren beginnt. Passiver Partner in dieser Interaktion ist die Wohnung selbst, die vielleicht so bleibt, wie sie ist, vielleicht verändert wird, vielleicht aber auch zugunsten einer anderen vertauscht werden muß.

Über die Bedürfnisse des Wohnens zu sprechen ist aus dem Grunde so uferlos kompliziert, weil nahezu sämtliche Instanzen unserer Gesellschaft daran beteiligt sind. Wir haben es mit einem kaum simulierbaren Spiel zu tun, das sich zunächst zwischen den Mitgliedern der Bewohnerfamilie und ihren Bekannten abspielt, an dem aber so große und schwer zu fassende unsichtbare oder ungreifbare Mitspieler beteiligt sind wie: der Wohnungsmarkt, die Möbelindustrie, die Berufswelt der Bewohner, die Architekten und die Entwicklung der Architektur, das gesamte Baugewerbe in seiner Verflechtung mit Geldgebern und beschlußfassenden Instanzen, schließlich das Publikum, die Presse, die öffentliche Meinung oder wie immer man die letzte und oberste Beurteilungsinstanz gesellschaftlicher Verhältnisse nennen mag. In unserer Darstellung möchten wir – vereinfachend – auf drei Ebenen dieses komplexen Spieles eingehen: auf die Familie oder Gruppe der Bewohner selbst, wobei wir auf eine elementare gruppendynamische Erscheinung hinweisen können; zum zweiten auf die Bewohnerfamilie im Rahmen ihres gesellschaftlichen Kreises, wobei das Instrumentarium der Selbstdarstellung, also die Sprache der Wohnungseinrichtung, Erwähnung findet; und schließlich auf die Instanz des Wohnungsmarktes, diesen mächtigen Beherrscher unseres Lebens, durch welchen unsichtbare Weichen in Bezug auf die Entwicklung des Lebensstiles und der gesamten Kultur gestellt werden.

Als erste Stufe betrachten wir die Interaktionen zwischen der Wohnung und der Bewohnerschaft unter

Vernachlässigung der Beziehungen zur Außenwelt. Der Architekt hatte in den Grundriß der Wohnung sogar Möbel eingezeichnet, um zu zeigen, welche Überlegungen er sich zur Art und Weise machte, in der man diese Wohnung bewohnen könne. Bestimmte Maße, Wandlängen, Abstände zwischen Türe und Ecke hat er auf die Maße gebräuchlicher Möbel abgestimmt, etwa Bettbreite und Nachttischbreite, oder Eßtischbreite und Raum für Stühle. In den seltenen Fällen, in welchen Wohnungen auf ihre Benutzung hin nachgeprüft worden sind, stellte man erstaunlich häufig fest, daß die Bewohner ihre Möbel auf eine durchaus andere als die vorgesehene Art aufgestellt haben.

Man hat diese Abweichungen stets als „unfunktionell" angesehen und gemeint, daß sie falschen Prestigevorstellungen und von höheren Bevölkerungsklassen übernommenen standesmäßigen Klischees entsprungen seien. Speziell wies man auf jene Fälle hin, in welchen – oft unter extremen Opfern, wie beispielsweise dem, daß eine Person in der Küche schlafen muß – ein Zimmer „zweckfrei" und scheinbar ungenutzt eingerichtet wurde. Alle diese Fälle wurden unter das Schlagwort der „guten Stube" subsumiert, und geschmackbildende Bewegungen von der Art des Werkbundes betrachteten es als ihre Mission, die Bevölkerung von solchen scheinbar falschen Einrichtungen abzubringen. Der Bewohner sollte durch Überredung und sanften Zwang und durch entsprechende Gestaltung der Grundrisse dazu gebracht werden, anstelle der „guten Stube" einen Aufenthaltsraum zu benutzen, der mit anderen Nutzungen kombiniert ist, sei es das Wohn-Eßzimmer, sei es die Wohnküche, sei es die Kombination von Korridor und Aufenthaltsraum in Form einer Wohnhalle, sei es das „Studio", das nach Gebrauch einer oder mehreren Personen noch als Schlafraum dient.

Die Tatsache, daß alle diese Kombinationen von hohen Prozentzahlen der Bewohnerschaft nicht akzeptiert werden, kann nicht allein einem Prestigeverhalten zugeschrieben werden. Insbesondere fällt auf, daß die sogenannte „gute Stube" nicht etwa bei steigender Bewohnerzahl wegfällt, sondern gerade bei großen Familien in kleinen Wohnungen auftritt. Auf der anderen Seite machen gerade kleine Familien von den angebotenen Reduktionsformen des Aufenthaltsraumes, beispielsweise von der Wohnhalle, gerne Gebrauch, während große mit solchen nichts anzufangen wissen. Beide Beobachtungen deuten darauf hin, daß die Anpassungsvorgänge zwischen Bewohnerschaft und Wohnung nicht in dem einfachen Sinne funktional sind, wie es sich die Theoretiker bisher gedacht haben, sondern vielmehr „gruppendynamischen" Gesetzen unterliegen. Die große Gruppe kann nur funktionieren, wenn für Krisensituationen eine Polsterung vorhanden ist: Ein solches Raumpolster stellt das unbenutzte Zimmer, die „gute Stube", dar. Die gleichmäßige und funktionale Ausnutzung des Grundrisses hätte Rückwirkungen auf die Gruppe, welchen diese nicht gewachsen ist: d. h., entstehenden Konflikten könnte nicht ausgewichen werden. Da der Grundriß nicht verändert werden kann, weicht die Gruppe in extreme Nutzungsweisen aus, nur um das Bewußtsein eines notfalls dämpfenden Reserveraumes aufrechtzuerhalten.

Die hier aufgezeigte Beeinflussung des Familienlebens durch den Grundriß spielt sich nicht nur in ungeeigneten, für den allgemeinen Wohnungsmarkt und nicht für eine spezielle Familie konzipierten Wohnungen ab. Auch der maßgeschneiderte, ausführlich mit der Besitzerfamilie besprochene Villengrundriß entwickelt nach seiner Fertigstellung eine Dynamik: Ein Zimmerchen, eine Raumecke, die eigentlich als Reserve gedacht war, wird zum beliebten Versammlungspunkt der Familie, ein anderer Raum, von dem man sich häufige Benutzung versprochen hatte, tritt nicht in Funktion; Möbel werden umgestellt, neue Anpassungsprozesse werden notwendig, schließlich entspricht auch die Nutzung des persönlich konzipierten Heims nicht mehr den ursprünglichen Intentionen. Nicht nur auf Grund sich ändernder Familienverhältnisse, sondern weil die gruppendynamischen Situationen nicht voll vorhersehbar waren, greift der fixierte Grundriß in die Struktur der Bewohnerschaft ein.

Von hier fällt plötzlich ein erklärendes Licht auf das Phänomen der Nicht-Benutzung, der Ablehnung gegenüber den angebotenen Möglichkeiten frei zu gestaltender oder flexibler Grundrisse. In den wenigen Fällen, wo mit am Anfang frei zu bestimmenden oder dauernd beweglichen Innenwänden experimentiert werden konnte, wurde stets ein „Versagen" des Mieters konstatiert, der offenbar „nicht mehr fähig ist", seine Wohnwelt selber zu gestalten. Hierzu ist zu bedenken: Der einzelne ist sehr wohl in der Lage, seine Umgebung frei zu gestalten; jeder richtet gern sein Zimmer selber ein, und Zimmer sollten deshalb möglichst frei von Fixierungen sein. Eine Familie aber ist eine Gruppe von einzelnen und ist als solche durchzogen von manchmal nicht einfachen Beziehungen. Eine Familie ist kein harmonisches Gebilde; auch die glückliche Familie beruht auf einem Waffenstillstand – der unter den erschwerenden Bedingungen rasch heranwachsender und so das Kräfteverhältnis verschiebender Kontrahenten aufrechterhalten werden muß. Ihr Friede beruht auf dem Status quo, und dazu gehört die Gegebenheit der Wände. Um ihrer inneren Ruhe willen kann sich die

Familie eine Verschiebung der Wände vermutlich gar nicht leisten.

Von dieser einfachen Stufe der Interaktion zwischen Wohnung und Bewohnerschaft kommen wir nun auf ein Niveau, auf welchem die soziale Einbettung unserer Bewohnerfamilie einbezogen werden muß. Gegenüber dieser gesellschaftlichen Umwelt dient die Wohnung als Szenerie, vor welcher der gesellschaftliche Auftritt stattfindet. Hier muß mit der Vorstellung aufgeräumt werden, als sei der Wunsch nach Prestige und einem eindrücklichen Hintergrund für das eigene Auftreten ein asozialer oder gar unerlaubter und sündhafter Wunsch. Der Mensch ist in seinen sozialen Beziehungen auf eine solche Basis des Auftretens angewiesen, sie ist ein Teil seiner Zeichensprache und seines Mitteilungsvermögens; gerade unsere Kultur ist stark an den Ort und an die Einheit der persönlichen Darbietung gebunden.

Das Industriezeitalter brachte die Trennung des Arbeitsplatzes vom Wohnsitz und damit den Verlust der Berufsrolle für den in der Wohnung befindlichen Bewohner. Es entstand das Bedürfnis, der Wohnung einen neuen Ausdruck zu geben, sie zu einem Hintergrund für den Auftritt des sich dem Müßiggang hingebenden Menschen zu machen. Dadurch wird die Privatwohnung zu einer sozialen Szenerie, einem Ort von fester perzeptioneller Begrenzung für soziale Aktivitäten regelmäßiger Art abseits vom Berufsleben. Es entwickelt sich ein Management der Eindruckserzeugung, das seine Sprache bei den seit je müßiggängerischen Klassen ausleiht. Ohnehin tendiert die Zeichensprache der gesellschaftlichen Hintergründe zur Vereinheitlichung: Diese gibt Sicherheit und Stabilität durch die leichte Lesbarkeit. Wie im Militär und in anderen Hierarchien ergibt sich auch in der neu entstehenden bürgerlichen Gesellschaft das Problem der ungenügenden Zahl von Rängen: Neu sich etablierende Rollen müssen existierende Rollenbilder annehmen, wobei man lieber nach oben greift als nach unten. Vor dem so geschaffenen Hintergrunde definiert die Bewohnerschaft als ein Team von Spielern die Situation gegenüber ihren Besuchern oder den Zuschauern. Zwischen dem Team der Spieler und den Zuschauern herrschen stillschweigend akzeptierte Konventionen. Zu diesen Konventionen gehört, über Mängel der Szenerie hinwegzuschauen und die Szenerie nicht so zu lesen, wie sie ist, sondern so, wie sie gemeint sein könnte: nämlich feudal. Einigkeit hierüber wird hervorgehoben, Kritik unterdrückt, eventuelle Gaffen oder Faux pas werden von allen Mitspielern gemeinsam übergangen, zugunsten einer Rettung der Show.

Die Schaffung einer solchen Szenerie des Auftretens ist legitim und menschlich. Dennoch übersehen wir nicht den repressiven Charakter, welchen sie in der Spätphase des bürgerlichen Zeitalters bekommt. Die Abwesenheit der Berufsrolle von der Wohn-Szenerie erweist sich als ein Trick im Dienste eben des Berufes: Die zur Schau getragene Unabhängigkeit spiegelt finanziellen Erfolg vor, und Erfolg zu zeigen ist die Voraussetzung des Erfolgs. Dieses Spiel geht zu großen Teilen auf Kosten des Lebens der Frau: Sie steht als prunkvollstes Ausstattungsstück der bürgerlichen Wohnung im Dienste der Karriere ihres Mannes. Ihre dadurch hervorgerufene Ichlosigkeit wird durch Riten stabilisiert, welche Harmonie vortäuschen. Die Auswege aus dieser Situation sind der Frau durch Konventionen verbaut, welche niemand eifriger bewahrt als die Gesamtheit der Gattinnen selber – sie sind am ersten mit Sanktionen gegenüber einer Ausbrechenden zur Hand. Selbst die Mechanisierung der Haushaltung konnte nicht in den Dienst der Emanzipation der Frau gestellt werden. Vielmehr geriet die Frau, arbeitsmäßig entlastet, aber finanziell stärker belastet, noch vermehrt in die Abhängigkeit von ihrem Mann. Die ausweglose Situation wird übertüncht von einer Ideologie der „Natürlichkeit“: der natürlichen Rolle der Frau am Herd, der natürlichen Ernährung durch Rohkost und Fruchtsäfte, dazu Entspannungsübungen, Geburten ohne Betäubungsmittel und ähnliche Kasteiungen zur Bekämpfung des künstlich akkumulierten Schuldbewußtseins der ichlosen Frau.

Wir haben uns vorgenommen, sukzessiv weitere Instanzen ins Spiel zu bringen, und versuchen nun, die Instanz des Wohnungsmarktes an das Modell anzuschließen. Das Ziel der Familie ist nicht die Perfektionierung der Wohnung oder des Haushaltes, sondern vielmehr das soziale Wohlbefinden. Mit zum sozialen Wohlbefinden gehört es, ähnlich zu leben wie gleichgestellte andere Familien. Nun ist die Mieterschaft bekanntlich gespalten in solche, welche schon eine Wohnung und – durch die Dauer der Miete – schon einen relativ günstigen Mietpreis haben, und in solche, die erst eine Wohnung finden müssen und damit in die neuesten, kleinsten und teuersten Wohnungen kommen. Vor die Unmöglichkeit gestellt, gleich zu leben wie gleichgesinnte und gleichsituierte andere Familien, verliert für manche Mieter unter Umständen die Wohnung den Rang als soziale Szenerie. Auch der Genuß einer Wohnung ist, wie jeder Genuß, substituierbar: Schon mit dem Beginn der bürgerlichen Ära wurden Ersatz-Szenerien geschaffen: das Hotel, das Café, der Club, der Empfangsraum in der Firma, die Räume des Personalhauses.

Selbst die noch ältere Tradition der fahrbaren Szenerie – Krönungszug und Prozession – läßt sich wieder einführen: Die Familie mit zu kleiner Wohnung, aber mehreren Wagen, fährt zum Rendezvous mit Freunden auf den Sportplatz, den Campingplatz oder zum Picknick.

Die Wirtschaftskräfte des Industriezeitalters hatten die Wohnungsnot zur Permanenz erhoben und damit den Lohnabhängigen eingeklemmt zwischen die Pflicht, „anständig" zu wohnen, und die Unmöglichkeit, dies zu einem ihm erschwinglichen Preise zu tun. Mit diesem System konnten die unbemittelten Massen über 100 Jahre lang nicht nur am finanziellen, sondern auch am moralischen Gängelband gehalten werden.

In den Jahren nach dem Zweiten Weltkrieg begann das Zeitalter des Warenüberflusses für die kaufkräftig gewordenen breiten Bevölkerungsteile. Zahlreiche Ursachen tragen dazu bei, daß auch unter dem Regime des Güterüberflusses der Wohnraum knapp geblieben ist: Die Gründe sind zu finden in der Migration zu den Städten, in der Struktur und den dadurch bedingten Techniken des Baugewerbes, in den mit Boden und Bodenpolitik zusammenhängenden Zuständen und schließlich auch in einer zeitweise offen zugegebenen Knapphaltung durch Wirtschaftssubjekte, welche den „buyer's market" der Krisenjahre noch in unangenehmer Erinnerung haben …

Wie aber verträgt sich Warenüberfluß mit Wohnungsknappheit? – Die Fortsetzung der Wohnungsknappheit aus den Zeiten der Kärglichkeit in die Jahrzehnte steigender Warenversorgung deutet darauf hin, daß die durch die Rationalisierung und Automation gewachsene Kaufkraft in die Taschen des Immobilienbesitzes geleitet werden soll. Es könnte sein, daß diese Rechnung nicht aufgeht und daß sich vielmehr, wenn die gegenwärtigen Zustände andauern, eine entscheidende, nicht einkalkulierte Weiche umstellt: Während die

Bodenpreise und Baukosten weiter steigen, wächst eine Generation heran, die sich nicht mehr an die Pflicht hält, „anständig" zu wohnen, sofern ihr das nicht auch ermöglicht wird. Die Technik schafft heute andere Möglichkeiten der Interaktion und entbindet unseren Lebensstil möglicherweise vom Hintergrund der privaten Inszenierung einer präsentablen Wohnung. Ob eine solche durchaus neue Rangordnung der sozialen Werte einen kulturellen Aufstieg oder Abstieg bedeutet, mag jeder selber beurteilen; sicher aber bedeutet er sowohl das Ende der bürgerlichen Wohnkultur wie auch der Möglichkeit, über dieses kulturelle Bedürfnis weitere Bevölkerungsgruppen zu beherrschen.

Was erwartet der Bürger von der Stadtgestalt? (1972)

Diesen Titel: „Was erwartet der Bürger von der Stadtgestalt?" wollen wir sogleich unter Denkmalschutz stellen, denn allzu leicht läßt er sich mit einem schnöden „gar nichts!" vom Tisch fegen. Verschwunden wäre dann die Stadtgestalt, dieses liebenswürdige Loch-Ness-Ungeheuer aus den späten fünfziger Jahren, verschwunden der Augenaufschlag, mit dem die Stadtgestalt erwartet werden soll, und verschwunden vor allem der Bürger, jenes doppelbödige Wesen, mit dem sowohl die Gesamtheit der Bevölkerung gemeint sein kann als auch die besser gestellte Hälfte derselben. Wenn ich an diesen Bürger denke, der etwas von der Stadtgestalt erwarten soll, so sehe ich einen Wirt vor mir, mit dem ich mich einmal auf einer Kunstreise durch das Burgund unterhielt und dem ich ein Kompliment über seine

Stadt machte, indem ich sagte, sie sei sehr schön. „Ja, man sagt es“, antwortete er, „aber wir sehen es nicht.“ „Environments are invisible“, sagt Marshall McLuhan.

Damit kommen wir zu einer ersten, paradoxen These: Die Stadtgestalt ist unsichtbar. Unsere Umwelt, die Stadt, die Stadt jenes französischen Hotelbesitzers, der die Schönheit nicht sehen kann, besteht nicht aus Mauern und Türmen, nicht aus Beton und Asphalt, sondern aus unsichtbaren Strukturen: aus Besitzverhältnissen, aus Bauvorschriften, aus Servituten, aus Mietzinsen, Hypothekenzinsen, Steuern, Vereinbarungen, Verboten und Geboten. Dieses ist die Stadt, die der Bürger „sieht“: Vermittels einer Hypothek könnte er jene Parzelle arrondieren; sie ist dreigeschossig, an der Ecke sogar viergeschossig überbaubar, jedoch mit einem Gewerbeverbot belegt, wobei abzuklären wäre, ob eine Einstellgarage Gewerbe sei; würde diese zugelassen, so könnte die Differenz zwischen den Passivzinsen und den zu erwartenden Mietpreisen, selbst angesichts der erhöhten Steuern, noch einen Gewinn bringen ... Was dann sichtbar wird an Gebäuden, ist nichts als der Abguß dieser unsichtbaren Bedingungen. Sollen wir es trotzdem „Gestalt“ nennen?

Damit kommen wir zu unserer zweiten These, die seltsamerweise gleich lautet wie die erste: Die Stadtgestalt ist unsichtbar. Stadtgestalt, wir wiederholen es, ist nicht in den Mauern, Kirchtürmen, Alleen und Straßen der Stadt zu suchen. Die Stadtgestalt ist vielmehr das Produkt unserer Erziehung, welche uns gelehrt hat, die Stadt zu sehen. Die Stadt ist, mit anderen Worten, ein Produkt aus den einschlägigen Postkarten, aus der Erinnerung an die Heimatkunde-Stunde in der Primarschule und aus der Geschichte vom Pfannkuchen, der dem Bäcker aus der Pfanne gesprungen und durch die ganze Stadt gelaufen ist. Auf Grund dieser Vorkenntnisse vermögen wir, anders als der burgundische Wirt, auch in Gelsenkirchen oder in Duisburg ein Stückchen Stadtgestalt zu erkennen.

Die Stadtgestalt ist also ein Bildungsprodukt. Oder weniger vornehm ausgedrückt: Der Betrachter stützt seine Wahrnehmung des Stadtbildes auf vorfabrizierte Klischees, die ihm durch die Schule, das gesellschaftliche Leben oder von einem der fixen Public Relations-Männer dargeboten wurden, welche die Städte als Ersatz für eine soziale Stadtplanung beschäftigen. Studenten meines Kurses ließen in der kleinen Stadt Aarau von Schülern Aufsätze über ihre Stadt schreiben. Die Aufsätze lauteten fast alle nach dem Muster: „Aarau ist eine alte Stadt und hat viele schöne Giebel. Leider sind die Straßen nicht asphaltiert, sondern mit Kopfsteinpflaster belegt. Beim Radfahren wird man durchgeschüttelt und bekommt Kopfweh ..." Zum Verständnis dieser Aufsätze muß man wissen, daß der zuständige Werbemann für Aarau den Slogan kreierte: „Stadt der schönen Giebel". Die Aufsätze verwenden also in ihrem ersten Teil den vorgeprägten Topos, im zweiten Satz schon kommt aber ein reales Bedürfnis zutage: Die Kinder möchten Asphalt für ihre Fahrradjagden. Der Zusammenhang, der zwischen den schönen Giebeln und der traditionellen Pflasterung besteht, ist nicht gesehen; es hat noch niemand darauf hingewiesen.

Die Stadtgestalt, wenn wir bei dem Ausdruck bleiben wollen, ist also kein in der physischen Realität, sondern ein in der Perzeption existierendes Gebilde. Als solches ist sie manipulierbar und manipuliert. Die Außenwelt und ihre Veränderungen bilden nur die Ansatzpunkte; die Wahrnehmung erfolgt entlang dem Erlebnis der echten Notdurft und der Interpretation durch überkommene oder manipulatorisch gelieferte Klischees. Insofern erweist sich die Stadtgestalt als ein Bestandteil des falschen Bewußtseins.

In den schweizerischen Großstädten Zürich und Basel, wohl in gewissem Maße auch in Genf und Lausanne, spielt sich seit einigen Jahren der folgende Vorgang ab. Die Geschäftsstadt greift, durch Geschoßzahlbeschränkungen am vertikalen Wachstum gehemmt, auf die alte Wohnbebauung des späten 19. und frühen 20. Jahrhunderts über. Längst haben die Spekulanten die Mietshäuser dieser Zonen aufgekauft. In Erwartung des großen Geschäftes und um allzeit bereit zu sein, wenn eine Bank oder ein Konzern das Grundstück übernehmen will, haben die Spekulanten die langjährigen Bewohner vertrieben und die Häuser mit kurzfristig kündbarer Mieterschaft besetzt. Diese Mieter sind in der Regel entweder Studenten oder ausländische Arbeiter. – Der „Bürger“ also, der ursprüngliche Bewohner dieser Immobilien, erlebt den Vorgang aus seiner Perspektive: Er glaubt, daß die ausländischen Arbeitskräfte sowie sonstiges langhaariges Gesindel den ehemals wohlfeilen Wohnungsmarkt verderben und der schweizerischen Mieterschaft Konkurrenz machen. Er sieht also nicht in den expandierenden Konzernen und den von ihnen vorausgeschickten Aufkäufern die Schuldigen, sondern in den „Fremdarbeitern“. In dieser Situation bedurfte es nur des üblichen providentiellen Mannes, der diesem Haß verbalen Ausdruck verlieh, um das falsche Bewußtsein zu einer politischen Bewegung zu verfestigen.

Erweist sich so das Environment als ein Wirkungsgefüge von teils faktischen, teils symbolischen (d. h. dem Vorstellungsvorrat der Menschen innewohnenden) Gegebenheiten, so muß auch jeder Eingriff in dieses Gefüge entweder umfassend geplant und abgesichert sein, oder er wird unerwartete und vielleicht unerfreuliche Folgen zeitigen. Auf die Gefahr hin, allzu anekdotisch zu werden, möchte ich eine solche Entwicklung noch im Mikrokosmos einer einzelnen Straße aufzeigen.

Ich denke an eine Straße eines bürgerlichen Wohnquartiers in unmittelbarer Nähe der Geschäftsstadt; durchschnittliches Baujahr: 1895. Das Überleben der Häuser ist bisher dem Umstand zu verdanken, daß die Straße „tief eingezont" ist; die hier erlaubte Geschoßzahl ergibt keine höhere Rendite als die Vermietung der bestehenden Häuser.

Manche Häuser sind von den ursprünglichen Besitzern oder Mietern bewohnt, andere sind, ohne Veränderung der Fassaden, in eine geschäftliche Nutzung abgeglitten: Engroshandel, Kunsthandel, Architekten, ein fotografisches Atelier. Nun starben im selben Jahr zwei alte Damen, die nebeneinanderliegende Häuser besaßen. Die beiden Erbengruppen schlossen sich zusammen, um ein Bauprojekt zu verwirklichen, das die Straßenflucht nicht nur stilistisch verändert, sondern auflöst, weil das Gebäude, um Höhe zu gewinnen, einige Meter zurückversetzt würde. Die verbliebenen Bewohner der Straße reagierten rasch: Sie reichten bei der Stadtregierung ein Gesuch um Unterstellung der ganzen Straße unter Denkmalschutz ein, mit der Begründung, es handle sich um eine der letzten unversehrten Wohnstraßen des 19. Jahrhunderts in dieser Stadt. Da geschah das Unerwartete: Die Regierung stimmte zu und sandte einen eingeschriebenen Brief an alle Hausbesitzer der Straße, ihr Haus sei jetzt unter Denkmalschutz, es dürfe nicht mehr verändert werden, Renovationen würden aber von der Regierung bezuschußt. Dieser Brief hatte zwei Wirkungen: Die Erbengruppen brachten eine Majorität der Hausbesitzer (darunter auch solche, welche das Gesuch um Unterstellung unter Denkmalschutz unterschrieben hatten) dazu, die Entscheidung der Stadtregierung vor dem Verwaltungsgericht anzufechten. Überdies vermietete die eine Erbengruppe das Haus zimmerweise an Studenten und Bauzeichner; die andere das ihre an die evangelische Kirche, welche darin ein „Drop-in“ für drogengefährdete Jugendliche einrichtete.

Inzwischen hat in der Straße schon die erste Schlägerei stattgefunden. Die vorbereitende Stimmung wurde in der konservativen Lokalzeitung aufgeheizt. Dort erschien redaktionell ein Artikel, der von der Unzumutbarkeit eines „Drop-in“ in einer bürgerlichen Wohnstraße handelte, wenige Tage darauf gefolgt von einem Schwall von Leserbriefen, welche angebliche Zwischenfälle mit Jugendlichen in dieser Straße schilderten – zumeist nach dem Muster: Jüdischer Briefträger beißt deutschen Schäferhund. Wenige Tage später wurde der Schreibende Zeuge eines solchen Zwischenfalls. Ein Anwohner der Straße läutete am Drop-in Haus, man öffnete ihm, und er verschwand für eine Weile im Gebäude. Daraufhin erschien er wieder, gefolgt von einigen Jugendlichen, die auf ihn einredeten. Da erhob er, ein starker Mann, die Hand gegen ein Mädchen oder eine junge Frau und drohte, sie zu schlagen. Nun griffen auch die Bauzeichner und Studenten des Nachbarhauses ein und eilten dem Mädchen zur Hilfe. Darauf spielte dieser Bürgersmann den „Angegriffenen“, warf sich auf den Bürgersteig und rief um Hilfe. Nachbarn kamen, geleiteten ihn in sein Haus und erzählten den Vorfall so weiter, wie sie ihn erlebt hatten: Streitsüchtige Jugendliche schlagen harmlosen Anwohner nieder.

Das hier so breit erzählte Geschehen in einer Straße zeigt, wie die physische Veränderung nur sekundär, in erster Linie aber die Veränderung der unsichtbaren

Struktur des Besitzes und der Gesetzgebung, begleitet von einer interpretatorischen Manipulation, die vom Bürger erlebte Umwelt bestimmen. Sein falsches Bewußtsein geht auf die Suche nach Schuldigen, deren Verfolgung Züge annehmen kann, wie sie uns aus den dreißiger Jahren nur allzu bekannt sind.

Wie entsteht das falsche Bewußtsein – oder wie wird es erzeugt? In dem schwierigen und interdependenten Medium der Stadtplanung wird der Bürger nicht als Bürger, sondern als partikularer Interessenträger angesprochen: als Automobilist, als Steuerzahler, als Eigenheimbesitzer usw. Innerhalb dieser Teilrollen, auf welche er angesprochen wird, antwortet er jeweils total; er vergißt, daß er als Autofahrer auch ein Fußgänger, als Eigenheimbesitzer auch ein Lohnempfänger ist oder ein Vater von Kindern, die dereinst zur Miete wohnen werden.

Dieses partikulare Rollenbewußtsein wird durch öffentliche und private Stellen ausgenutzt. Anstatt mit dem Mittel gleichwertiger Alternativen dem Bürger die Zusammenhänge der Probleme und die weittragenden Konsequenzen seiner Entscheidungen offen darzulegen, machen es sich die Stadtplanungsämter bequem, konsultieren ihre Werbeberater und verkaufen ihre „Lösungen" wie neue Waschmittel. Wir denken an die Stadt Basel, die eine der üblichen Fehlplanungen der sechziger Jahre heute noch verwirklichen will: Tieflegung der Straßenbahn als Voraussetzung eines allzu engen innersten Ringes. Wie verkauft man 1972 dem Publikum die Tieflegung der Straßenbahn? – Sicher nicht mehr mit dem Argument der Bevorzugung des Automobils, mit welchem dieser Plan 1958-1962 konzipiert wurde; vielmehr erfindet man den für diese Stadt ganz untypischen Slogan: Basel, Stadt der grünen Bäume. Die Skizze der künftigen Stadt zeigt anstelle der Straßenbahn Straßencafés unter grünen Bäumen, in welchen sich mehr Leute aufhalten, als jemals Zeit haben werden, solche Cafés zu frequentieren. Daß dieser innere Ring wohl mehr Bäumen das Leben kosten wird, als neue dazukommen, wird natürlich verschwiegen.

Vielleicht müßte hier als Zwischenbemerkung etwas zum falschen Bewußtsein der Planer und Architekten selbst gesagt werden; sie sind ja nicht nur Manipulatoren, sondern auch – durch falsche Doktrinen – Manipulierte. Hat man sie nicht schon auf der Hochschule gelehrt, auf ihren Perspektiven jeden leeren Platz mit Straßencafés auszufüllen? Hat man sie nicht klassenweise in die Altstadt geführt, um dort Studien über „das Räumliche" zu machen? Treibt man nicht immer noch einen Kult der reinen Proportionen und des wirkungsvollen Leerraums? Dabei hat die Lehre von der Perzeption schon längst erwiesen, daß Raum und Proportion nur schwächlich wahrgenommen werden und das ungewisseste und trügerischste aller Zeichensysteme bilden. Jedes andere Zeichen, jede Reklame verändert die räumliche Aussage total; und dennoch doziert man den Studenten immer noch die Lehre von der Leere und ihrer Wirkung. So treibt ein ganzer Berufsstand, dem zudem die dringlichste Frage unserer Zeit und unserer Gesellschaft anvertraut ist, nämlich die der Behausung, auf falschen Voraussetzungen eine spielerische Ästhetik, und er muß den Bürger bei wichtigsten Entscheidungen ratlos lassen, wenn nicht falsch beraten.

Heute wird der Bürger mit einem Begriff konfrontiert, der in sich das Partikulare und die daraus entspringende Teilrolle ausschließen sollte: die Umwelt. Die Gesamtheit der Erscheinungen, die den Menschen umgeben, soll mit diesem Begriff als eine interdependente Struktur erfaßt werden, deren Zusammenhänge und balancierte

Ökosysteme nicht ungestraft gestört werden dürfen. Es ist ein Beweis für den ungebrochenen Goodwill des „Bürgers", und insbesondere der jüngsten Generation, daß der Begriff der Umwelt einleuchtete und angenommen wurde.

Genau diejenigen Fachleute aber, von welchen eine Erhellung der Gefahren, die unserer Umwelt drohen, zu erwarten wäre, vermochten auch diesen Begriff zu partikularisieren. Sie sind, gemeinsam mit den Politikern und der Industrie, ins Umweltgeschäft eingestiegen. Die Industrie profitiert von den nun erforderlichen Kläranlagen und Luftfiltern, der Politiker profitiert vom Machtzuwachs, den diese neuen Bedürfnisse bringen. Die wahren Umweltverderber, nämlich die Nutznießer des disparaten ökonomischen Wachstums, vermögen sich hinter dem Schleier technischer Umweltverbesserung zu verbergen.

In wachsendem Umfang, und teilweise auf Grund gesetzlicher Vorschriften, machen die Planer auf dem Gebiet der Stadtforschung vom Mittel soziologischer Umfragen Gebrauch. Diese Befragungen ergeben mit erschreckender Regelmäßigkeit das Ergebnis, die Bevölkerung sei mit ihrer Wohnsituation zufrieden. Diese angebliche Zufriedenheit ist es schließlich auch, welche die Befragung zu einem so beliebten Instrument macht. Wer aber an wirklichen Informationen interessiert ist, der muß diesen Ergebnissen skeptisch gegenüberstehen. Das Environment, die persönliche Wohnsituation, gehen dem Menschen so nahe, daß er sie nicht kritisieren kann, sondern sich damit psychologisch arrangiert. Wir haben ja schon Mühe, unseren Freunden und Bekannten das Mißlingen eines Urlaubsaufenthaltes einzugestehen: Wir verschweigen schlechtes Wetter, schlechte Unterkunft, Langeweile und erzählen statt dessen die wenigen heiteren Episoden, die wir erlebten. Wieviel stärker rufen also verzweifelte Wohnsituationen nach kompensierenden Argumenten, nach kognitivem Material, das ihre Erträglichkeit, ja Bevorzugung erweist. Je größer die Distanz zwischen der erwarteten und der faktischen Wohnsituation, desto mehr und positivere Argumentationen füllen diesen Graben.

Entgegen aller „wissenschaftlich" attestierten Zufriedenheit ist der Bürger tief erschreckt von den Veränderungen seines Environments. Diese sind, wie eingangs ausgeführt, nur teilweise physischer Natur: Inflation, Deklassierung, Anomie sind des Bürgers grundlegende Verängstigungen; Verslumung, Häuserabbrüche, monotone Riesensiedlungen sind nur die sichtbaren Symptome dieser Grundübel. Da das grundsätzlich apolitische Muster unserer Öffentlichkeit dem Bürger keine Interpretationshilfen gibt, um sich die optischen Veränderungen seiner Umwelt zu erklären, greift er nach dem verfügbaren kognitiven Material: in bejahendem Sinne nach den Argumentationen des Fortschritts, wie sie etwa von den Automobilverbänden ausgestreut werden: Verkehr muß sein, alles wächst usw.; in verneinendem Sinne nach den Argumenten konservativer Stadterhaltung: Denkmalschutz, Erhaltung alter Bäume, romantischer Straßenzüge.

Mit all diesem soll keineswegs geleugnet werden, daß ein Bedürfnis nach expressiver Stadtgestaltung besteht. Vielmehr sollte gezeigt werden, daß die Erscheinungsformen und die gelernten Vorprägungen einander „flexibel" zugeordnet sind. Daß Gotik schön, Unregelmäßigkeit im Städtebau künstlerisch sein kann, war jahrhundertelang unbekannt; das erste haben die englischen Romantiker, das zweite Camillo Sitte entdeckt. Jeder Denkmalpfleger muß feststellen, daß nur ein Teil der noch erhaltenen mittelalterlichen Bebauung beim Publikum als schön oder wenigstens als malerisch gilt; andere Teile dieses Bestandes gelten als unwürdig, nicht mehr in unsere Zeit passend, abbruchreif. Wenige oberflächliche Änderungen oder ein Zeitungsartikel genügen, um ein Gebäude oder eine Straße aus der einen in die andere Kategorie zu befördern.

Dieser Aufsatz soll den manipulativen Charakter der Stadtgestalt und deren Behandlung durch die Öffentlichkeit aufzeigen. Da diese Manipulation nicht vermieden werden kann, muß ihr durch die Anreicherung der Diskussion mit Argumenten Konkurrenz gemacht werden. Hierbei sind alle jene Anstrengungen zu begrüßen, welche partiellere oder umfassendere Gebiete der Stadtplanung und des Städtebaus in die politische Diskussion rücken. Angesichts der Verschlechterung der städtischen Umwelt, zu welcher die Gilde der Stadtplaner mehr beigetragen hat als jeder andere Wirtschaftszweig, können wir heute sagen, daß die Stadtplanung offenbar kein von Fachleuten „lösbares“ Problem darstellt. Vielmehr ist Stadtplanung ein argumentativer Prozeß, der immer von neuem in Gang gebracht und immer mit neuen Argumenten angereichert werden muß.

Dabei werden immer wieder Behördenmitglieder auftauchen, die glauben, man könne solche Argumentationen als Wissenschaften benutzen und bis zu endgültigen Resultaten vorantreiben. Nachdem schon die Soziologie von solchen Instanzen aufgekauft und korrumpiert worden ist, soll nun auch die Ästhetik folgen und die gewünschten Erfolgsrezepte liefern. Beides führt in die Irre, denn Soziologie wie Ästhetik können nur in argumentativem und kritischem Sinne in den Prozeß der Stadtplanung eingeführt werden. Als solche stehen sie nicht nur den Herrschenden und Zahlenden zur

Verfügung, sondern allen, so daß ein Dialog zwischen Behörden und Publikum entsteht.

Auf seiten der Bürger kommen als Träger solcher Argumentationen jene spontanen und lockeren Organisationen in Frage, wie sie in Deutschland in neuerer Zeit aufgetreten sind und im Münchener Forum eine beispielhafte Form gefunden haben. Die Situation in der deutschsprachigen Schweiz kann etwa so skizziert werden: Direktes wirtschaftliches Interesse haben die Automobilverbände sowie die Fachverbände der Architekten und Ingenieure; ihre „Öffentlichkeitsarbeit“ stützt sich auf volle Werbebudgets und soll die Verschlechterung der Umwelt schmackhaft machen. Aus diesen Gruppen ausgeschert sind in Zürich die ZAS, Zürcher Arbeitsgruppe für Städtebau, die insbesondere die Verknüpfung der Autobahnzubringer in der Stadtmitte bekämpft, in Basel das Planteam SWB, das sich des öffentlichen Nahverkehrs und anderer Probleme annimmt. Von politischen Parteien abgesplittert sind die Bewegungen „Wohnliches Bern“ und „Team 67“ im Kanton Aargau, zwei nichtfachliche, aber mit Fachleuten durchsetzte politische Unternehmungen. Unpolitisch-fachmännisch sind die reinen Umweltschutzbewegungen in Basel und Zürich, die sich in Basel als Dachverband spezieller Vereine präsentieren (BASNU), in Zürich ist es die AGU, ein vorwiegend von jungen Agrarwissenschaftlern und Forstleuten getragener Verein. Schließlich hat die junge Linke eine Reihe von Bewegungen ins Leben gerufen, die allerdings von wechselhafter Erscheinung sind. Zu nennen sind die Bewegung Mieterkampf in Zürich, Aktionen für den Nulltarif in Zürich und Basel, ferner Wohnungsbesetzungen in Basel, Zürich und in der französischen Schweiz und – als wohl originellste Aktion auf diesem

Gebiet – die Baumbesetzung in Basel, durchgeführt von der POB, Progressiven Organisation Basel. – Alle diese Aktionen, ob kurzlebig oder langfristig, ob bürgerlichseriös oder jung-links, ob realistisch oder skurril, sie haben in kurzer Zeit das urbane Bewußtsein des Bürgers in einem Maße angereichert, wie wir es in den Jahren ungetrübten Verfalls der Stadtbaukunst und Zerstörung der städtischen Umwelt, also sagen wir von 1948 bis 1968, nicht zu hoffen gewagt haben.

Familie und Wohnung – zwei anpassungsfähige Systeme (1975)

Es ist dem normalen, ohne Instrumente tätigen menschlichen Verstand nicht möglich, zwei bewegliche Systeme aufeinander einzustimmen. Deshalb muß bei jedem Entwurf, ob wir dabei die Art unserer Familie und wie wir leben wollen oder unsere Wohnung entwerfen, ein System fixiert werden, damit wir das andere beweglich halten können. Für die meisten Menschen ist die Wohnung das, was fixiert ist, das heißt, sie finden auf dem Wohnungsmarkt eine Wohnung mit bestimmten Maßen und Mauern. Beweglich ist also nur die Familie: Sie müssen das Zusammenleben so entwerfen, daß es in dieser Wohnung stattfinden kann, ohne daß die Familie dabei Schaden leidet oder kaputtgeht.

Beweglich und fest

Es gibt auch einige Auserwählte, die glauben, die Freiheit zu haben, sich den Grundriß selbst bestimmen zu können. Sie lassen den Architekten kommen und bestellen da – wie's im Bilderbuch steht – eine Villa. Daraufhin wird das andere System stillgelegt, nämlich das der Familie. Der Architekt fragt nach der Größe der Familie und nach Hobbies – Briefmarken oder Brieftauben – und danach, wie alt die älteste Tochter ist, sowie die zweite und dritte. Das hat dann zur Folge, daß der Grundriß genau auf die Familie eingestellt wird. Aber wenn die Familie dann in das Haus einzieht, hat sie eine andere Form als damals, als der Architekt die Wünsche aufnahm.

Den Mythos vom genauen Programm und daß diejenige Architektur gut sei, die auf exakten Wünschen und genau formulierten Bedürfnissen beruht, möchte ich in Zweifel ziehen. Diesem Mythos unterliegen nicht nur die Villenbauer, sondern die gesamte Wohlfahrtsarchitektur, alle diejenigen, die so genau wissen, was die Bedürfnisse der anderen sind.

Bauen löst scheinbar Probleme

Dagegen möchte ich hinweisen auf die Wichtigkeit der dynamischen Anpassungsvorgänge, einmal der Vorgänge nach dem Bau (was passiert in dem einmal fixierten Haus?) – ich nenne das einmal die postkonstruktiven Prozesse – und dann der präkonstruktiven Prozesse (wie kam es zum Bauprogramm; wie kam es überhaupt zum Entschluß, einen Bau auszuführen?). Viele Bauten entstehen nicht, weil es eines Baus bedarf, sondern weil das Bauen scheinbar Probleme löst. Und diese Probleme, die im Raum herumschwimmen, haben die komische Tendenz, daß sie in gewissen Augenblicken den Menschen vorspiegeln, sie würden gelöst sein, wenn man etwas baue. Wenn man über diese Vorgänge spricht, die ja immer Dauer beinhalten, so kann man das auf drei Ebenen tun:

– auf der Ebene der Beziehungen, der formalen und der juristischen: Das Wohnen ist eine Institution;

– auf der Ebene der Indikation, d.h., was geschieht in der Gruppe, die eine Wohnung bewohnt, und wie sind ihre Außenbeziehungen: Das Wohnen ist eine Sprache;

– auf der Ebene der Wohnungswirtschaft: Das Wohnen ist ein System.

Wohnen ist eine Institution

Das Wort Institution möchte ich mehr in einem soziologischen als in einem konkreten Sinne verstanden wissen. Wohl denkt man zuerst an Mauern, an das Gebäude, das ist aber nicht das Wesentliche einer Institution. Sie ist vielmehr ein Gebilde aus Beziehungen: Rechtsgrundsätzen, Verhaltensweisen, -mustern und -erwartungen, die man an andere Menschen richtet. Das ist primär. Ein Krankenhaus ist eine Institution, die zu allerletzt auch noch ein Gebilde aus Stein ist; zunächst ist es ein Gebilde aus Beziehungen, in dem man bestimmte Dinge voneinander erwartet; es hat eine andere Hierarchie als sonst; Leute in weißen Mänteln sind die Oberkommandierenden darin; das gilt nur innerhalb, nicht außerhalb dieser Institution.

So eine Institution ist auch das Wohnen. Um es mit einem Schlagwort zu benennen (wenn wir Wohnen als eines unserer wichtigsten Environments ansehen): Environments are invisible, sie sind unsichtbar. Unsere Umgebung besteht nicht aus dem, was wir sehen, sondern aus Rechtsbeziehungen, dem „guten Ruf" beispielsweise einer Wohnlage (man muß eine „Adresse" haben); dann aus der Nachbarschaft und deren Einrichtungen. Dann ist auch der Mietvertrag ein Teil dieser unsichtbaren Institution Wohnung, wie auch das

Anhängsel Hausordnung, das über Dinge bestimmt, die man nicht sehen kann, z. B., ob und wann man welche Räume betreten kann. Das alles sind wesentliche Faktoren unserer nichtsichtbaren Umgebung. Sie bestimmen unsere Lebensweise ebenso stark wie Mauern.

Die Wohnung ist aber auch eine Institution nach innen. Die Gruppe ihrer Bewohner ist beschreibbar als ein solches Muster von aufeinandergerichteten Verhaltenserwartungen. Und die Gruppe muß sich nun einrichten unter den Bedingungen dieser einmal und nicht anders stehenden Mauern, Zimmer, Türen, Korridore und Zweckbestimmungen. Die Familie prägt sich nach dem Grundriß und versucht eine Existenzform zu finden, die unter den Bedingungen dieses Grundrisses möglich ist. Sofort bilden sich bestimmte Verhaltensmuster heraus, die das „Überleben" der alten Familie unter den Bedingungen der neuen Lage ermöglichen.

Die falsche Einrichtung

Hierher gehört auch das Phänomen des Sich-scheinbar-falsch-Einrichtens von Familien. Ihre Einrichtungen sind eben der Ausdruck der Anpassungsschwierigkeiten dieser schwierigen Institution Familie unter den Bedingungen eines bestimmten Grundrisses. Was wir „falsche" Einrichtung nennen, ist die mögliche Überlebensform dieser Gruppe unter dem Zwang eines offenbar nicht für sie geeigneten Grundrisses.

Ein typisches Indiz dieses Institutionscharakters der Familie oder Bewohnergruppe ist das seltene Ummöblieren. Möbel kommt von mobil, und man sollte denken, sie würden in einer Wohnung herumgetragen. Aber das ist nicht so leicht, insbesondere nicht das, was die Architekten als den Gipfel der modernen Wohnung preisen und für das sie bereit wären, große finanzielle Aufwendungen zu machen: das Versetzen von Wänden. Die wenigen Versuche bei Wohnungen mit versetzbaren Wänden zeigen das traurige Ergebnis (traurig für den, der es bezahlt oder gemacht hat), daß die Möglichkeit nur sehr selten ausgenutzt wird.

Waffenstillstand

Die Nicht-Inanspruchnahme der Flexibilität erklärt sich mir aus den festen institutionellen Beziehungen einer Gruppe, die ja kein friedliches, sondern sich ständig in einem Konflikt befindendes Gebilde ist, dadurch daß sich die Mitglieder entwickeln und verändern, Kinder älter werden, ihre Eltern kritisieren, Streit haben. Das Gebilde befindet sich in einem labilen Gleichgewicht, es muß in einem gewissen Waffenstillstand gehalten werden. Und um diesen Waffenstillstand einzuhalten, benötigt man auch das Gleichbleiben der Wohnungseinrichtung. Da kann eine Wand so beweglich sein, wie sie will. Es wird außerordentlich schwer sein, der Tochter zu sagen, wir verschieben nun die Wand mal einen Meter nach links, damit du vier Quadratmeter weniger hast, du bist ja seltener zu Hause; aber dein Bruder hat jetzt angefangen zu studieren und braucht vier Quadratmeter mehr. Und nun hebt mal alle die Wand hoch, und wir verschieben sie. Das gibt natürlich einen riesigen Krach. Eher lebt man einige Zeit unbequem, hat ein weniger genutztes Zimmer und hält das dynamische Gleichgewicht der Gruppe noch eine Weile aufrecht, als daß man es durch eine Veränderung gefährdet.

Ähnliche Probleme stellen sich bei wohlgemeinten zusätzlichen Einrichtungen in Wohnanlagen, die man „Verlängerung der Wohnung“ nennt: Vorplätze im Korridor, Treppen, Garten- und Grünanlagen, Hobbyraum im Keller.

Benutzt jetzt den Hobbyraum

Warum wird der Hobbyraum nicht benutzt? Warum wird auch der Rasen nicht betreten, obwohl es erlaubt ist? Auch bei Benutzung dieser halböffentlichen Einrichtungen, die weder dem öffentlichen noch dem privaten Bereich angehören, spürt man auf sich gerichtete Verhaltenserwartungen und Kritiken, die einen abhalten, dieses Halböffentliche in Anspruch zu nehmen, also eines schönen Tages seinen Werkzeugkasten auf den Buckel zu laden, in den Hobbyraum zu gehen und einen Tisch zu zimmern, während alle Leute gucken und denken: Aha, der Burckhardt läuft da mitten am Tag über die Wiese mit seinem Werkzeugkasten und benutzt jetzt den Hobbyraum. Hier liegen die Schwierigkeiten bei halböffentlichen Räumen, die uns ja so angepriesen werden als die Verbesserungsleistungen für den Wohnungsbau.

Wohnen ist eine Sprache

Die zweite Betrachtungsebene ist gar nicht so weit entfernt von der oben behandelten. Die Wohnung ist eine Sprache. Oder Wohnen ist Sprechen. Das richtet sich polemisch dagegen, daß man im Wohnen nur eine Bedürfnisbefriedigung sieht. Wohnen befriedigt auch Bedürfnisse, aber das geschieht ja weitgehend über dem physiologischen Minimum. Wir übernachten nicht unter Brücken. Wir bewohnen Wohnungen. Dieses Wohnen drückt eine Wohnweise aus: es ist eine Sprache. Wir halten uns da für beengt durch Konventionen und blicken auf andere Völker, von denen wir meinen, sie hätten diese Konventionen nicht: z. B. Nomaden in Zelten. Die Ethnologen berichten, daß gerade dort die Konventionen am strengsten sind und die Sprache, das Ausdrücken des Wohnens, am stärksten festgelegt ist.

Nähmaschine im Bedeutungsraster

In einem Bericht über eine Studie der mongolischen Rundzelte war die Rede von einer ganz bestimmten Bedeutungsverteilung im Innern dieser Zelte. Die Gegenstände der Neuzeit finden darin ihren genauen Platz, der ausgesucht wurde, bevor diese Gegenstände angeschafft waren. Wenn eine Nomadenfrau z. B. eine Nähmaschine kauft, weiß sie ganz genau, wo im Zelt sie diese aufstellen muß. Das Zelt hat innen ein Bedeutungsraster von zwei Dimensionen: Vom Eingang her nach hinten wird es immer feierlicher, und von links nach rechts ist der Übergang von männlich zu weiblich. Die Nähmaschine kommt also rechts in die mittlere Zone. Diese Bedeutungszonierung im Zelt können wir Sprache nennen.

Ein anderes Beispiel: Eine Raumhöhe in der Wohnung von 3,80 m empfinden wir als schön und angenehm. Andere empfinden das als unzumutbar; heute, wo wir zu 90 Prozent in Neubauwohnungen mit 2,50 m Raumhöhe wohnen, gilt ihnen ein so hoher Raum als ein Zeichen von Vergammeltheit. Wenn so ein Haus also noch keine heruntergehängte Decke hat, ist es unmöglich es zu bewohnen. Das ist ein rein linguistisches Problem.

Hier sitze ich, wenn ich lese

Wir wohnen alle nicht auf so großen Flächen, wie wir möchten. Wohnung ist in jedem Fall reduziert, ein Kompromiß zwischen der vollen Entfaltung dessen, was wir präsentieren möchten, und der tatsächlichen Fläche, die wir gemietet oder gekauft haben. Bei einem Experiment mit Jugendlichen zwischen 17 und 19 Jahren sollte der Grundriß einer Wunschwohnung gezeichnet werden, ohne Rücksicht auf Größe und Kosten. Ich gebe zu, daß man solche Versuche für fragwürdig halten kann. Aber bemerkenswert war doch, wie der Raum „symbolisch besetzt" wurde. Diese Jugendlichen zeichneten eine große Fläche und widmeten ein Feld dieser Wohnfläche einer Tätigkeit. Sie sagten: Hier sitze ich und höre Musik. Dann umkreisten sie ein anderes Feld: Hier sitze ich, wenn ich lese, und daneben: Hier gehen wir hin, wenn Freunde kommen. Man könnte das auch überlagern. Sie aber entfalteten ihre Tätigkeiten auf der Fläche.

Das zeigt, daß uns die Wirklichkeit zwingt, in unseren Wohnungen, die wir bewohnen, Überlagerungen vorzunehmen. Die Geschichte der bürgerlichen und der Arbeiterwohnung ist eine Geschichte der Überlagerung der alten großbürgerlichen Wohnung: Eßzimmer, Wohnzimmer, Salon, Küche. Wir überlagern das in den Neubauwohnungen, wir machen Kompromisse. So praktisch sie sein mögen, sie wirken ein auf die Sprache, auf die Aussage, die die Wohnung hat. Das Feld ist nicht mehr genau beschrieben, es ist von mehreren Tätigkeiten belegt. Die Sprache ist nicht in ihrer Reinheit da. Diese Überlagerungen, wie sie uns von der Wohlfahrtsarchitektur vorgeschlagen werden, die ja weiß, wie wir leben sollen, gefährden, verwischen oder durchbrechen das, was ich die Sprache des Wohnens nenne, nämlich unser Gefühl, was wo sein sollte. Mit einem gefährlichen Wort ausgedrückt: Sie durchbrechen die „Volkskultur des Wohnens", den Ausdrucksgehalt, den ein Volk übereingekommen ist, bestimmten Tätigkeiten und Räumen zu geben.

Presentation of self in everyday life

Das Wohnen ist ein Ausdruck seiner selbst; man will sich vor sich selbst, vor der Gruppe und Freunden präsentieren. Diese presentation of self in everyday life muß eine Aktionsmarge haben. Das ist auch der Grund, weshalb die funktionalistischen Versuche aus dem Jahre 1930, ein Wohnen auf der Basis des Existenzminimums zu kreieren, eo ipso Fehlversuche gewesen sind. Denn mit zum Existenzminimum als unabdingbares Recht gehört die Ausdrucksmöglichkeit des Wohnens. Dabei kommt es nur bis zu einem gewissen Grad auf Funktionen an. Wir wissen, daß manche Funktionen des Wohnens in hohem Maße substituierbar sind. Wir benötigen diese über dem Existenzminimum liegenden Funktionen, aber es ist unbestimmt, welche wir davon benötigen. So kann bei einer Wohnungssuche eine schlechte Heizung weniger wichtig sein als ein schöner Balkon – oder umgekehrt. Wir haben die Wahl zwischen lauter solchen Wohnungen, die etwas Gutes, d. h. einen Überschuß, dafür aber irgendwo einen Fehler, einen Mangel haben. Offenbar sind Mängel mit Überschüssen, sind Dinge, die gar nichts miteinander zu tun haben, substituierbar, weil sie sich oberhalb des Existenzminimums befinden und dazu beitragen, uns einen Ausdruck zu ermöglichen.

Sprachlosigkeit

Was nun von unserer modernen Wohlfahrtsarchitektur geboten wird, ist die Zerstörung dieser Sprache, dieses Sich-ausdrücken-Könnens durch die Wohnung. Das erzeugt eine Sprachlosigkeit. Mich erinnern neue Wohnungen an die entfremdete Sprache, die in den Schauspielen von Kroetz den Leuten in den Mund gelegt wird: Man unterhält sich mit vorfabrizierten Floskeln, die man der Reklame und dem Fernsehen entnommen hat. Man hantiert sprachlos, und deshalb auch entschluß-und mitteilungsunfähig mit diesen Sprachfetzen herum. Das hat dann die Wirkung, die jeder kennt, der soziologische Untersuchungen gemacht hat, daß nämlich alle Leute überall immer mit ihrer Wohnung zufrieden sind. Das ist Sprachlosigkeit über die Wohnung. So hat auch jedes Wohnbauunternehmen in seiner Schublade ein Gutachten: das teuer bezahlte Ergebnis einer Befragung, daß auch in neuen Wohnsiedlungen alle Leute mit ihrer Wohnung zufrieden sind. Diese Zufriedenheit hat sicher viele Wurzeln. Man hat Angst vor Veränderungen. Mit Recht. Man hat bei alten Wohnungen Angst, daß sonst die Sanierung kommt. Und die ist noch schlimmer als solche Wohnungen. Manche haben auch Angst vor einer eventuellen Kündigung. Letztlich ist diese Zufriedenheit aber eine „wirkliche" Zufriedenheit in dem Sinne, daß die Äußerung der Unzufriedenheit – durch die Zerstörung der Ausdrucksmöglichkeit im Wohnen – unmöglich geworden ist.

Wohnungswesen ist ein System

Moderne Architekten sagen, die Wohnung sei ein technisches Gut wie ein Auto. Sie ist in der Tat damit vergleichbar, weil das Wohnungswesen vergleichbar ist mit dem Automobilwesen. Es ist ein Komplex von Dingen, die nun einmal so sind. Und weil sie so sind, können sie nicht geändert werden. Zum Auto gehören die Straßen, die Tankstellen, der Benzinhandel, die Ölscheichs, die Politiker, die Straßen bauen wollen, die Tiefbau-Lobby. Es ist ein System, in das wir verstrickt sind und aus dem wir nicht herausspringen können. Wenn eine Ecke dieses Systems aus Autoindustrie, Benzinherstellung und Straßenbau tangiert wird, dann ist an allen drei Ecken Alarm. Es kann auf diesem Gebiet nichts verändert werden. Dieses System greift teilweise auch in das System Wohnungswesen ein, indem die Zerstörung von Wohnraum in der Innenstadt zugunsten der Errichtung von teurerem Wohnraum weit außerhalb der Stadt auch eine Folge des Straßenbaus, der übermäßigen Erschließung städtischen Terrains ist. Fast alle neuen Wohnstädte sind ja genau da errichtet, wo man nicht wohnen sollte. Es scheint eine städtebauliche Regel zu sein, daß Nicht-Wohnbauland zum Wohnbauland wird und umgekehrt, d. h. daß ausgewiesenes Wohnbauland, vernünftig mit öffentlichem Verkehr erschlossen, nicht in Frage kommt für den Wohnungsbau der großen Wohnbauträger und daß alles Land, das der Stadtplaner einmal als Grünreserve bezeichnet hat, nun der Ort ist, wo die großen Vorstädte errichtet werden. Und diese werden dann mit Autostraßen erschlossen. Hier greifen die beiden Systeme sichtbar ineinander.

Teppichhändler

An dem System Wohnungswesen hängt vieles. Das Wohnhaus ist ein merkwürdiges Warenbündel. Es besteht aus dauerhaften Waren wie z. B. Mauern, und aus sehr kurzlebigen Waren, wie z. B. Teppichböden. Die neuen Wohnungsbaugesellschaften sind praktisch Teppichhändler. Sie verkaufen ein kurzfristiges Gut voll integriert mit einem langfristigen Gut. Der Teppichhandel hängt eben im System Wohnen drin.

Ein weiteres Subsystem ist das Installationswesen. Hier läßt sich auch nichts ändern. Alles ist so, wie es ist.

Jedermann weiß, daß man es zugänglich für den Benutzer machen könnte. Es wäre durchaus möglich, die Elektro- und die Wasserinstallation selbst einzurichten und zu ändern. Es ist aber ein Charakteristikum des Systems – und bringt den darin Engagierten hohe Einkommen –, daß man nicht an die Installation herankann. Man könnte z. B. Wasserleitungen entwerfen, die man mit Karabinerverschluß aneinanderhängen kann wie einen Gartenschlauch. Ich brauche ja auch nicht 220 V, wo ich tot umfalle, wenn ich solche Leitungen anfasse. Am Auto habe ich 6 oder 12 V und trotzdem genausoviel Licht. Es ist ein Charakteristikum des Systems, daß der Benutzer es nicht anfassen darf.

Mit integriert ist das zugehörige Rechtssystem. Derjenige, der an der Wohnung etwas ändert, wird bestraft. Wenn er seine Wohnung instand hält, ist das Geld, das er da hineinsteckt, verloren. Der Kluge läßt seine Wohnung vergammeln. So vergammelt fast der gesamte Hausbestand aus der Zeit vor dem Ersten Weltkrieg, weil derjenige, der ihn bewohnt, der Dumme wäre, wenn er etwas für seine Rettung tun würde. Das wäre durchaus änderbar, aber es ist integriert in das System Wohnungswesen.

Woher die grünen Wiesen?

Auch die Architekturausbildung ist weitgehend integrierter Bestandteil dieser Art, über Bauten zu denken. Die konventionellen Aufgaben für Studenten sind, auf der grünen Wiese ein neues Gebäude zu errichten. Woher bekommt man die grünen Wiesen? Entweder kauft man Nicht-Bauland, oder man reißt alte Wohnhäuser ab. Die Studenten werden vorgeprägt auf das Vernichten der Ressourcen und das Schaffen von unnötigem Neuen.

Hier ist die Ausbildung ein Anhängsel an das System Wohnungswesen. Das Wohnen hat prozessualen Charakter. Es beruht auf Anpassungsvorgängen auf seiten der Bewohnergruppe wie auf seiten der Wohnung. Dieser Prozeß hat einen Systemcharakter, er kann genauso blockieren wie alle komplizierten Systeme. An bestimmten Stellen komme ich nicht weiter. Die Systeme sind zu groß und zu sehr ineinander verhängt.

Publikumsgeschmack oder: Vom Wandel ästhetischer Wertung (1977)

Die meisten technischen Erfindungen, die wir heute benutzen, waren in den dreißiger Jahren bereits vorhanden. Das klingt unglaubwürdig, weil wir annehmen, inzwischen einen großen Schritt gemacht zu haben. Aber der Schritt von 1930 bis jetzt ist vorwiegend anwendungstechnischer Art. Ich erinnere mich, daß in meiner Kindheit das Fernsehen bereits existierte, nur waren keine öffentlichen Sender da, aber in Laboratorien oder in Ausstellungen konnte man schon fernsehen. Abgesehen vielleicht von der Halbleitertechnik, die aber auch ein anwendungstechnischer Schritt ist, waren die Erfindungen im wesentlichen da. Was die zweite Nachkriegszeit dazugetan hat, war eigentlich die Kombination von Erfindungen und die Anwendung der Erfindungen nicht mehr auf Produkte, sondern auf Produktionsverfahren. Und das scheint mir ein Schritt zu sein, der Konsequenzen für das Bewußtsein der Menschen hat. Die Erfindungen in der Form, wie sie 1930 vorlagen, waren Erfindungen für Luxusprodukte. Es waren Fotoapparate für den, der sich einen leisten konnte; man konnte Radio hören, aber die Radioapparate waren außerordentlich teuer; es gab Automobile, aber wer konnte sie sich kaufen? Die Teilnahme an diesen Dingen war abhängig vom Einkommen, und sie war freiwillig. Der Arme konnte nicht daran teilnehmen; wenn er mit den modernen Techniken, mit den Erfindungen in Berührung kam, so allenfalls als Hersteller, sicherlich aber nicht als Konsument. Die Herstellungstechniken aber waren handwerklich. Die Tatsache, daß es einen so vollkommenen optischen Apparat wie eine Leica gab, war sensationell, aber die Herstellungstechnik war vollkommen konventionell. Die Fotolinsen waren handgeschliffen, die Gehäuse zusammengelötetes Messing, das dann von Hand lackiert wurde, usw. Die Teilnahme an der sich entwickelnden Technik erfolgte auf der Konsumentenseite und war deshalb freiwillig. Wer arm war, war davon ausgeschlossen, und wer reich war, konnte daran teilnehmen, er konnte es aber auch lassen. Viele reiche Leute fotografierten nicht, hörten kein Radio, fuhren nicht Auto, sie nahmen eben nicht teil. Für den Armen aber war die Abstinenz an dieser technischen Zivilisation zwangsläufig.

Heute liegt eine vollkommen umgekehrte Situation vor. Die Technisierung bezieht sich auf die Anwendungstechniken. Sie erscheint also nicht im Konsumsektor, sondern im Produktionssektor. Und hier ist die Teilnahme unfreiwillig, obligatorisch. Der zivilisatorische Effekt ist deshalb ein ganz anderer. Hat damals – in der Zeit der Produkte mit der freiwilligen Teilnahme – ein Produkt vielleicht einen Einfluß auf denjenigen ausgeübt, der sich dem Einfluß dieses Produktes freiwillig aussetzte, so ist heute der Einfluß am Arbeitsplatz obligatorisch, und diesem Einfluß kann sich niemand entziehen. Obligatorisch sind der Weg zum Arbeitsplatz, die Überwindung von Distanz und die Veränderung des Arbeitsplatzes selbst im Rahmen der Mechanisierung, Rationalisierung, Automatisierung. Die meisten Arbeitsplätze sind den Arbeitsplätzen der automatisierten Industrie oder der halb-automatisierten Dienstleistung, also der Labor- oder Buchhaltungsarbeit, angenähert.

Der Einfluß dieser obligatorischen Teilnahme im Produktionssektor technisiert auch das übrige Leben, die technischen Fähigkeiten werden angewandt. Auch das Gesundheitswesen übernimmt moderne Techniken, man pflegt sich nicht mehr selber, sondern vertraut sich der Technik an, wie man das im Berufsleben gelernt hat. Auch das Wohnen mechanisiert sich; hier aber mit einer zwiespältigen Tendenz. Die Pioniere der dreißiger Jahre hatten die minimale und funktionale Wohnung entwikkelt. Das Wohnen, so lautet die Absicht der Modernen, sollte instrumentell werden, d. h. zurücktreten an Wichtigkeit zugunsten eines kollektiven Lebens. Im Bauhaus herrschte die Vorstellung, daß das Leben kollektiver und das Wohnen somit unwichtiger werde. Damit verband sich die Hoffnung, den Kapitalismus zu überwinden und ein neues, kooperatives Wirtschaftssystem an seine Stelle zu setzen. Der Kapitalismus blieb, und das Wohnen ist nicht unwichtig, sondern wichtiger geworden. Das Wohnen ist unser letztes Refugium geworden. Von der Technik hatte man einst erhofft, daß sie eine einheitliche zivilisatorische Welt ergebe, daß sie transparent und zu definierten Formen führen werde. Man hoffte, daß die häßlichen Dinge Übergangsdinge seien und die Formen wieder anschaulich und klar würden, wenn wir nur das Ding fertig durchdacht hätten. Ein großes Beispiel war das Fahrrad. Es ist fertig erfunden und deshalb anschaulich und klar, es kann nicht besser sein. Nun, die Technik hat nicht diesen Weg genommen. Sie hat zum einen in formaler Hinsicht nicht diesen Weg genommen. Die Elektrotechnik ist heute die vorherrschende Technik, und sie ist vollkommen unanschaulich. Sie ist dem Design eigentlich nicht zugänglich. Es bleibt dem Designer letztlich nur übrig, die grauen Kästen zu designen, die das Gewirr von Drähten enthalten. Aber das Gewirr der Drähte ist nie anschaulich geworden. Wenn der Deckel abgenommen ist, wissen wir nicht, ob das Gerät ein Grammophon, ein Meßgerät oder ein Telefon-Abhörgerät ist. Erst durch die Schalttafel, die von einem Designer stammt, wird das Ding erkennbar. Die Technik ist also in diesem Sinne nicht transparent geworden, sondern das Design beschränkt sich immer noch oder mehr denn je auf das Kaschieren von Technik. Die Technik hat uns nicht den Gefallen getan, transparent und dem Design zugänglich zu werden in dem Sinne, daß der Erfinder anschauliche und einleuchtende Formen finden konnte. Wir müssen registrieren, daß eine Erwartung von 1930 nicht erfüllt wurde.

Ich meine auch, eine weitere Erwartung sei nicht erfüllt worden: Die Technik hat das Leben nicht kollektiviert. Die Hoffnung war doch, die Technik werde uns Arbeit abnehmen, und diese Arbeit werde kollektiv oder von Spezialisten erledigt, sodaß wir in unserem Privatleben von dieser Arbeit befreit wären. Die ersten technischen Produkte waren Großprodukte. Neue Küchen waren Großküchen. Ich habe neulich gesehen, daß Arne Jacobsen, der dänische Architekt, im Elektrizitätswerkgebäude in Hamburg einen Zentralstaubsauger eingerichtet hatte. Der Zentralstaubsauger ist inzwischen ausgestorben. Das ist ein ganz typisches Schicksal dieser größeren Technik, die uns eigentlich von den Bürden des Haushalts erleichtern und uns eine neue Lebensform vermitteln sollte. Die Erfindung der Kleinmotoren hat den ganzen emanzipatorischen Wert dieser großen Haushaltsmaschinen zunichte gemacht. Die Kleinmotoren haben der Hausfrau wieder die gleiche Abhängigkeit gebracht wie eh und je und die Abhängigkeit sogar noch verstärkt, da diese Dinge nicht gerade billig sind und das Geld dafür aufgebracht werden muß. Jeder Haushalt ist mit diesen kleinen Dingen ausgestattet, die, wenn sie größer wären und kollektiv benutzt würden, tatsächlich eine Entlastung hätten bringen können.

Die Technik ging also nicht den Weg, der von ihr in den dreißiger Jahren erwartet wurde; die angemeldeten Ansprüche stimmten nicht überein mit dem, was ausgeführt wurde. Dem Anspruch nach wurde eine reine Rationalität gepredigt, die Anschaulichkeit nur zuließ aus der Anschaulichkeit des Zwecks. Das Äußere des Geräts oder des Hauses sollte abbilden, was geschieht. Dies widerspricht den Tatsachen. In die Verlegenheit, die ausgebrochen war, als man die Theorie des reinen rationalen Bauens aufgestellt hatte, strömte die Ästhetik des holländischen de Stijl ein.

Das Bauen ist also auch nicht den Weg gegangen, den die Avantgarde dafür vorgesehen hatte. Sicherlich hat man unmittelbar nach dem Zweiten Weltkrieg und auch noch an der Hochschule für Gestaltung in Ulm von einem anderen Bauen geträumt, als wir es jetzt haben. Der Traum vom Haus, das wie ein Schiff oder Flugzeug sein soll, hat sich nicht verwirklichen lassen. Ingenieure vom Rang eines Jean Prouvé, der eine leichte Vorfabrikation erfinden wollte, oder eines Frei Otto, der zugbeanspruchte Tragwerke und Überbrückungen großer Spannweiten teilweise realisiert hat, mußten erkennen, daß das Bauen diesen Weg nicht gegangen ist. Die schützenden Segel haben sich – als sie die Größe von Olympiade-Dächern annahmen – als nicht mehr leicht erwiesen, und außerdem als nicht billig. Die Vorfabrikation mit der leichten, feinen Verschlußmechanik, die durch jeden manipulierbar ist, die uns erlaubt, Wände herumzutragen und Häuser leicht aufzustellen, entstand nicht. Die heutige Vorfabrikation ist schwergewichtig; sie stellt also das Gegenteil dessen dar, was man erreichen wollte, sie ist zwar primitiv – aber nur vom Unternehmer montierbar. Warum sich die Hoffnungen nicht verwirklichen ließen, liegt sicherlich auch an technischen Problemen, zum Beispiel an der Isolation. Man muß eben mit gewissen Gewichten bauen, um Wärme und Schall halten zu können. Andererseits liegt es sicherlich auch an der Struktur des Bauwesens, des Baugewerbes selbst. Die Innovation im Bausektor wurde von einem bestimmten Punkt an um so stärker gebremst, je mehr Kapital daran beteiligt war. Der Beginn des Internationalen Stils in den zwanziger Jahren, der Beginn also der herrschenden avantgardistischen Formgebung, betraf als ästhetisches Erlebnis sehr kleine Schichten. Eine kleine Gruppe applaudierte, eine etwas breitere Schicht war empört über diese ihr nicht verständliche Information, und die großen Massen waren nicht berührt. Es war ein Schock für die moderne Bewegung, als im Architekturwettbewerb für den Sowjetpalast in Moskau nicht ein avantgardistischer Entwurf den ersten Preis bekam. Das Gebäude hatte einen Stil, der später als der stalinistische bekannt wurde, also der klassizistische Zuckerbäckerstil, der eine Weile der offizielle Baustil Rußlands wurde. Es existiert ein Entwurf zu einem Brief des Architekten Hans Schmidt aus Moskau an die Schweizer Architekten. Hans Schmidt, Mitglied des ABC-Bundes, der konsequentesten Gruppe des Rationalismus, schreibt da dem Sinn nach, daß die modernen Architekten einen zu großen Schritt gemacht haben, einen Schritt, den das Volk nicht nachvollziehen kann. Das Volk, das nun lernen soll, daß es die Herrschaft in Rußland übernimmt, kann diese Herrschaft nicht anders sehen als im alten herrschaftlichen Baustil. In diesem Augenblick aber haben die Architekten dem Baustil alle Zeichen genommen, die dem Volk verständlich sind, und haben rationale, zweckmäßige Gebäude hingestellt. Das Volk glaubt nun nicht, daß es die Herrschaft übernommen hat, wenn es in solche Gebäude ziehen muß oder wenn seine Vertreter in Gebäuden tagen, die keine Aussage haben oder allenfalls diese, daß unter den Bedingungen des Mangels zweckmäßig gebaut werden muß. Das ist eine Situation, die zweifellos in Rußland extrem war, aber die bei uns wahrscheinlich grundsätzlich nicht anders lag. Die traditionellen Gebäude beherrschten das Bild. Die Moderne bedeutete einen zu großen Schritt, und das Publikum konnte nicht, wie bei bisherigen Stilwandlungen lernen, seine ästhetischen Erwartungen auf die neue Information einzustellen.

Heute sind wir in einer ganz anderen Lage. Die Proportion des Verhältnisses von alten zu neuen Gebäuden hat sich total umgekehrt. Früher besaßen wir zwischen der Masse der alten Gebäude irgendwo ein modernes Gebäude. Der eine oder andere betrachtete es als Hoffnung, daß vielleicht einmal die Welt rationaler aussehen werde, mit Gebäuden mit größeren Fenstern, mehr Licht, größerer Transparenz und mit besserer Einsicht sowohl in die Konstruktion des Baues als auch in die gesellschaftlichen Verhältnisse. Daß so eine Welt einmal entstehen könnte und die einzelnen neuen Gebäude diese Welt sozusagen ankündeten, dieses Erlebnis einer dünnen, vorbereiteten Bildungsschicht ist heute nicht mehr zu haben. Ebensowenig ist die breite Schicht der konservativen Bürger mit modernen Bauten zu schockieren.

Diese Verschiebung hat nun einen wesentlichen Einfluß: Der Altbaubestand, der inzwischen in die Minderheit geraten ist, erfährt eine Umwertung, die mit dem Wort „Nostalgie“ nur unzureichend gekennzeichnet ist. Diese Umwertung geht in zwei Richtungen: Sie hat eine niederdrückende Wirkung gegenüber den alten Gebäuden und eine aufwertende. Die Tatsache, daß die Mehrheit der Wohngebäude neu ist, setzt die Norm für Gebäude. Derjenige, der vielleicht nicht einen sehr sicheren gesellschaftlichen Stand hat, ist in einer schwierigen Situation, wenn er beispielsweise in einem alten Gebäude wohnt und ein Besucher über die hohen Räume staunt. Hohe Räume waren früher ein Zeichen von Herrschaftlichkeit, heute, unter dem Druck der vier Fünftel oder neun Zehntel neuer Wohngebäude mit 2,50 m Zimmerhöhe, ist nicht mehr sicher, ob höhere Räume nicht Verslumung bedeuten. Es kommt also zu einer Diskriminierung des Altbaubestandes, ausgehend vom Neubaubestand.

Es kommt aber auch zu einer Umsemantisierung, d. h. Umwertung der Zeichen, die von den alten Gebäuden ausgehen, besonders der Zeichen der Herrschaftlichkeit. Gerade Personenkreise, die jegliche Zeichen von Autorität ablehnen, ziehen mit größtem Vergnügen in Gebäude, die für ältere Menschen Autorität ausstrahlen: Bankiers-, Offiziers-, Bürgerwohnungen aus dieser Zeit werden nun von Studentengemeinschaften bewohnt, welche die Zeichen nicht in ihrem ursprünglich gemeinten Sinn interpretieren. Ihnen verschafft die Umwertung dieser Zeichen, die Tatsache, daß diese Gebäude mit diesen Zeichen umfunktionierbar sind, ein emanzipatorisches Erlebnis.

In der modernen Architektur haben wir es (wenn man Architektur einmal mit Sprache übersetzen kann) mit übernommenen Sprachelementen zu tun, die willkürlich eingesetzt werden oder die jeder verwenden kann, wie er gerade will. So wurden auch die Errungenschaften der Avantgarde zu einer gängigen Sprache. Die Tatsache, daß die moderne Architektur den Kodex der alten Architektur zertrümmerte, hatte zunächst aufregende neue Gebäude zur Folge, die für uns noch immer ein Erlebnis sind. Heute aber kann jeder Spekulant die damals neue Sprache aufnehmen und durch seinen Angestellten Häuser zeichnen lassen, die aus Elementen der damals geschaffenen Sprache bestehen, die aber keineswegs mehr jene Aussage haben, sondern nur eine Verpackung sind.

Eine weitere Ursache für die Veränderung unseres Sehens hat mit dem veränderten Verhältnis der ästhetisch führenden Gruppe der Oberschicht gegenüber dem großen Publikum zu tun. Hier ist eine entscheidende Wandlung vor sich gegangen durch die große Bewegung, die unter dem Sammelnamen Pop zusammengefaßt ist. Es ist eine Bewegung von unten und eine Bewegung von oben. Diese Welle hat die konventionellen Harmonie-und Designbegriffe in einer Weise durcheinandergebracht, daß sich auch unser Sehen verändert hat. Man könnte an jeder Inneneinrichtung und auch fast schon an jeder Kleidung zeigen, wie Fundamentales sich verändert hat, wie die klassische Harmonie, die man uns beigebracht hatte, verändert wurde, so daß wir heute kaum noch wagen, Farben so zusammenzustellen, wie man es um 1930 getan hat. Pop war auch ein Bekenntnis zum Verschleiß der Schönheit, ein Bekenntnis, daß Schönheit zeitgebunden ist, daß sie sich ununterbrochen verschleißt und daß Schönheit auch den Charakter eines zeitlichen Ablaufs hat, daß die Entwicklung von Schönheit miterlebt werden kann. Die Pop-Welle hat in der Architektur unser Auge geschult für das Bauen des breiten Publikums:

Schrebergärten sind also schön, Slums sind schön, in der hohen Baukunst ist Komplexität schön, Umbauten sind schön, und, ganz allgemein, alles das ist schön, wo Zeitabläufe zu erkennen sind und wo erkennbar ist, wie Zeit vom Menschen bewältigt wird. Und auch, daß es moderne Menschen in alte Bauten zieht, hat damit zu tun. Leute, die an der Spitze ihrer Zeit standen, hat es immer schon in alte oder klassische Bauten gezogen. Ich glaube aber, daß die Tendenz heute etwas anderes zu sagen hat: Wir meinen nicht den klassischen alten Bau, wie er einst auf dem Reißbrett des Architekten entstand und dann gebaut wurde, sondern was wir sehen wollen, ist die Auseinandersetzung von neuen Menschen mit alten Bauten. Wir interessieren uns für Umbauten, für Veränderungen in Bauten, für Spuren von Zeitabläufen in Bauten, die Einwirkung der Witterung auf Bauten, besonders aber für die Folgen der Umnutzung von Bauten. Hierin steckt auch die positive, emanzipatorische Seite eben dieses besonderen Anspruchs, mit alten Bauten umzugehen; gezeigt wird, wie Menschen Bauten ihren heutigen Bedürfnissen angleichen.

Diese Entwicklungen scheinen dem Anliegen des Werkbundes zunächst recht konträr zu sein. Ist er nicht stets für den klaren Entwurf, die perfekte Ausführung, für die „gute Form“ eingetreten? Soll er, wenn sich die Wahrnehmung und der Schönheitssinn des Publikums geändert haben sollten, deswegen seinen Prinzipien untreu werden? – Denken wir nochmals kurz an die Ursprünge zurück, so scheinen uns die Prinzipien des Werkbundes tiefer zu liegen als im bloßen guten Design. Seine ursprüngliche Kampfstellung zugleich gegen den industriellen Kitsch und gegen die Extravaganzen des Jugendstils ist durchaus als eine Reform der Entscheidungshierarchie im Entwurf zu verstehen: eine Reform zur Herstellung von Gebrauchswerten, die sich der Nutzer aneignen kann im Sinne einer ersehnten Überwindung von Produzent und Konsument. Ich glaube, daß dies eine Veränderung unserer Sehweise ist, die fundamentaler ist als alles, was sich jemals ereignet hat.

Imaginäre Besichtigung (1977)

So lange, bis einmal ein heutiger Architekt etwas baut, was in Partizipation geplant wurde, – so lange, bis wieder einmal Bauten dauerhaft werden dadurch, daß die Bewohner sie selber erneuern und anpassen, – so lange, bis ich aus unserer Zeit etwas sehen kann, das dem entspricht, wovon alle reden, – so lange ist mir die Cité Ouvrière in Mulhouse der liebste Ort in der Welt. Ich stelle mir vor, daß jeder Architekt, Soziologe, Stadtplaner oder Denkmalpfleger einmal im Leben die Cité Ouvrière besucht. Und dann male ich mir aus, daß ich mich dort, mit Baskenmütze und langem Mantel, an einen Zaun anlehne und die Besucher aus aller Welt anrede. „Wünschen Sie Erklärungen? Ich bin hier der Fremdenführer. Nein, es kostet nichts, wir brauchen kein Geld für die Gebäudeerhaltung; die Bewohner besorgen das schon selber. Man darf ihnen nur keine Vorschriften machen, sonst hören sie sogleich auf. Sind Sie Denkmalpfleger? Dann müssen Sie hier umlernen. Denn wir erhalten hier nicht den Bestand, sondern die Erneuerungsfähigkeit. Aber Sie sind wohl eher ein Stadtplaner. Nein? Zum Glück! Denn vor diesen fürchten wir uns hier am meisten. Stünde das Quartier unter Denkmalschutz, so würde es in etwa 50 Jahren verfallen sein; die Stadtplanung aber kann es sofort zerstören. Die Erhaltung dieses Quartiers beruht auf seiner kleinen Parzellierung; kein Spekulant wird sich darauf einlassen, hier Liegenschaften aufzukaufen … es sei denn, die Stadtplanung hilft ihm. Sanierung, Verkehrskanalisation – um Argumente sind die Planer nie verlegen. Ich habe Sie doch nicht beleidigt? Sie sind kein Planer, scheint mir, eher ein Soziologe. Vielleicht einer von denen, die über den Städter und seine Anonymität geschrieben haben, was weiß ich. Sie müßten vielleicht einmal einen Monat bei den Citéhüslern wohnen, dann wird es Ihnen vielleicht klarer. Aber Sie sind ja kein Soziologe, ich sehe es jetzt, Sie sind Architekt. Ja, dann kann ich nur hoffen, daß Sie hier keinen Auftrag suchen. Denn wir haben keinen zu vergeben. Was hier gebaut wird, planen wir selber zusammen mit den Handwerkern. Und wenn ein Plan eine Unterschrift braucht, so hat mein Freund Jeanbaptiste einen Vetter, der einen kennt, der Pläne unterschreiben darf. Haben Sie jetzt noch Fragen?“

Lernen von den Squattern (1977)

Die demographische Entwicklung der Dritten Welt ist gekennzeichnet durch die Landflucht und die Konzentration der Bevölkerung in den Großstädten. In der Großstadt öffnen sich dem Zuwanderer zwei Perspektiven: entweder kommt er in den Genuß einer staatlich geförderten Sozialwohnung, oder er baut illegal: auf fremdem Grund und ohne Baugenehmigung. In der Sozialwohnung erhält der Siedler jenes Paket an Wohnraum und Wohnkomfort, das die Regierung des betreffenden Landes als das „Existenzminimum“ festgelegt hat; und mit diesem Paket wird ihm auch mehr oder weniger erfolgreich jene Lebensweise aufgezwungen, die der städtischen Sozialwohnung zugrundeliegt. Zudem hat er einen Mietpreis zu entrichten, den die Regierung für „angemessen“ hält; kann er das nicht, so steht er wieder auf der Straße.

Anders der illegale Siedler: Dieser braucht zunächst eine Gemeinschaft, denn der einzelne Siedler verfällt unweigerlich dem Zugriff der Polizei; aber die Hütten von fünfhundert Siedlern anzugreifen wagt die Regierung nicht. Sodann braucht er die Hilfe seines Clans, denn es muß gleichzeitig Geld verdient und gebaut werden. Das Haus entspricht in jeder Phase der materiellen Lage der Sippe; zu Beginn schlafen Menschen und Tiere zusammen im Einraumhaus, dann folgt ein schon perfekterer Anbau und das alte Haus wird zum Stall degradiert, schließlich kann sich die Sippe in mehrere Räume oder sogar Häuser aufteilen.

Aber nicht nur der materielle Einstieg in die Verdienstmöglichkeiten der Großstadt spiegelt sich im Squatterhaus: In ihm vollzieht sich auch die Umerziehung vom Bauern zum Städter. Der Imperativ der Sozialwohnung: Entweder paßt du dich an, oder wir werfen dich raus – dieser Imperativ wird hier zum Prozeß, der sich im gleichgelagerten Kollektiv vollzieht. Keiner wird auf die Straße gestellt, weil er im Badezimmer eine Ziege hält; die Integration erfolgt nicht durch Selektion und Diskriminierung, sondern durch gemeinsames Lernen.

Wir wollen das illegale Siedeln nicht romantisieren: Der illegale Zuwanderer führt jahrelang ein strapazenreiches Leben, während sich der Gewinner einer Sozialwohnung glücklich schätzt. Wie dieser aber nicht unter die Norm – und die ihm zudiktierte Zahlungsfähigkeit – sinken darf, so kann er sie auch nicht überschreiten.

Während sich die älteren Squatterquartiere allmählich zu kleinen Paradiesen entwickeln (verbunden mit einer Aufwertung des Bodens, die auch den legalen Eigentümer aufhorchen läßt), bleibt das gepflegte Elend der Sozialbauten immer gleich. Denn hier wird ja jene Dummheit anerzogen, die die Bewohner der entwickelten Länder schon erreicht haben; die ihre Wohnungen weder verändern dürfen noch können.

Lernen von den Squattern – heißt: lernen, daß das Bauen nicht die Sache der Spezialisten ist, noch der festgelegten Normen, die diskriminieren anstatt zu helfen, sondern der Siedler selbst, die lebenslang ihr Haus in Übereinstimmung bringen mit ihrer Existenz.

Das Bauwesen und der Selbstbau (1980)

Familienzyklus und Wohnung

Der Zyklus der normalen Familie ist dadurch charakterisiert, daß der Raumbedarf am Anfang und am Ende der Entwicklung einer einzelnen Familie gering ist, in der Periode der Kindererziehung aber größer. Aus der Geburtenkontrolle und dem späteren Wegzug der Kinder ergibt sich für jede Familie ein bestimmter Verlauf des Raumbedarfs. Die Entwicklung dieses Raumbedarfs läuft aber nicht konform mit der Entwicklung des Einkommens. Die Kurve des Gesamteinkommens einer Familie, noch charakteristischer die Kurve des Einkommens pro Kopf innerhalb einer Familie, steigt in der Regel, verglichen mit der Kurve des Raumbedarfs, verspätet an. Das bedeutet, daß wir, ganz grob gesprochen, eine erste Periode mit hohem Raumbedarf und geringem Einkommen und eine zweite Periode mit erhöhtem Einkommen und geringerem Raumbedarf zu kalkulieren haben.

Der Wohnungsmarkt ist nur ein unvollkommener Markt, und nicht jede auftretende Nachfrage schafft sich ein Angebot. Marktwirtschaftlicher Lehre nach müßte das Problem des unterschiedlichen Raumbedarfs zu unterschiedlichen Preisen auf dem Wohnungsmarkt durch Wohnungswechsel zu bewältigen sein. Hoher Raumbedarf zu billigem Preis kann aber nur noch an Orten befriedigt werden, die einen erheblichen Althausbestand aufweisen; große Altbauwohnungen werden aber immer seltener – wir kommen auf die Ursachen dafür zurück. Eine andere marktwirtschaftliche Lösung wäre die Verschuldung der jungen Familien; dadurch könnte Kaufkraft zeitlich vorverschoben werden. Die durch solche Verschuldung eintretenden Bindungen sind aber nicht nur erfreulicher Art.

Bei Häusern, die in den dreißiger Jahren durch Selbstbau als Krisenhilfe erstellt worden waren und die anschließend in das Eigentum der Ersteller übergegangen sind, beobachten wir vier Perioden des selbständigen Weiterbauens. In einer ersten Periode tritt Raummangel auf, der durch die Erstellung von Anbauten, in der Regel verandenartige Ausbauten der Parterrezimmer, bekämpft wird. In einer zweiten Periode wendet man sich der Verbesserung des Komforts zu: Die Wasserleitungen werden ins Obergeschoß geführt, Boiler für die Warmwasserzubereitung werden eingerichtet, und eventuell erfolgt die Ersetzung der Öfen durch eine Zentralheizung. Die dritte Periode ist durch verringerte Bedürfnisse bei erhöhter Kaufkraft gekennzeichnet: Die Umbauten erfolgen im Zeichen der Verschönerung des Hauses. Über die notwendigen Renovationen hinaus werden Fassadenteile, Haustüren, Eingangstreppen und Fenster ausgewechselt. Je nach der familiären Situation schließt sich noch eine vierte Periode an, diejenige der Vorbereitung auf den Generationenwechsel. Das Haus erhält eine Einliegerwohnung, die zunächst von der jungen oder später von der alternden Familie bewohnt werden kann.

Die Wohnung als Warenpaket

Die auf dem Markte angebotenen Wohnungen bestehen aus einem scheinbar unauflösbaren, durch Sitte und Gewohnheit festgeschnürten Warenpaket, das von den Umfassungsmauern des Rohbaus bis hin zum Spannteppich und zum Eisschrank reicht. Dieses Paket umfaßt Waren von unterschiedlicher Entbehrlichkeit und von ganz verschiedener Lebensdauer. Das Paket orientiert sich an dem wirtschaftlichen Konstrukt, das sich „Lebensstandard" nennt. Man tut so, als sei das Leben unterhalb des Standards unzumutbar und als wisse man nicht, daß zahlreiche Mitbürger – gerade in den Zentren unserer Städte – unterhalb dieses sogenannten Standards leben. Die Festlegung von Standards dient also weniger der sozialen Anhebung des Lebens als vielmehr der Vermarktung von Komfortgütern, ja der Neubauwohnungen selbst. Dieses läßt sich auch historisch nachweisen: Schon im 19. Jahrhundert hatte die Gesundheitspolizei in Perioden mit Leerwohnungsbestand ein strenges Auge auf die Wohnhygiene, während sie in Perioden des stärkeren Stadtwachstums auch dann die Augen zudrückte, wenn die Zustände tatsächlich unhaltbar waren. Ähnliches beobachtete man in jüngster Zeit in den Jahren des hohen Bestandes an Gastarbeitern.

Wie die oben geschilderten Beobachtungen an selbsterstellten Häusern zeigen, werden diese von den Besitzerfamilien nicht als festgeschnürte Pakete aufgefaßt. Vielmehr werden die auftretenden Periodizitäten des Raumbedarfs und des Einkommens dadurch bewältigt, daß das Haus als in seine einzelnen Bestandteile zerlegbar erscheint, insbesondere in Rohbau und Ausbau. Der Selbstbau lehrt also ein Verhalten, das auch auf den sozialen Wohnungsbau Anwendung finden könnte: die Abtrennung des Ausbaues vom Rohbau. Gewiß kann hier eingewendet werden, daß der individuell erstellte und oftmals erweiterte Ausbau schlußendlich mehr koste als die in Serie eingekaufte und rationell eingebaute Ausstattung durch den Bauträger. Diese Rechnung ist aber nur bedingt richtig; sie ignoriert einerseits die Eigenleistung, die der Nutzer einer Wohnung normalerweise erbringt: Das Kleben von Tapeten, Spannen von Teppichen, Weißen der Decken und ähnliches werden in immer steigendem Maße auf Hobby-Basis geleistet. Zudem übersieht man gern die Zinsverluste, die durch den vorzeitigen Einbau von Komfort entstehen, der erst später benötigt wird. Schließlich enthält die Bilanz auch Werte, die in trockenen volkswirtschaftlichen Rechnungen nicht auftauchen: die Mobilisierung von Energie im Hinblick auf eine gewünschte Anschaffung und die Freude an der eigenen Auswahl.

Selbstbau und Bauwesen

Wir sind nicht der Meinung, daß der Selbstbau eine allgemeine Alternative zum kommerziellen Wohnungsbau sei. Immer wird er, wenigstens in unseren industrialisierten Ländern, nur einen ganz geringen Sektor der Volkswirtschaft einnehmen. Beachtenswert ist er vielmehr als Extremfall eines weitaus größeren Komplexes, nämlich des verständigen Umgangs mit bestehender Bausubstanz. Denn technisch und rechtlich gehen die heutigen Mietverhältnisse davon aus, daß der Mieter vom Unterhalt eines Baues nichts verstehe und auch nichts damit zu tun haben soll. Wer aber die wachsenden, auf Hobby-Handwerk ausgerichteten Abteilungen unserer Warenhäuser und unserer Baumaterial-Lieferfirmen betrachtet, der muß erkennen, daß offenbar eine ganz erhebliche, gemeinhin nicht registrierte Potenz zur Selbsthilfe vorhanden ist. Wenn ich auf meinem Sonntagsspaziergang an einer Fensterfabrik vorbeikomme, an deren Verkaufsbüro zu lesen steht: „Samstags geöffnet von 7 bis 22 Uhr“, so zeigt dies, daß Hobby-Arbeit und Schwarzarbeit mit ihren Mischformen nicht mehr zu ignorieren sind.

Wir sagten eingangs, daß die Interferenz im Mitglieder- und im Einkommenszyklus einer Familie zu einer Periode des Raumbedarfs führt, die bei geringem Einkommen nur durch große Altwohnungen befriedigt werden kann. Große Altwohnungen aber werden immer seltener; sie sind offenbar der verwundbarste Teil unserer städtischen Bausubstanz. Woran geht solche Altbausubstanz zugrunde? – Großenteils daran, daß die Besitzer sie nicht renovieren wollen oder können, die Mieter aber durch Vertrag an der Ausübung vernünftiger Reparaturen gehindert sind. Kein Gesetz schützt Investitionen des Mieters, die zur Rettung und Erhaltung des von ihm bewohnten Hauses vorgenommen werden. Vielmehr erscheint derjenige Mieter als klug, der sich um den Zustand des Gebäudes nicht kümmert und es rechtzeitig verläßt, wenn es unbewohnbar wird. – Wir werden nachher noch aufzeigen, daß diese wirkliche oder vermeintliche Unbewohnbarkeit auch den bloß ästhetischen Verschleiß einschließt: Obwohl Altbauten oft größer, komfortabler und schöner sind als Neubauwohnungen, werden sie sozial diskriminiert.

Nutzung und Umbau

Bauten erhalten sich dadurch, daß sie ständig neuen Bedürfnissen und Nutzungen angepaßt werden. Diese Anpassung erfolgt durch Umbau. Beim Besitzer eines Eigenheims, insbesondere eines selbsterstellten, erfolgt der Umbau kontinuierlich und ohne große Umstellungen, selbstverständlich in Anwesenheit des Nutzers. Kommerziell erstellte Bauten und insbesondere solche der öffentlichen Hand erfahren aber längere Perioden der reinen Nutzung und zwischendurch tiefgreifende Umbauten, für deren Dauer die Nutzung unterbrochen ist.

Wir weisen hier auf bilanztechnische Gewohnheiten hin, die den vernünftigen Umgang mit Bausubstanz verhindern. Buchhalterisch unterscheiden wir zwischen Baukrediten, bzw. Umbaukrediten, und Betriebsbudgets. Baubudgets sind gewöhnlich reichlich dotiert, auch wenn aus Zweckgründen oft das Gegenteil behauptet wird; demgegenüber sind Betriebsbudgets in der Regel sparsam. Nehmen wir den Bau eines Schulhauses oder eines Kindergartens: Während des Bauens fließt das Geld reichlich, und viele hübsche Ideen des Architekten sind möglich, die sich später als überflüssig herausstellen. Ziehen dann die Nutzer ein, so schließt sich das Baubudget. Will eine Klasse einmal eine Ecke ihres Zimmers von den Blicken abschirmen oder hinter einer improvisierten Stellwand Zeichnungen aufhängen oder ein Bühnenstück proben, so zeigt sich, daß selbst der Kauf eines größeren Pappkartons im Budget nicht vorgesehen und deshalb unmöglich ist. Jahre später wird das Schulhaus ganz geräumt, die Nutzer mit ihren Bedürfnissen sind ausquartiert, aber das Geld fließt wieder in Strömen: Der Umbaukredit ist geöffnet, und die Architekten des Schulbauamtes schäumen über von guten Ideen. – Die Trennung von Baubudget und Betriebsbudget ist also Ursache eines verschwenderischen und zerstörerischen Umgangs mit Bausubstanz dadurch, daß ein durch Nutzung erworbenes Sachwissen mißachtet und durch die professionelle Routine ersetzt wird.

Das Bauwesen

Das Bauwesen ist eines der großen Subsysteme der modernen Wirtschaft, das gleichwertig neben das Subsystem Automobil/Erdöl/Straßenbau und den Komplex Forschung/Rüstung sowie Medizin/Chemie tritt, mit welchen es auch auf mannigfache Weise verbunden ist. Dieses so verstandene Bauwesen umfaßt nicht nur das Baugewerbe, sondern auch den Haus- und Grundbesitz, das Mietwesen, die Baunebengewerbe und die Installationsbranchen, dazu einen großen Teil des Bank- und Kreditwesens, weite Verwaltungszweige des Staates, Ämter, Gesetzgebungen, Politiker, Berufsverbände mit Einfluß auf die Gesetzgebung, das Normwesen und die Stadtplanung.

Dieses Bauwesen hat in den Jahren zwischen 1950 und 1970 in der Schweiz gewaltige Positionen aufgebaut. Wir erinnern hier beispielsweise an den Aufstieg der Firma Göhner: ein Firmenkomplex, der zunächst Baufertigteile lieferte, schließlich aber sich nicht mehr auf den unregelmäßigen Eingang von Bestellungen verlassen wollte, sondern sein eigener Planer, Auftraggeber und Bauherr wurde. Um die Bauteilfabriken regelmäßig in Gang zu halten, wurden fortlaufend Wohnbauvorhaben geplant;

um diese durchführen zu können, wurden Landvorräte gehalten; um dieses Land verwertbar zu machen, mußten die kommunalen Planungen sinngemäß gesteuert werden. Die starke Position des Kreditnehmers erzeugte ein euphorisches Vertrauen, das nicht zuletzt durch wissenschaftliche Prognosen – wir erinnern an das Gerede von der Schweiz der 10 Millionen Einwohner, das am ORL-Institut gang und gäbe war – und durch staatliche Planungen (etwa die der Zürcher U-Bahn) gestützt wurde.

Bauwesen im Nullwachstum

Die Ereignisse des Herbstes 1973 haben dem Bauwesen einen Stoß versetzt. Dieser Stoß geht über die momentanen Effekte der Rezession hinaus: Es wurde offenbar, daß die Bevölkerungsprognosen falsch waren, auf die die staatliche wie die privatwirtschaftliche Planung zugeschnitten war, und daß auch die Migrationen innerhalb des konstanten Bevölkerungsbestandes nicht mehr zu einer illimitierten Konzentration und Verstädterung der Schweiz führen würden. Unter den Bedingungen des Nullwachstums muß gerade das Bauwesen, das von Zuwachsraten lebt, besonders stark reagieren.

Zur Erhaltung der Auftragslage im Bauwesen ist – unter den heutigen Bedingungen des Nullwachstums – die Zerstörung des Altbaubestandes das probateste Mittel. War früher der Althausbestand nur dadurch bedroht, daß er räumlich den Bauinteressenten im Wege stand, so hindert er sie heute an ihrer Tätigkeit dadurch, daß er noch Nutzungen ermöglicht, die sie eben neu beherbergen wollen. Jedes bestehende Gebäude verhindert einen Neubau – deshalb hat die vielfach von der Rezession erhoffte Schonung des Baubestandes nicht eingesetzt.

Die Situation der Bauwirtschaft hat auch zu Konkurrenzkämpfen zwischen Bauhauptgewerbe und Baunebengewerbe geführt. Hatte das Baunebengewerbe in Zeiten der Konjunktur mit der Bauindustrie bequem koexistiert, so treten beide heute in Gegensatz zueinander: in der Frage nach Erhalt oder Abbruch und Neubau. Während das Baunebengewerbe an Bauerhaltung und Umbau maßgeblich beteiligt ist, profitiert die Bauindustrie von diesen Tätigkeiten kaum. Deshalb sucht sie nach Mitteln, ältere Bauten als obsolet erscheinen zu lassen.

In diesem Zusammenhang ist das Selberbauen – als die Schule des Umganges mit Bausubstanz – von zentraler Wichtigkeit geworden. Heute geht es darum, daß sich die Bewohner von Altbauten nicht dadurch diskriminieren lassen, daß äußerliche Unvollkommenheiten ihrer Wohnhäuser als Vergammelung und Verschleiß bezeichnet werden. Vielmehr muß die Urteilskraft über den Zustand und den Wert eines Baues wieder entwickelt werden, und je mehr Bürger es gibt, die schon einmal beim Selbstbau oder bei einer Reparatur mit Hand angelegt haben, desto gesicherter ist der bestehende Baubestand, dieser wertvollste Teil unseres Volksvermögens.

Wodurch gehen die Bauten zugrunde?

Bauten gehen zugrunde durch die Professionalisierung aller Bautätigkeit, auch derjenigen, die vom Laien ausgeübt werden könnte. An diesem Prozeß sind sowohl Berufsverbände mit ihren inneren Regelungen wie auch die Gesetzgebung des Staates selbst beteiligt. Insbesondere springt die Regelung bei den Installationen, bei Gas, Wasser und Elektrizität, in die Augen. Hierbei gibt es viele Tätigkeiten, die durchaus Laien zugänglich sind und die – verbotenerweise – auch vielfach von Laien durchgeführt werden. Auf diesem Gebiet hätte es einerseits die Herstellungsindustrie in der Hand, gefahrlose und leicht zusammensetzbare Elemente zu produzieren. Die Gefährlichkeit laienhafter Betätigung wird nämlich dadurch erhöht, daß die Verzweigungsstellen, Verschraubungen, Anschlüsse versteckt und nur mit Spezialinstrumenten manipulierbar gehalten werden. Auch die bauliche Ästhetik bemüht sich, die Professionalisierung zu erhalten: Der Versuch der funktionalistischen Architektur, Installationen sichtbar über Verputz als interessant erscheinen zu lassen, setzte sich nicht durch. Die meisten der im Installationssektor geltenden Normen und Verbote werden mit Sicherheitsüberlegungen begründet: Die Art aber, wie es einigen mächtigen Industriezweigen gelingt, gerade diese Normen zu umgehen, wird etwa an der Art der Aufstellung von Waschmaschinen in Kleinwohnungen sichtbar.

Die vorzeitige Überalterung von Bauten wird auch durch die Normen und Anforderungen an diese vorangetrieben. Die Normen werden so festgelegt, daß nur die gerade neu gebauten Häuser ihnen genügen; – kein Wunder, denn bevor die Normen bekannt sind, kann man sich nicht nach ihnen richten. Mit diesem System wird beispielsweise in der Bundesrepublik versucht, den gesamten Altbaubestand aus der Subventionierung durch Gelder des sozialen Wohnungsbaus herauszuhalten. Weil in bestehenden Bauten die Treppen etwas zu steil sind oder weil die WCs nicht gerade, sondern schräg in den Ecken ihres Raumes angebracht sind, befindet sich der Bau außerhalb der Förderungswürdigkeit, sofern bei der Renovierung nicht diesen Normen Genüge getan wird. Systematische Diskriminierung erfährt auch die Raumhöhe, indem bedürftige Mieter darauf hingewiesen werden, daß Heizungsbeihilfen nur nach der Fläche bemessen würden; die Mieter werden aber nicht darauf hingewiesen, wie wenig die Raumhöhe gegenüber der besseren Isolierung eines Altbaus ins Gewicht fällt.

Eine beliebte Form der Altbauzerstörung ist die Stadtplanung. Die innerstädtischen Straßenverbreiterungen der fünfziger und sechziger Jahre haben die versprochene „Lösung“ des Verkehrsproblems nicht im entferntesten gebracht; ganz im Gegenteil. Ich erwähne diesen Punkt hier nur, weil auf dem Gebiet der Planung die Fachverbände des Bauwesens in symptomatischer Weise ihren Sachverstand im Interesse der Ankurbelung des Bauens und nicht zur Erhaltung des Baubestandes eingesetzt haben.

Ein Wort zur Denkmalpflege

Der Gedanke der Bauerhaltung wird heute in der Öffentlichkeit allein durch die Denkmalpflege vertreten. Sie aber beruht auf einer Tradition, die es ihr schwermacht, die Größe des Problemkreises zu sehen, der ihr zur Betreuung anvertraut wäre. Denkmalpflege geht aus vom zu schützenden Monument; dadurch teilt sie den Baubestand ein in schützenswerte Bauten und solche, die mangels künstlerischem oder historischem Wert zerstört werden können. Deshalb entspricht heute die Denkmalpflege nicht einmal mehr dem ästhetischen Bedürfnis nach Bauerhaltung. Die Jahre der Bauzerstörung haben nämlich in der Bevölkerung eine ästhetische Geschmacksverschiebung erzeugt, welche sich nicht mehr nur auf kunsthistorisch wertvolle Bauten bezieht, sondern auf den gesamten gewohnten Rahmen unserer Umwelt. Das heißt nun aber nicht, daß jedes Gebäude, das unseren Weg säumt, in dem Zustande erhalten werden muß, den es heute erreicht hat, oder gar, wie manche Denkmalpfleger wollen, in seinen Urzustand zurückversetzt werden müßte. Vielmehr würde diesem ästhetischen Bedürfnis auch dadurch Genüge getan, daß unsere Umgebung allmählich, aber nicht durch totalen Abbruch und Neubau, heutigen und künftigen Bedürfnissen angepaßt wird.

Die Denkmalpflege beruht auf der Kunstgeschichte und ihrer Konzeption der Baustile; längst aber hat die moderne Ästhetik herausgefunden, daß das Interesse unseres Schönheitssinnes nicht so sehr auf die Erfüllung des Stilideals ausgerichtet ist als vielmehr darauf, wie unter bestimmten historischen Umständen eben dieses Stilideal an die Notwendigkeit angepaßt wurde, oder anders ausgedrückt, wie Menschen sich in ihrer Existenz mit den überkommenen Bauwerken auseinandergesetzt haben. Dadurch gewinnt der Umbau eine gesteigerte ästhetische Bedeutung: Gerade seine Art der Veränderung von Stilbauten macht die menschliche Tätigkeit und das Wirken der Geschichte ablesbar.

Dieser kleine Exkurs soll auch das Interesse am unscheinbaren Baubestand bis hin zu den Eigenbauten der Schrebergärten erklären. In den provisorischen Villen und Gärtchen unserer Kleingartenanlagen kann sich das populäre Verständnis des Bauens ungehemmt ausdrücken. Vom Schrebergarten führt über den selbstgemachten Umbau ein Weg zum selbsterstellten Haus. Und diese Gebäude lassen nicht nur den Ersteller die Möglichkeit eigenen Handelns erfahren, sondern sie machen auch die dadurch bewirkte Emanzipation für jeden Betrachter ablesbar. Deshalb das Interesse unserer heutigen Literatur für spontane Bauten, wie es etwa bei Bernard Lassus zum Ausdruck kommt.

Die Ausbildung von Architekten bewegt sich noch weitgehend im traditionellen, akademischen Rahmen. Die Semester-Arbeiten und Übungen bestehen immer noch darin, daß auf einem realen oder supponierten Grundstück, auf welchem man eventuell vorhandene Gebäude wegsupponiert hat, unter Supponierung vorhandener Finanzierungsmöglichkeiten ein bestimmtes Gebäude geplant wird. Prototyp dieser Aufgaben ist das „Jugendzentrum am Paradeplatz". Gewiß, es werden seit 1968 sogenannte Analysen gemacht. Während einiger Semesterstunden spricht man über die Notwendigkeit eines Jugendzentrums, man stellt Statistiken über den Anteil der Jugendlichen an der Bevölkerung zusammen und startet vielleicht sogar eine soziologische Umfrage. Es ist aber meines Wissens noch nie dazu gekommen, daß sich aus der Voruntersuchung die Überflüssigkeit der gestellten Bauaufgabe ergeben hätte.

Die Ausbildung des Architekten bezieht sich also nach wie vor auf das Bauen, nicht etwa auf den Umgang mit bestehender Bausubstanz und deren Ergänzung. Der Architekt bezeichnet sich gern als der Treuhänder eines Bauherrn; er hat aber dieses Treuhändertum von seiner Ausbildung her nur in einer Richtung gelernt: den Bauherrn dahingehend zu beraten, einen Bau zu erstellen. Hier öffnet sich eine Lücke und ein Betätigungsfeld, in welches unter den Bedingungen des Nullwachstums gerade ein verantwortungsvoll dem Bauen verbundener Berufsstand eintreten könnte: Berater zu sein für den vernünftigen Umgang mit Bauten.

Es bleibt hinzuzufügen, daß sich heute in Deutschland einige wenige Architekten in neuartiger Weise ihrer Aufgabe annehmen. Sie haben sich auf die Beratung von Bauherren spezialisiert, die selber bauen wollen. Ich habe Kenntnis von einem Büro, welches ausschließlich für den Selbstbau arbeitet und dessen Chef und Angestellte auf allen Ebenen des Bauens, jeweils gemeinsam mit dem Bauherrn und zugezogenen Handwerkern, eingreifen. Sinnvoll erscheint mir auch, daß dieses Büro gleichzeitig jeweils einige wenige Architekten ausbildet, welchen durch diese Notwendigkeit des Eingreifens auf allen Ebenen eine umfassende Kenntnis des Bauens vermittelt wird.

Zusammenfassung

Wir sehen das Selberbauen in industrialisierten Ländern nicht als eine breite und volkswirtschaftlich ins Gewicht fallende Bewegung an. Wir sehen darin aber den notwendigen Extremfall einer ganzen Skala von Bautätigkeiten und Verhaltensweisen gegenüber dem Bauen, die dem Nutzer seinen natürlichen Sachverstand und sein konservierendes Verhältnis gegenüber dem genutzten Bau zurückgeben.

Diese Sachkenntnis des Nutzers erscheint uns als notwendig angesichts der zerstörerischen Tendenz des Bauwesens, das unter den Bedingungen des Nullwachstums durch den Altbauverschleiß sowohl zu Bauplätzen wie zu Bauaufträgen kommen will. Eingeschlossen in diesen Komplex des Bauwesens sind neben dem Bauhauptgewerbe und seinen Geld- und Auftragsgebern auch Kräfte, welche auf die Professionalisierung des Bauwesens hinarbeiten, selbst in Gebieten, die jedermann zugänglich sein könnten. Diese Professionalisierung dient der Fernhaltung des Laien und der Manifestierung seiner scheinbaren Inkompetenz in Baufragen, wie sie im Hinblick auf die Bauzerstörung erwünscht ist.

Diese Professionalisierung sowie überhaupt der Verschleiß des Altbaubestandes werden gestützt von einem System von Gesetzen und Normen, angefangen mit dem Mietvertrag, der so eingerichtet ist, daß die Bauerhaltung nicht im Interesse des Mieters liegt, bis hin zur Praxis, Altbauten wegen der Unterschreitung von Normen oder äußerlichen kleinen Bauschäden als obsolet und abbruchreif erscheinen zu lassen.

Ich habe an anderer Stelle dargestellt, wie auf allen Ebenen der Entschlußfassung Abbruch und Neubau als scheinbar richtige Lösungsstrategie schon linguistisch und aufgrund des Mediums „Plan" vorprogrammiert sind und wie die juristische Fiktion, Planung lasse sich in „fachmännische Beratung" und „politischen Entschluß" aufteilen, faktisch zur Herrschaft der Fachleute führt. Diese Situation kann nur durch die wachsende Kompetenz von Laien wieder abgebaut werden.

Selbstbau und Bauerhaltung sind einem vernünftig dimensionierten Baugewerbe nicht abträglich, im Gegenteil. Zweifellos aber wird eine über die Maßen aufgeblähte Bauindustrie an einer solchen, dem Volksvermögen aber dienlichen Entwicklung kein Interesse haben. Auch unser ästhetisches Urteil scheint sich in dem Maße geändert zu haben, als das Ideal der Architektur nicht mehr in der makellosen Verwirklichung eines Planes gesucht wird, sondern im Ausdruck der Auseinandersetzung von Menschen und Zeiten mit den Gegebenheiten des Bauens oder eines Bauwerks.

Niemandsland (1980)

Niemandsland, das ist das Land, wo der Schorsch seine selbstgebastelte Rakete zündete und wo die Anne ihren ersten Kuß bekam. Niemandsland gibt es nicht, wenigstens nicht in einer anständig geplanten Stadt. Niemandsland ist ein Produkt der Planung: ohne Planung kein Niemandsland. Aber wenn die Planer merken, daß sie das Niemandsland geplant haben, ist es aus mit dem Niemandsland. – Dann wird schon der Name geändert: Es heißt dann „dysfunktionale Flächen". Aber das kümmert den Schorsch und die Anne noch nicht; sie ärgern sich erst, wenn die städtischen Equipen das Gebüsch niederbrennen, das Bachufer begradigen, die Wiese periodisch mähen und einen Sitzplatz mit Grill errichten.

Der fortschrittliche Staat plant für alle: Er plant die Sandkästen der Kleinsten, er stellt den Müttern die Bänke bereit, er baut die Spazierwege und pflanzt und fällt die schattenspendenden Bäume für die Alten, er schafft einen Bolzplatz für die älteren Kinder, Sportplätze für die Jugend, Parks und Tummelplätze für die Familien, ganz zu schweigen von den Autostraßen, den wohl wichtigsten Freizeitflächen überhaupt.

Und der Staat sorgt auch für die Halbwüchsigen, indem er das Niemandsland plant; nur weiß er es nicht. Niemandsland entsteht da, wo nach Ausscheiden einer Bauzone die landwirtschaftliche Nutzung obsolet, die städtische Nutzung aber noch nicht genügend rentabel ist. Niemandsland ist der Leerraum zwischen dem Stadtkörper und seinem zu groß geschneiderten Planungsanzug. Wir alle, besonders aber die Halbwüchsigen, sind ihm dankbar dafür.

Natürlich bedroht die Planung auch das Niemandsland. Diese Bedrohung nennt sich „Grünplanung". Zugegeben, die Grünplanung hat es in unseren Städten schwer: Bebaute Flächen lassen sich nicht in Grünflächen verwandeln. Sie muß also darauf ausgehen, Grünflächen in Grünflächen zu verwandeln. Seitdem die Stadtgärtner sich nicht darauf beschränken, den Stadtpark und einige andere Anlagen zu begrünen, ist das Niemandsland gefährdet.

Die Stadtbegrünung, die das Niemandsland in disziplinierte Grünflächen verwandelt, leistet weder einen Beitrag zur Verschönerung der Stadt noch zur Vermehrung der Freizeitflächen. Durch die totale Begärtnerung entsteht nämlich nicht das, was die Gärtner sich davon erhoffen – eine Stadtlandschaft; im Gegenteil. Je mehr dem Auge schon vorgegeben wird, desto weniger ist es geneigt, dieses Gesehene unter das Bild einer Landschaft zu subsumieren. Die Art und Weise, wie Städte begärtnert werden, steht immer noch unter dem Anspruch der dreißiger Jahre: Funktionalisierung und Hygienisierung. Und diese zweckgerichtete Begrünung nimmt nun gerade der Freifläche ihre Freiheit, letzter Auslauf zu sein, insbesondere für jene Altersstufe, die ohnehin mit dem Stigma des Undisziplinierten behaftet ist, für die Halbwüchsigen. Und halbwüchsig sind wir bis ins hohe Alter.

Das Menschenbild des Architekten (1980)

Nach dem Kriege, nach dem Zusammenbruch der faschistischen Mächte Mitteleuropas, stand die Gestalt des Architekten auf dem Höhepunkt. Vom modernen Architekten, den die Diktatoren in die Verbannung geschickt hatten, erwartete man weit mehr als den bloßen Wiederaufbau des Zerstörten: Mit besseren Wohnungen, schönerem Gerät, modernen, durchgrünten Städten sollte auch eine neue Gesellschaft gebildet werden. – Wenn wir nun nach dem Punkt suchen, wo dieses auf Vorschuß errichtete Denkmal von seinem Sockel stürzte, dann nenne ich die Sprengung des Pruitt-Igoe-Quartiers in St. Louis. Hier war von Fachleuten ein Slum-Gebiet „saniert", also eingeebnet worden, und ein Star-Architekt errichtete für die davon betroffene Bevölkerung neue Wohnungen. In diesem für die Nachkriegszeit vorbildlichen Wohngebiet rissen bald Zustände ein, die eine Sprengung der neu errichteten Bauten als notwendig erscheinen ließen. Wer in den USA nach den genauen Gründen fragt, die zu dieser Sprengung führten, erhält zweierlei Antworten. Die offizielle: Der Anstieg der Kriminalität in diesem Quartier war so groß, daß sich die Leute abends nicht mehr in die Fahrstühle wagten aus Angst, dort beraubt und ermordet zu werden. Die inoffizielle: Der Architekt hatte vergessen, im Parterre öffentliche WC-Anlagen einzurichten. Wenn die Kinder aus dem 8. oder 10. Geschoß im Hofe spielten, so konnten sie nicht immer in die Wohnung zurück, ihr Geschäftchen zu verrichten. So benutzten sie ein ähnlich aussehendes Örtchen, was dazu führte, daß die Fahrstühle nahezu unbenutzbar wurden …

Hier in Europa haben die Zustände nicht diesen Grad erreicht; dennoch können wir in Sarcelles bei Paris, an der Via Artom in Turin, am R 1000 in der Schweiz, jetzt Augarten genannt, und im Berliner Märkischen Viertel ähnliches beobachten: Fortschrittliche, nach dem Stand der Technik sowohl wie der Soziologie richtig konzipierte Vorstädte werden zu Orten, an denen sich soziale Probleme häufen. Ist das die Schuld der Architekten? – Die Schuldfrage ist kompliziert. Zweifellos ist juristisch alles in Ordnung; die Verantwortungen sind abgedeckt durch öffentliche oder private Bauherren. Dennoch haben die Architekten die Vorstellungen geschaffen, zu welchen diese Bauherren ihr Plazet gaben, weil sie Eigenes nicht entgegenzusetzen hatten. Und diese Fähigkeit, Vorbilder, Vorstellungsbilder zu schaffen, die bessere Welt vom Zeichentisch her zu gestalten, führte den Architekten auf jenen hohen Sockel, von welchem er unweigerlich hinabstürzen mußte.

Der Anspruch des Architekten war in der Vergangenheit noch nicht auf diese soziale Vorbildlichkeit gerichtet; wohl aber seit der Spätrenaissance auf eine bessere, ideale Welt. Die Frage des Fortschritts wurde zuerst von den Architekturtheoretikern diskutiert: „La querelle des anciens et des modernes". In welchem Maße die sogenannten Revolutionsarchitekten einen gesellschaftlichen Fortschritt ansteuerten, bleibt mir fraglich, wenn ich die Fabrikstadt Chaux von Ledoux anschaue. Eher denke ich dabei an die Zementierung bestehender sozialer Verhältnisse, wie sie auch in den die Architektur betreffenden Kapiteln der Enzyklopädisten zutage tritt. Der Anspruch aber ist gleichwohl in einem idealistischen Sinne „human". Ein Funke von Freiheit, die Ahnung von einer Gesellschaft jenseits der Klassen, steckt in aller palladianischen Architektur bis hin zum Klassizismus der Vereinigten Staaten, aber dieser Traum von Gleichheit beruhte faktisch und technisch auf der Existenz einer Klassengesellschaft.

Mit dem Los der Unterklasse und in der Absicht, es zu verbessern, nicht aber, es zu beheben, befaßten sich im 19. Jahrhundert eher die Dilettanten. Wir denken an Jeremy Benthams panoptisches Arbeitshaus, ein Monstrum von wohlgemeinter Grausamkeit und Vorbild der heutigen Zuchthäuser: Seltsam und doch logisch zu denken, daß derselbe Bentham auch den Volkspark begründete, als die Dosis an Grün, die unter strenger Aufsicht der Parkwächter und zu bestimmten Tageszeiten konsumiert werden darf.

In Frankreich entwarfen Fourier und Considérant die Pläne einer utopisch-sozialistischen Gesellschaft anhand eines riesigen Kommune-Gebäudes, das Züge von Versailles aufweist. Obwohl von Dilettanten entworfen, besitzt es städtebauliche Neuerungen, wie sie den Architekten von damals nicht eingefallen waren, beispielsweise die hausinternen Straßen. Ein Kapitel in Victor Hugos „Glöckner von Notre-Dame", das überschrieben ist mit „Ceci tuera cela" (dieses wird jenes töten), löst einen Streit aus über die Frage, ob es wirklich das Gebaute, die Phalanstère sei, welches die neue Gesellschaft bringe, oder ob nicht vielmehr das Unsichtbare, nämlich Gedanken, soziale und politische Veränderungen, Gesetze am Anfang stehen müßten. Der Domherr von Notre-Dame hält in seiner einen Hand das erste von Gutenberg gedruckte Buch und weist mit der anderen auf das Bauwerk der gotischen Kathedrale; „Ceci tuera cela" meint: Fortan wird nicht mehr der Bau, sondern das Wort die Gesellschaft bestimmen. – Seltsam, daß die Sozialisten so heftig auf diese Romanszene reagierten.

In der Tat wußten die Architekten bis zum Ende der ersten industriellen Revolution nichts zum neuen Phänomen des Industrieproletariats zu sagen. Aber sie hatten auch zur Architektur nicht mehr viel zu sagen.

Die Baukunst konnte von ihren Spezialisten nicht mehr aus dem Sumpf gezogen werden; ihre Weiterentwicklung verdankt sie wiederum Dilettanten, dieses Mal den Künstlern und Kunstgewerblern der sozialistischen und antiindustriellen „Arts and Crafts"-Bewegung in England. Von hier sprang der Funke über nach Deutschland, zuerst verglüht im Prachtfeuerwerk des Jugendstils, und dann schließlich doch noch zu einem dauerhaften Feuer geworden im Deutschen Werkbund.

Das Menschenbild des Werkbundkünstlers und Werkbundarchitekten ist nicht eindeutig, aber immerhin umfassen die im Werkbund geführten Diskussionen die beiden damals möglichen Positionen. Der liberal-konservativen Hälfte, die sich um den Politiker Friedrich Naumann scharte, ging es um die Aufhebung der Entfremdung des Arbeiters dadurch, daß ihm das in einer künstlerisch-handwerklichen Weise hergestellte Produkt wieder zugänglich wurde: Man träumte von einem Arbeiter-Handwerker, der in bescheidenen, aber ebenso qualitätvoll hergestellten Möbeln und Häusern leben kann wie der Reiche und dessen Arbeit Produkte erzeugt, die auch von ihm erworben werden können. Die progressiv-liberale Hälfte hielt die Mechanisierung und Zerstückelung der Arbeit für unwiderruflich; sie sah im Arbeiter den Prototypen des modernen, mobilen und auf alle Zeiten entfremdeten Menschen, dem das Leben durch leichtgewichtige, wohlfeile und austauschbare Gegenstände erträglich gemacht werden soll. Wenn von diesen Architekten und Entwerfern vieles erfunden und gestaltet wurde, was wir heute als bedrückend empfinden, die Kleinwohnung, das Wegwerfgerät, so müssen wir uns daran erinnern, daß damals hinter diesen Entwürfen nicht die Wegwerfkultur, sondern die auf soziale Innovation gegründete klassenlose Gesellschaft als Ziel stand.

All dieses ist in einer seltsam unpolitischen Weise politisch. Der Architekt sieht sich jenseits und über den Parteien und Klassenkämpfen seiner Zeit. Anläßlich seiner ersten Bauten in Paris ist Le Corbusier in kontroverser Weise angegriffen worden: Während die bürgerliche Kritik ihn einen Bolschewiken schalt, hielten ihn die Handwerker für einen Agenten des Großkapitals, das nun auch den Bauprozeß monopolisieren wollte. Natürlich bestätigten diese Angriffe nur das Bild, das Le Corbusier ohnehin von sich selber hatte: Wer über den Parteien steht, wird von beiden Seiten verfemt. Diese Illusion, es gebe eine Position außerhalb der gesellschaftlichen Kämpfe, führte Le Corbusier 1943 in gefährliche Nähe petainistischen Reformdenkens und nach dem Kriege zur Zementierung der indischen Kastengesellschaft in Chandigarh.

Den wohl wichtigsten Anstoß, der bis heute unser Bauen bestimmt, erhielt die moderne Architektur um das Jahr 1930, als der Wiederaufbau Deutschlands durch die im November 1929 ausgebrochene Krise vor die Notwendigkeit äußerster Sparsamkeit gestellt wurde. Das damals als anzustrebendes Ziel in die Debatte geworfene Wort lautete: „die Wohnung für das Existenzminimum". Wir möchten hier zeigen, wie eine Kritik der Ausformungen des sozialen Wohnungsbaues und des dahinterstehenden Menschenbildes von diesem Begriff des Existenzminimums ausgehen muß.

Grundlage für die Vorstellung eines Existenzminimums ist der konventionelle Bedürfnisbegriff: Er beruht auf einem extrem verkürzten Bild des Menschen: Der Mensch hat ein Set von erfüllbaren Bedürfnissen. Diese Bedürfnisse teilen sich offenbar in unabdingbare und in entbehrliche, also in das Existenzminimum und den Luxus. Was das Unabdingbare anbelangt, so ist es offensichtlich die Pflicht der Gesellschaft, alle Mitglieder damit zu versorgen. Damit wird die Wohnung zu einer öffentlichen Infrastruktur. Was das Entbehrliche anbelangt, so ist es für die Wohlhabenden zulässig, sich damit zu umgeben. Trifft man das Entbehrliche aber bei den Bedürftigen, so handelt es sich um einen verwerflichen Wunsch nach falschem Sozialprestige, um ein „to keep up with the Jones". Deutlich wird dieses Menschenbild in dem Kampf der Reformarchitekten gegen die sogenannte gute Stube: Die gute Stube sei ästhetisch verwerflich darum, weil sie geschmacklose Gegenstände, Buffets, Spinde, Vasen, Plüschsofas und Häkeldeckchen enthält, aber dieses Geschmacklose enthülle seine wahre Schlechtigkeit dadurch, daß es ja nur angeschafft wurde, um im Wettlauf mit Nachbarn hervorzustechen.

Die Ärmlichkeit dieses auf „elementare" Bedürfnisse gegründeten Menschenbildes enthüllt sich in der Verurteilung der guten Stube. Die Einrichtung einer guten Stube entspringt nicht den Bedürfnissen nach Sozialprestige, sondern einer Notwendigkeit der Struktur des Zusammenlebens im Haushalt. Empirische Untersuchungen stark belegter Wohnungen zeigen, daß gerade diese große Opfer an Bequemlichkeit auf sich nehmen, um einen solchen in Reserve verbleibenden allgemeinen Raum einzurichten. Wenn wir in der Dortmunder Nordstadt Küchen finden, in denen ein bis zwei Menschen schlafen, und daneben ein „unbewohntes" Wohnzimmer, so kann diese Einrichtung nicht daher rühren, daß man seinen Nachbarn eine höhere soziale Position vorspiegeln will, als man hat. Vielmehr beruht eine solche Einrichtung auf Notwendigkeiten sowohl der inneren psychischen Struktur der Wohngemeinschaft wie auf dem Erfordernis, daß ein Individuum ein „Setting" hat, von dem es annehmen kann, es finde gesellschaftliche Anerkennung.

Die Vorstellung des Existenzminimums, wie sie um 1930 konzipiert wurde, wächst sich heute in der dritten Welt zum wahren Paradoxon aus. Ein Land der dritten Welt, das Wohnungsbau betreibt, „muß“ ein Existenzminimum festlegen, ein Niveau, auf welchem diese Wohnungen sich befinden sollen. Die Mehrzahl der Bewohner dieser Länder lebt weit unterhalb dieses „Existenzminimums“; die Festlegung des Existenzminimums erfolgt also nicht nach „unabdingbaren Bedürfnissen“, sondern politisch. Die auf dem Existenzminimum liegenden neu gebauten Wohnungen werden durch Intervention des Staates oder der Entwicklungshilfe subventioniert. Damit kommt ein kleiner Teil der Bevölkerung in eine Einkommenszone, die es ihm erlaubt, auf das Existenzminimum aufzusteigen und eine solche Wohnung zu beziehen. Es entsteht also unter den Unterprivilegierten ein Graben zwischen denjenigen, die so viel haben, daß sie die angebotene Komfortstufe in Anspruch nehmen können, und jenen, die weiterhin in selbstgebauten Blechhütten sitzen. In genau gleicher Weise hat 1930 die angebotene Hilfe auf dem Niveau des Existenzminimums niemals die Bedürftigsten erreicht, sondern diejenigen, die noch stark genug waren, die Hilfe in Anspruch zu nehmen. Mit der Festlegung eines Existenzminimums spaltet man also die Schicht der Bedürftigen in zwei Teile, und man öffnet vor jenen, die den Eintritt in die Zone der Subventionierung nicht schaffen, eine Kluft der Hoffnungslosigkeit.

Wir befassen uns so ausführlich mit dem Existenzminimum, weil mit seiner Konzeption ein Monstrum geboren wurde, das auch bei uns noch das gesamte öffentliche und gemeinnützige Bauwesen beherrscht: die Norm. Auch die Norm beruht auf der Vorstellung, der Mensch sei ein Wesen, das ein Set von erfüllbaren Bedürfnissen aufweise. Die katastrophalen Folgen eines solchen Menschenbildes zeigen wir an drei Teilgebieten.

Die Norm beruht auf dem Gedanken der Meßbarkeit und befaßt sich mit dem Meßbaren. Meßbar ist die Breite des Automobils, bezifferbar sind die Toleranzen, die diese Breite bei bestimmten Geschwindigkeiten zusätzlich in Anspruch nehmen muß, und die Folge davon sind immer breitere Straßen auf Kosten – zunächst einmal – der Bürgersteige, später der Randbebauung. Die Bedürfnisse des Bürgersteigs sind nicht meßbar. Wohl hat der Mensch auch eine „meßbare" Breite, aber Bürgersteige von Menschenbreite sind nicht angenehm. Die Annehmlichkeit im Gehen beruht auf unmeßbaren Dingen: auf der Möglichkeit, einmal stehenzubleiben, jemanden zu begrüßen, sich umzusehen und auch eine Begegnung zu vermeiden.

Die zweite katastrophale Folge der Norm ist die Gefährdung von Altbausubstanz. Alle Bauten, die vor der Einführung einer Norm erstellt wurden, überschreiten oder unterschreiten diese; eine genaue Erfüllung der Norm wäre reiner Zufall. Infolgedessen kann die Norm willkürlich dazu verwendet werden, Bauten als überaltert zu erklären. Wer hat ein Interesse an der Überalterung von Bauten? – Die Bauwirtschaft. Was sich also zunächst als fortschrittlich ausnimmt, nämlich die ständige Erhöhung der Norm, erweist sich unter den konkreten Verhältnissen als eine Form der Ausbeutung: Der Altbaubestand, die letzte Zuflucht der minderbemittelten Bevölkerung, kann fortlaufend als nicht mehr bewohnbar oder nicht mehr zuschußwürdig erklärt und durch Neubauten ersetzt werden. Das Menschenbild der natürlichen Bedürfnissteigerung im Zuge des Fortschritts erweist sich als eine Inpflichtnahme jener Bevölkerungsschichten, welche sich noch nicht der Disziplinierung gefügt haben, die zum Erwerb des Durchschnittseinkommens notwendig ist.

Die dritte Folge der Norm ist die linguistische Besetzung der Bauaufgaben. Um eine Norm zu erhalten, also um zuschußwürdig zu sein, muß ein menschliches Bedürfnis benannt und damit in den Bereich des Feststellbaren oder Meßbaren gebracht werden. Den zahlreichen Menschen, die unter beengten Raumverhältnissen leiden, wäre mit jeder Raumfläche gedient; nachzuweisen aber ist ein benennbares Bedürfnis: nach einem Kinderzimmer, nach einem Bastelraum, nach einem Wäschehängeplatz. Was nicht benennbar ist, die Ellbogenfreiheit, die Bequemlichkeit, die Annehmlichkeit einer gewissen Unordnung, das ist auch nicht erfüllbar. Dieses Bild des Menschen als Inhaber eines Sets von benennbaren Bedürfnissen bestimmt weitgehend das Aussehen und Funktionieren unserer baulichen Ausstattung. Nach Namen ordnen sich die Bauthemen: für das Lernen die Schulen mit Pausenplatz, Zaun rundherum, Hausmeister und Hausordnung. Das Betreten des Pausenhofes außerhalb der Schulzeit und während der Ferien ist verboten. Wo also soll sich die Jugend treffen? – Im Jugendzentrum mit Pingponghalle, Bastelraum, Clubecke, Jazzkeller, Zimmer des Leiters, Personalraum, Personalklo, Personalparkplatz: für jedes benennbare Bedürfnis ein benennbarer Raum!

Zurück zu unseren Bedürfnissen. Wenn wir das Menschenbild des Architekten an seinem Bedürfnisbegriff festmachen, so müßten wir selber einen besseren, erweiterten Bedürfnisbegriff erläutern. Daraus wird nun vermutlich nichts anderes als der Bedürfnisbegriff und damit ein Teil des Menschenbildes eines – Soziologen. Darüber immerhin soviel: Die physiologischen Bedürfnisse stehen wohl als ein primum movens am Beginn:

Wir haben Hunger, brauchen Wärme oder Kühlung, Schlaf, Kleidung und Hygiene. Aber nicht nur die „Erfüllung“ dieser Bedürfnisse, sondern die Bedürfnisse selbst sind sozial überformt. Die Gesellschaft bildet sich dadurch, daß sie die Bedürfnisse und ihre Befriedigung zu sozialen Akten macht. Überdies bietet sie ein Feld, in welchem sich neue, kompliziertere Bedürfnisse bilden und entfalten. Damit werden die Bedürfnisse potentiell unendlich und für den Erfüllungstechniker inoperabel. Bleibt der Bedürfnisbegriff noch sinnvoll, wenn wir sagen, daß Versailles die Bedürfnisse des Sonnenkönigs erfüllte? – Vielleicht hätte Ludwig XIV. Versailles lieber noch etwas größer gehabt.

Dieses führt uns zu dem nur scheinbar paradoxen Satz, daß sich das Existenzminimum des einzelnen oberhalb des durchschnittlichen Existenzniveaus befindet. Ich habe das Bedürfnis, daß meine Wohnung eine besonders schöne Aussicht hat; vielleicht nehme ich dafür höhere Kosten oder andere Unbequemlichkeiten, eine Ofenheizung oder eine ungenügende Warmwasserversorgung in Kauf. Oder aber ich habe das Bedürfnis nach einem luxuriösen und elegant ausgestatteten Badezimmer; dafür hinwiederum nehme ich vielleicht eine banale Aussicht nur quer über die Straße und Lärmbelastung in Kauf. Meine Wohnungssuche orientiert sich also gerade nicht an der Erfüllung des normalen Sets von Bedürfnissen, sondern an Übererfüllung und – leider auch – mangelhafter Befriedigung. Dies ist kein „to keep up with the Jones“, sondern der Wunsch nach der Erkennbarkeit meiner besonderen Existenz mit Hilfe des Zeichensystems der Wohnung und Einrichtung.

Der in Existenzminimum und Norm begründete Glaube an erfüllbare Bedürfnisse führt auch zur Vorstellung des Architekten, seine Aufgaben seien lösbar.

Unsere ganze technisch orientierte Erziehung und Ausbildung fördert diese Vorstellung. In der Schule gelten die Rechenaufgaben dann als richtig gelöst, wenn sie „aufgehen“; niemand verrät den Gymnasiasten, daß Rechnungen, die nicht aufgehen, viel häufiger vorkommen, aber sorgfältig aus dem Rechenbuch eliminiert worden sind. Die in Physik und Chemie vorgeführten Versuche „gelingen“; niemand verrät den Gymnasiasten, wie viele Versuche gemacht werden mußten, um diesen Schein von Gelingen zu ermöglichen. Damit wird von Anfang an unser Weltbild dahin verschoben, als bestünde unsere Arbeit im Lösen von lösbaren Aufgaben. Hierin reiht sich auch würdig die konventionelle Ausbildung von Architekten ein: Die Studenten entwerfen für angeblich freie Parzellen Bauten, deren Bauprogramm zuvor von Professor und Assistenten so zusammengestellt wurde, daß es gerade auf dieser Parzelle Platz hat. „Jugendzentrum am Paradeplatz“ – so nenne ich diese akademischen Übungen.

Die Vorstellung, Aufgaben seien lösbar, wenn sie nur richtig gestellt werden, führt zu einem reduzierten Bild der Aufgabenstellung, indem zwei Ausklammerungen vorgenommen werden: die Ausklammerung von Veränderung und die Ausklammerung von Wertfragen. Um Planung und Entwurf auf eine Ebene der Lösbarkeit zu bringen, müssen zunächst die äußeren Faktoren stillgelegt, also Veränderungen ausgeklammert werden. Es übersteigt die Möglichkeiten des Entwurfs, mit zwei dynamischen Systemen zu arbeiten: mit dynamischen Anforderungen und einem noch dynamischen, weil erst begonnenen Entwurf. Deshalb werden die Anforderungen zu „Bedürfnissen“ stilisiert und immobilisiert: Wie viele Mitglieder umfaßt denn die Familie des Hausherrn? Und hat der Hausherr vielleicht ein Hobby? Wieviel Quadratmeter nimmt denn so eine Kakteenzucht ein oder eine fotografische Dunkelkammer? Und sollte nicht der Hans, der studieren will, ein größeres Zimmer erhalten als der Helmut, von dem man annimmt, daß er in eine kaufmännische Lehre eintritt? – Dieses sind die Stillegungen des Privatarchitekten im privaten Entwurf. Nach Bezug der Villa ist alles anders: Statt der Kakteen pflegt man jetzt den Garten, Helmut ist abgehauen, in seinem Zimmer werkt der Hausherr, der nun Geschmack am Bauen bekommen hat; in der Dunkelkammer überwintern die Chrysanthemen.

Die Stillegungen des Privatarchitekten werden weit übertroffen von jenen des öffentlichen Bauens. Hier haben sie sich zu Normen verfestigt: Ein Grundschüler braucht 4 Quadratmeter, ein Student 9, ein Lehrer 22, ein Professor 34 – ob die Zahlen (noch) stimmen, weiß ich nicht. Falsch sind sie auch dann, wenn sie richtig sind. Natürlich wissen das auch die Architekten. Sie haben auch gleich eine Lösung für die durch die Festlegungen verursachten Fehlplanungen: Flexibilität. Flexibilität war das Zauberwort der Architektur in den sechziger und siebziger Jahren. Die Wohnungsbauer träumten von frei erstellbaren Grundrissen mittels verstellbarer Wände. Diese meist relativ teure technische Lösung funktionierte natürlich nicht; sie beruht auf einem Mißverständnis dessen, was sich tatsächlich beim Einzug der dynamischen Struktur „Familie“ in eine einmal festgelegte Wohnung abspielt. Es ist nicht so einfach, die Wand zwischen dem Zimmer von Hans und Helmut um einen Meter zugunsten des einen und zuungunsten des anderen zu verschieben. Auf der höheren Ebene der Schulen und Universitäten führte die Vorstellung der Flexibilität zu den bekannten Riesenkisten der Gesamtschulen und den Aufbau- und Verfügungszentren der Hochschulen.

Selbst die Auftraggeber dieser Bauten sagen heute, daß sie dergleichen nicht mehr bauen lassen würden.

Die zweite, noch wichtigere Ausklammerung betrifft die Wertfragen. – Natürlich anerkennt der Architekt die Existenz von Wertfragen, er ist ja ein Humanist! Aber: Er sucht sie am falschen Ort. Das von den Schulen und technischen Hochschulen geprägte Weltbild des Architekten lehrt, daß die Wertfragen von den technischen Fragen abtrennbar sind. Damit werden die Wertfragen zur Sache des Auftraggebers: Dieses – illusionäre – Bild des Ablaufs eines Entwurfs- und Beschlußfassungsprozesses nennt man „Dezisionismus". Der Dezisionismus führt zu den folgenden zwei Irrtümern: zum Irrtum der technischen Lösbarkeit des technischen Anteils eines Problems; und zum Irrtum der Abschiebbarkeit von Verantwortung in Wertfragen.

Zur technischen Lösbarkeit: In den sechziger Jahren lehrte man uns noch die technische Lösbarkeit des Umweltproblems. Man sagte uns, wenn wir einmal – dank der Atomkraftwerke – genügend Energie haben werden, so können wir auch unsere Flüsse wieder reinigen, und unsere Seen werden gesund. Heute wissen wir, daß wir nur die Wahl haben zwischen unterschiedlichen Formen von Verschmutzung; den Schmutz selbst bringen wir nicht aus der Welt. Es ist zu vermuten, daß höherer Energieaufwand zu höherer Verschmutzung führt und daß wir im konkreten Fall die Wahl haben zwischen einer Konzentration von viel Schmutz auf wenige oder von einer Verteilung des Schmutzes auf viele. – Dieses ist nur ein Beispiel; vor ähnlichen Problemen steht der Ingenieur wie der Architekt in Hunderten von Fällen. Wer definiert Sicherheit im Verkehr durch bessere Straßen? – Was ist denn vorzuziehen, viele Unfälle mit geringeren Verletzungen oder sehr wenige, aber meist tödliche Fälle? Diese Frage entscheiden nicht die offiziellen Träger der Verantwortung, die Parlamente, sondern die Fachleute selbst an ihrem Schreibtisch oder Zeichentisch.

Der Gedanke der Norm führt zu dem der Normierbarkeit menschlichen Handelns. Unfälle, so glaubt man, seien vermeidbar, wenn die Objekte Sicherheitsnormen erfüllen; geschieht dennoch ein Mißgeschick, so hat der Benutzer die Norm des Handelns verlassen – er ist „selber schuld“. Diese Vorstellung einer herstellbaren Sicherheit durch Normierung führt zu einer fortwährenden Entmündigung des Nutzers. Immer weniger Handlungen können nach eigenem vernünftigen Ermessen vorgenommen werden; der Hausbewohner, insbesondere der Mieter, verhält sich klug insofern, als er sich passiv verhält und Verantwortung meidet; er erleidet Nachteile, wenn er sich für die Behebung von Schäden, für die Erhaltung und Pflege des Gebäudes oder gar für dessen Aussehen einsetzt.

Alle Folgen dieses Menschenbildes – des Bildes vom Menschen als eines Sets normierbarer Bedürfnisse – führen zu einer Belebung der Bautätigkeit. Die Erhöhung der Sicherheitsnormen setzt Bauten und Anlagen außer Gebrauch, die physisch noch intakt sind. Die Ausschaltung vernünftiger Selbsthilfe führt zu einer Professionalisierung und zur Inanspruchnahme des Fachmannes auch da, wo dies gar nicht nötig wäre. Die Vorstellung einer machbaren Sicherheit durch Normen enthebt den Fachmann der Schuld selbst in Fällen, wo er selber unvernünftig handelt. So ist damit zu rechnen, daß das Menschenbild des Architekten stabil und bis auf weiteres nicht durch Lernvorgänge zu erschüttern ist.

Die Flächen müssen wieder in Besitz genommen werden (1982)

Man fühlt sich immer sicher, wenn man den Gegner ins Auge faßt. Wir leben ja, obwohl wir bestimmte Leistungen natürlich auch respektieren, geistig von einer gewissen Kritik der sechziger Jahre. Und wenn ich das im Extrembeispiel beschreiben soll, was das ist, von dem wir uns absetzen, dann ist das für mich der Freizeitpark und, in der allerschönsten Erscheinung, der Revierpark. Revierparks, das waren Einrichtungen, die zusammenhingen mit einer Reform des Lebens, die geplant war, um bestimmten Krisenerscheinungen zu begegnen. Das Ruhrgebiet kam damals in die Kohlenkrise, und um dieses Arbeitspotential wieder einsetzen zu können, hatte man sich ein ganzes Konzept ausgedacht, das auf die Funktionalisierung des Lebens der dort wohnenden Bevölkerung hinauslief. Es bestand aus der Erstellung eines Autobahnnetzes und aus der Konzentrierung des Wohnens an dessen Knotenpunkten. Das Ziel war die Mobilmachung der Arbeitskraft, ohne sie aus dem Ruhrgebiet auswandern zu lassen, indem sie dank dieses ungeheuren Verkehrssystems an verschiedenen Arbeitsplätzen einsetzbar wurde. Das bedeutet die Aufgabe des Wohnens in der Fläche, Konzentration der Bebauung auf die Knotenpunkte und als Kompensation die Anlage von Parks in diesen Flächen. Das waren die Gedankenbahnen, in denen in den sechziger Jahren über Menschen und wie sie leben sollten, nachgedacht wurde. Teile davon sind ja auch realisiert worden. Also das wäre der Ausgangspunkt. Dazu einige Bemerkungen.

Einmal: Wie ist denn das überhaupt mit der Freizeit der anderen Leute? Das war doch die große Sorge der sechziger Jahre: Was tun die anderen Leute in der

Freizeit? Was man selbst in der Freizeit tut, das stand eigentlich nicht zur Debatte; von sich selbst sagt man immer, man habe viel zu wenig Zeit. Aber die anderen, von denen hat man angenommen, sie haben viel zu viel Zeit und wüßten nicht, was damit anfangen. Eine ganze Literatur entstand darüber, es begann mit dem Buch von Fourastié „Les 40.000 heures“ – „Die vierzigtausend Stunden“, die man zuviel hat, ich weiß nicht, ob im Jahr oder im Leben oder wann. Jedenfalls bin ich immer noch auf der Suche nach ihnen, denn sie haben sich bei mir noch nicht eingestellt. Aber man glaubte damals, andere Leute hätten 40.000 Stunden zuviel, und für diese wollte man sorgen. Aber das ist in mehrfacher Hinsicht eine vergebliche Sorge gewesen. Einerseits ist diese Freizeit gar nicht gekommen. Jede Diskussion über die Verkürzungen der Arbeitszeit wird ja niedergeschmettert mit dem Argument der schwindenden Konkurrenzfähigkeit. Halbtagsarbeit geht nicht, weil dann angeblich die Kooperation nicht möglich sei. Die Arbeitszeitverkürzung hat sich nicht in dem Maße weiterentwickelt, wie das in den fünfziger/sechziger Jahren vorausgesagt wurde.

Das zweite ist aber, daß auch die anderen Leute wußten, was mit der Freizeit anzufangen ist. Wir können natürlich sagen, sie verschwenden ihre Zeit. Aber die Leute selber meinen, sie verschwenden sie nicht. Die Sorge für die Freizeit anderer Leute ist jedenfalls unbegründet, und ich meine, man hätte sich eher mit der Humanisierung der Arbeitsplätze beschäftigen sollen. Die Menschen, die sich über die Freizeit der anderen Gedanken machen, denken natürlich immer in der Polarisierung von Arbeit und Freizeit. Darüber müßte man etwas exakter nachdenken und sagen, man meine die Polarisierung der organisierten Arbeit oder Lohnarbeit und der Freizeit. Denn Freizeit kann auch Arbeit sein: Auch wenn diese Arbeit nicht in den Statistiken der Ämter als Arbeit auftaucht, so ist die Freizeit nicht ohne Produktion. Ich glaube, das ist eine wichtige Erkenntnis, die auch im Zusammenhang mit dem Außenhaus und möglichen Tätigkeiten in diesem Bereich steht.

Was im Außenhaus geschieht, ist nicht Freizeit, auch wenn das so bezeichnet wird, sondern bedeutet für den dort Lebenden Produktion. Selbst das Spiel der Kinder ist Produktion. Was sie produzieren, sind unter anderem auch die Lerneffekte dieser ihrer Arbeit, die wir Spiel nennen.

Die Freizeit der Erwachsenen ist nicht nur die Produktion von Hautbräune, als welche sie uns immer dargeboten wird, sondern sie ist tatsächliche Produktion von Dingen, die allerdings nicht in der üblichen Weise in den Handel kommen. Ich meine auch, daß das von der Linken geprägte Wort „Selbstausbeutung“ im Hinblick auf solche Menschen, die ihre Freizeit als Arbeit verstehen und die von dieser Produktion – sei sie grau oder schwarz – leben wollen, falsch ist. Diejenigen, die solche Äußerungen machen, müßten wissen, daß Ausbeutung stets auf abhängiger Produktion beruht.

Damit kommen wir zu der Frage, welche nichtberuflichen Tätigkeiten uns eigentlich bleiben. Nehmen wir als Beispiel die verbreitetste unprofessionelle Tätigkeit außerhalb des Hauses: das Gärtnern.

Ich meine, daß das Gärtnern eine Kultur ist oder war, die im Begriffe ist, von dem Berufsstand, der sich um diese Kultur kümmern müßte, zerstört zu werden. In meiner Familie war man nicht Gärtner, aber man konnte gärtnern. Man hat Dinge gewußt, die offensichtlich professionelle Gärtner heute nicht mehr wissen. Ich selber hatte das Pech, ein Haus zu erwerben, dessen

Gärtchen von einem Gartenarchitekten in Ordnung gebracht oder neu gestaltet worden war. Was folgte dann? Im ersten Jahr die Blattläuse, im zweiten die Bodenwürmer, im dritten der Mehltau, der Humus ist nicht mehr vorhanden; alles Fehler, die ein normaler Mensch, der bei seinen Eltern ein bißchen im Garten mitgeholfen hat, vermieden hätte. Die ganze Weisheit oder Kultur, die man sozusagen gar nicht gelernt, sondern aufgenommen hat, ist von dem Berufsstand selbst vergessen worden.

Andererseits läßt uns dieser Berufsstand unsere Unfähigkeit deutlich fühlen, indem die Blumen, die wir in diesen nicht mehr vorhandenen Humus pflanzen, dann um die Hälfte kleiner sind als auf den Abbildungen im Katalog. Wenn man dann fragt, was da passiert sei, heißt es, ja Sie hätten eben den Fachmann kommen lassen sollen, der hätte Ihnen gesagt, daß Sie dieses Insektengift und jenen Dünger hätten streuen müssen. Man nimmt uns die Kultur, die wir eigentlich haben, und ersetzt sie durch eine professionelle Unkultur, die uns immer in den Stand der Unwissenheit verweist.

Dies ist nur ein Beispiel, wie uns alles weggenommen und professionalisiert wird, was wir einmal konnten. Ich nehme irgendwelche Dinge im Haus, zum Beispiel die Elektrizität: An ihr darf man ja bekanntlich nichts selber machen, obwohl es alles, was man ändern und ergänzen könnte, im Warenhaus gibt; nur ist es verboten, diese Dinge selber einzubauen. Dann die ganze Klempnerei, die uns buchstäblich weggenommen wurde und unter den Verputz verschwand, damit wir uns ja nicht selber helfen können. Diese Entmündigung, diese Wegnahme der alltäglichen Lebenskultur durch die Profession, das wäre ein Punkt, über den man noch länger reden müßte.

Ein weiterer Punkt ist die Wiederinbesitznahme von Flächen, Flächen für das Außenhaus. Man sagt immer: „Die Städte sind heute so eng, daß die Flächen fehlen." Das ist nicht wahr: Die Plätze sind gar nicht eng, die Straßen sind sogar viel zu breit. Die Flächen fehlen nicht, sondern es fehlt die Möglichkeit, sie zu nutzen. Ich habe Freunde in Turin, die haben zwei Hunde. Die Freunde wohnen in einer Wohnung, in der es verboten ist, Hunde zu halten, und außerhalb des Hauses gibt es nur den Bürgersteig und die Straße. Wo leben die Hunde? Das einzige, was man auf eine Straße stellen darf, ist ein Auto; also wird ein polizeilich zugelassener versicherter Wagen als Hundehütte auf der Straße postiert. Die Fläche, um Hunde zu halten, fehlt also nicht, sondern nur die Verfügbarkeit. Ich darf keine Hundehütte oder meinen Schreibtisch auf die Straße oder den Bürgersteig stellen; ich darf aber mit einem Wagen die Fläche beanspruchen. Fazit: Die Flächen müssen wieder in Besitz genommen werden.

Da spielen einerseits die Gesetze eine Rolle, aber auch die Verhaltensmöglichkeiten. Nicht jedes Verhalten, das erlaubt ist, ist möglich. Das, was wir im Außenraum oder im Außenhaus tun, muß auch toleriert werden von Nachbarn und Passanten. Wir tun ungern Dinge, von denen wir glauben, daß die anderen denken, wir benehmen uns komisch. Das sind zum Teil Gestaltungsfragen, und die Gestaltung der Außenwelt bildet ja die Symbole, nach denen unser Verhalten beurteilt wird oder von denen wir zumindest glauben, unser Verhalten werde danach beurteilt.

Da gibt es zur Zeit in unserer Art des Städtebaus oder der Bauweise nur zwei Modelle, und beide sind dem Außenhaus feindlich. Der Außenraum der bürgerlichen Stadt strahlt das Signal aus, hier hält man sich nicht auf, jedermann hat zuviel zu tun, der Außenraum ist für die Passanten da, es ist unmöglich, sich da aufzuhalten. Ich kann nicht einen Stuhl aus meiner Wohnung auf den Bürgersteig stellen und in der Sonne ein Buch lesen in einem Quartier, das so gestaltet ist, daß es die bürgerlichen Signale des Nichtbenutzens abgibt. Das andere Signal ist die Symbolik der Freizeit, wie sie vom sozialen Wohnungsbau abgegeben wird; sie soll uns zurufen: Hurra, wir haben alle frei, wir sitzen alle im Grünen, wir lassen uns alle bräunen. Aber auch dies ist keine von der öffentlichen Meinung tolerierte Haltung, denn wer gibt von sich selbst schon zu, er habe zuviel Zeit, selbst wenn er zwischen 11 und 12 Uhr zufällig eine halbe Stunde übrig hätte und gern ein Buch lesen würde? Wer nimmt gleich die Rolle des Freizeitkonsumenten an und läßt sich von allen Leuten bestaunen: „Aha, der hat jetzt eben frei, der hat es gut!"

Dieses Signal wird überall da abgegeben und fegt da die Flächen leer, wo die Architekten in ihre Pläne schreiben: „halböffentlich". Sogleich tritt die Schwierigkeit auf, daß, wenn wir die Flächen benutzen, wir von den anderen Leuten denken, sie denken jetzt von uns: Aha, der hat offenbar nichts zu tun, daß der jetzt von 11 bis 12 Uhr in der Sonne sitzt und liest. Was ist eigentlich halb-öffentlich, gibt es überhaupt eine Position zwischen öffentlich und privat? Ich denke: Privat und öffentlich sind zwei unverbundene Gesellschaftszustände, und es gibt die Mitte des Halböffentlichen nicht.

Welches müßten die Signale sein, die abgegeben werden, damit mögliche Verhaltensweisen die Inbesitznahme von Außenräumen erlauben? Ein Punkt ist die Wiederherstellung der Ablesbarkeit der Nutzungen. Das ist es, was wir als angenehm an einer Umgebung empfinden: Schöne Dörfer sind Dörfer, deren Nutzungen ablesbar sind. Sobald das Dorf den Wettbewerb „Unser Dorf soll schöner werden“ mitgemacht hat, können die Nutzungen nicht mehr abgelesen werden, und wir finden das Dorf nicht mehr schön. Denn mit diesen Gestaltungen werden die Symbole des Freizeitlebens in die Dörfer gebracht. Zuerst wird das Dorf städtisch funktionalisiert: Die Straße wird Straße, dann kommt ein Mäuerchen, dann kommt ein Zaun, dann kommen Privatgärten, die dann mit dem üblichen Gestrüpp aus dem Gärtnereikatalog bestückt werden, dann kommen die öffentlichen Flächen: Der alte Dorfbrunnen wird mit Begonien und Geranien überpflanzt, und zwei Bänke werden daneben gestellt. Man nimmt an, das sei nun ein Treffpunkt.

Indem man die Nutzungsspuren zerstört, beklagt man ihren Verlust und fügt gleichzeitig hinzu: „Aber es ist ja nicht mehr möglich, daß Nutzungen gesehen werden, früher gab es den Schmied, da konnten die Kinder zum Beispiel zusehen, wie gearbeitet wurde.“ Man tut so, als gebe es nur noch die Dichotomie Lohnarbeit/Freizeit. Ich meine, eine Bedingung des Außenhauses sei die Wiederherstellung der Ablesbarkeit von tatsächlichen Nutzungen und Zuständigkeiten. Das heißt, ich muß wissen, ob ich etwas tun darf oder nicht. Ich muß in die Position gebracht werden, daß mein Verhalten eindeutig toleriert wird und möglich ist. Im Moment ist das, ich verweise auf den Gärtner, praktisch nur auf meinem Privatland möglich. Ich traue mich nicht, einen Spaten zu schultern und an einem öffentlichen Ort Tulpen auszugraben und an deren Stelle Veilchen zu setzen. Es muß dafür die Zuständigkeit ablesbar sein, und die Nutzung muß sich abzeichnen.

Das Verhalten muß einerseits im institutionellen Bereich möglich gemacht werden: Es müssen die Zuständigkeiten geklärt sein; andererseits im gestalterischen Bereich: Es müssen auch die Flächen dasein. Und das ist im einzelnen ein außerordentlich schwieriger Prozeß, denn es beinhaltet zwei gegensätzliche Maßnahmen: Die eine ist eine Determinierung; es muß gewußt werden, wer was hier tut. Andererseits darf nicht funktionalisiert werden auf bestimmte Rollen hin, insbesondere nicht auf die Freizeitrolle. Denn wir begeben uns nicht gern an Orte, wo wir abgestempelt sind als bloße Konsumenten und Hautbräuneerzeuger …

Nun kommt die schwierige Frage, wie denn zur Benutzung animierende gemeinschaftliche Außenräume gestaltet sein müßten, wobei wohl jeder Raum ein Einzelfall und das Allgemeine schwer zu beschreiben ist. Ich beginne mit einem Beispiel, um zu zeigen, daß animierende Gestaltungen im Außenhaus eigentlich nicht auf sich beschränkte Gestaltungen sind, sondern Beziehungen abbilden sollen. Ich bemühe da die Forschungen, die Bernard Lassus in bezug auf jene Gärtner gemacht hat, deren Gartenzwerggärten mit den Zement- oder Gipsfiguren und Windmühlen wir als Beispiele für eine folkloristische Gartenkunst gern abbilden.

Lassus hat nachgewiesen, daß diese Figuren nicht sich selbst abbilden, sondern Beziehungen; es geht nicht um die Gartenzwerge, Gartenzwerge sind vielmehr formale Mittel, um Beziehungen aufzuzeigen. Eines der Beispiele von Lassus ist der Vorgarten, der wie ein Schiff gestaltet wurde, und auf dem Fensterbrett des Hauses steht Popeye der Seefahrer – diese Bilderbuchfigur – mit dem langen Fernrohr und schaut seinen Vorgarten an, der die Form eines Schiffes hat. Der Gärtner wollte Popeye nicht als Gartenzwerg abbilden, sondern benutzt ihn als Distanzsymbol. Durch ihn und sein Fernrohr werden die zwei Meter zwischen Haus und Vorgarten zur riesigen Distanz; die Straße ist ein Kanal, die Schiffe fahren darauf, die Dächer sind der Horizont. Auch das kleine Vorgärtchen, in dem die Geschichte vom Swinegel und dem Hasen spielt, ist ein Distanzsymbol. Der Wettlauf ist natürlich nicht auf 3,50 Meter möglich, sondern die Geschichte vom Swinegel und dem Hasen spielt sich auf einem großen Acker ab, die Figuren erzeugen durch ihre Beziehung Entfernungen.

Das bei Lassus entliehene Beispiel soll dokumentieren: Die gestalterischen Eingriffe, die wir machen, müssen nicht nur Objekte schaffen, sondern immer Gestaltungen plus Beziehungen.

Ich nenne dies die Theorie des kleinstmöglichen Eingriffs: Wir brauchen nicht viel zu bauen oder umzubauen. Wir müssen aber gewissermaßen auf zwei Ebenen bauen: Wenn wir auf der physischen Ebene konstruieren, so sollen wir auf der zwischenmenschlichen Ebene mitplanen und mitdenken, was für Beziehungen, was für Verhaltensweisen zwischen Menschen durch unsere Eingriffe ausgelöst werden. Ich fasse diese letzten Gedanken kurz zusammen:

– Wir empfinden die gebaute Umwelt dann als angenehm, wenn in ihr sinnvolle Verhaltensweisen abgelesen werden können. Der gemeine Wegerich kann schöner sein als die Geranie, wenn er uns die öffentliche Benutzung eines Trampelpfades anzeigt, jene aber nur die Sterilität eines funktionslos gewordenen Dorfbrunnens.

– Sinnvolle Verhaltensweisen beschränken sich nicht auf die Dichotomie von Lohnarbeit einerseits und Entspannung andererseits, wie uns dies die Ideologie der industriellen Gesellschaft weismachen will. Neben Lohnarbeit und Hautbräunen gibt es zahllose produktive Tätigkeiten; auch außerhalb der statistisch erfaßten Berufsarbeit wird sinnvoll gearbeitet.

– Orte der nicht-institutionalisierten Arbeit sind vielfach die Zonen zwischen Wohnungstür und Straße; sie bilden das Außenhaus. Damit sie zu Tätigkeiten anregen, müssen sie zwei Bedingungen erfüllen: Ihre Funktion soll unscharf bestimmt sein; insbesondere soll der Benutzer nicht in die Freizeitrolle gedrängt werden („Liegewiese").

Die Zuständigkeit – öffentlich oder privat – soll klar erkennbar sein. Eingeschränkte Öffentlichkeit, also Nutzung durch eine definierte Gruppe (zum Beispiel alle Bewohner des Blocks), bedarf einer gemeinschaftlichen Regelung.

– Kleinste Eingriffe, die zugleich zeichenhaften Charakter haben – etwa das Anbringen eines Fahrradständers oder eines Wasserhahns, das Ziehen oder Entfernen einer Schranke –, schaffen mehr Brauchbarkeit als große Baumaßnahmen, insbesondere als sogenannte Sport-und Spielanlagen.

Landschaft und Automobil (1988)

Zunächst möchte ich aufzeigen, wovon dieser Aufsatz nicht handelt; manche Leser haben vielleicht erwartet, daß unter der Überschrift „Landschaft und Automobil" von Straßenbauten die Rede sei, von der Frage, ob solche Straßenbauten, Autobahnen, Brücken und Raststätten die Landschaft verschandeln oder ob sie, wie es ja eine Weile lang die Theorie der Autobahnbauer war, die Landschaft sogar akzentuieren, etwas aus ihr hervorholen, was vorher nicht zu sehen war. Die Tradition des schönen Straßenbaus, insbesondere der landschaftlichen Ausgestaltung der Autobahn, ging ja von Deutschland aus, hat auch einiges Gute getan und hat über gewisse Strecken ihrer Geschichte eine etwas bräunliche Färbung angenommen. Ich nenne hier den Namen des ersten Architekten, der sich hierüber öffentlich Gedanken machte, Paul Schultze-Naumburg, der einer der Begründer des deutschen Werkbundes war und später auch einer der Anführer von dessen „rechtem“ Flügel. Von der Lehre seines Buches „Kulturarbeiten“, insbesondere Band 1 „Die Gestaltung der Landschaft durch den Menschen“, war der landschaftliche Berater des Autobahnbaus, Alwin Seifert, stark beeinflußt. Seiferts Schule wiederum führte zur Vereinigung von landschaftsästhetischen Bestrebungen mit solchen des technischen Einsatzes der Pflanzen-Soziologie; diese Entwicklung greift aber schon in die Nachkriegszeit und ist verbunden beispielsweise mit den Arbeiten am Institut Rübel (Zürich).

Davon also, von der Verschandelung oder Verbesserung der Landschaft durch die Autobahn und ihre Folgebauten, sei hier für einmal nicht die Rede; vielmehr sprechen wir darüber, daß das Verkehrsmittel, also das Auto, unsere Wahrnehmung der Landschaft beeinflußt. Der französische Landschaftsplaner Bernard Lassus hat im vergangenen Monat (Januar 1987) in Edinburgh einen künstlerischen Ausstellungsbeitrag installiert, der aus vier Serien von Fotos besteht. Jedesmal handelt es sich um eine Annäherung an den Mount McKinley in Alaska, einmal mit dem Flugzeug, dann mit dem Schiff durch die Cook-Bucht, dann mit der Eisenbahn und schließlich mit dem Taxi. Es ergibt sich jedes Mal ein anderer Mount McKinley; die vier Aspekte dieses Berges lassen sich nur durch den abstrakten geographischen Namen verbinden.

Dieses Referat handelt also davon, daß die Verkehrsart, und auch die Situation dieser Verkehrsart (Verkehrsdichte beispielsweise), das Bild der Landschaft in unseren Köpfen bestimmt und gegebenenfalls wandelt. Die Rede ist also nicht von einer durch Tourismus veränderten Landschaft, etwa von weggeworfenen Coca-Dosen oder von einer Autobahnbrücke, die die Aussicht versperrt, sondern lediglich von der Wahrnehmung. Später, als Folge dieser Wahrnehmung, kann allerdings auch die Gestaltung der Landschaft verändert werden, denn wir gestalten und dosieren ja unsere Landschaftseingriffe nach den Vorstellungen, die wir aktuell von Landschaft haben. – „Automobil und Landschaft" heißt also:

1. Die Landschaft sieht anders aus, oder das Landschaftserlebnis ist ein anderes, je nachdem, ob wir im Auto herkamen oder mit einem anderen Verkehrsmittel, ob wenige Autos fahren oder viele, und welche Verkehrsarten am Orte selbst angeboten werden.

2. Als Folge des so erworbenen Landschaftsbildes wird auch die Landschaft neu inszeniert; die Lage der Hotels, Gaststätten, Spazierwege, Strandbäder richtet sich nicht nach dem Erwartungsbild, das durch die betreffende Landschaft vermittelt wird.

Zunächst gibt es zwei verschiedene Wahrnehmungsformen der Landschaft – und vielleicht bald einmal eine dritte. Die erste Wahrnehmungsform ist die Landschaft als Bild: Historisch eröffnete das Landschaftsbild der Landschaftsmaler dem Publikum die Möglichkeit, Landschaften überhaupt als solche zu sehen, nämlich als „schön" ohne Rücksicht auf ökonomisches Interesse, Fruchtbarkeit und dergleichen. Mit dem Bilde einer Landschaft, etwa von Claude Le Lorrain, im Kopf, suchen wir in der realen Landschaft ein solches Bild. Haben wir es gefunden, so ergibt dieses wiederum das festgelegte Landschaftserlebnis: Es erscheint auf der Postkarte, im Aussichtsfenster des Hotels; und die Übereinstimmung der Realität mit diesem Bilde ergibt das Gefühl, vom Anblick der Landschaft Befriedigung zu erfahren.

Die zweite Wahrnehmungsform nimmt davon Kenntnis, daß Landschaft ein dreidimensionales Phänomen ist. Diese Tatsache vermittelten uns die englischen Gärtner des entwickelten Landschaftsgartens; Pionier war Lancelot Brown mit seinem Gürtelweg. Die Landschaft kann als solche in *einem* Bilde nicht gesehen werden, sie ist ein Kino, eine bewegte Folge von Bildern, wobei die Entwicklung des Landschaftsgartens von der Bildserie des Gürtelweges zur total dreidimensionalen, überall bildhaften Landschaft wird. Das zweite Landschaftserlebnis durch den Spaziergang verlangt vom Betrachter Abstraktionsvermögen. Am Ende des Spaziergangs wird ein Gesamteindruck aufgebaut: Man kann erzählen, „wie es da ist", obwohl es nirgendwo genau so ist, wie man es erzählt. Man sah vielleicht eine Brücke, einen Bach, eine Waldlichtung, einige ferne Hügel, eine Ebene, und nachher kann man mitteilen, wie es im Taunus, in der Eifel, im Harz aussieht.

Historisch gibt es zwei Beurteilungen der Landschaft. Die erste geht aus vom lieblichen Ort: Ein Ort ist umso schöner, je näher er diesem genau umschriebenen Ideal entgegenkommt. Ein liebliches Tal, ein Gewässer, schattenspendende Büsche, die Ziegenherde, die Hügel als Horizont – die Geschichte des lieblichen Ortes ist beschrieben von Ernst Robert Curtius in seinem Buche „Deutsche Literatur und lateinisches Mittelalter".

Dieses statische Schönheitsideal des lieblichen Ortes wird im 18. Jahrhundert abgelöst in der Folge der Diskussionen über das Erhabene, „the sublime", wie sie in

England von Sir Edmund Burke, in Deutschland von Schiller geführt wird. Das Konzept des Erhabenen ermöglicht die Entdeckung der Schönheit von Extremlandschaften, Felsen, Gebirge, Küsten, Wüsten, und diese Entdeckung begründet erst den Tourismus einerseits, das landschaftliche Nationalgefühl andererseits.

Die Epoche der Reisen und Spaziergänge zu Extremlandschaften und deren landschaftlicher Genuß wird eingeleitet durch William Gilpin, der die zuvor als erschreckend oder zumindest als „nutzlos" (Daniel Defoe) betrachteten Landschaften der schottischen Hochebene dem ästhetischen Erlebnis erschloß. Übrigens trug Gilpin, um die Schönheiten dieser Landschaft erkennen zu können, ein optisches Instrument bei sich: das Claude-Glas – das ist ein kleiner, ovaler Konvexspiegel, den Gilpin mit einer leichten Rußschicht überzog. Die in diesem Spiegel erscheinenden Bilder erwiesen sich dann als Brücke zwischen dem vorgebildeten Schönheitsideal des Lieblichen und der Wildheit der Wirklichkeit. – Am Ende der Epoche steht die Extremlandschaft als das eigentlich heroische Ideal: als Hoffmann von Fallersleben das Deutschlandlied gedichtet hatte, bestellte er zur Übergabe des Manuskripts den Verleger Campe auf die Insel Helgoland …

Kehren wir nun also zu unserem Verkehr zurück. Die Extremlandschaft wird erreichbar durch die große Erfindung, das überragende technische und wirtschaftliche Werk jener Zeit, durch die Eisenbahn. Die Eisenbahnreise teilt sich bekanntermaßen in Strecke und Ziel; aussteigen kann man nur dort, wo eine Station vorgesehen ist. Das Ziel ist also konkret: Luzern, Lugano, Göschenen, Sylt. Am Ziel steht unweit des Bahnhofs ein Hotel, und von dessen Fenster aus erblicke ich konkret die hier angefahrene Landschaft. In der Regel bleibe ich hier eine Weile, spaziere auch herum, betrachte den Sonnenaufgang und den Sonnenuntergang, und am Ende des Aufenthaltes bringt mich die Bahn wieder in die Stadt zurück.

Anders das frühe Auto: Es ermöglicht einerseits die Abweichung von einer vorgegebenen Strecke, und andererseits das Aussteigen an jedem Ort. Die neue Möglichkeit des Landschaftserlebnisses ist die Autowanderung. Das Ziel wandelt sich vom konkreten Blickpunkt auf die abstrakte Region: Wir fahren in den Taunus, in den Harz, ins Burgund. Die Region ist, wie wir schon sagten, abstrakt und theoretisch: Wo ist „Burgund"? Unser Autowanderer wird es nicht auffinden; weder in Dijon noch in Nevers noch auf irgendeinem Hügel oder in einem Weinberg dazwischen ist das „wirkliche" Burgund. Auf der Suche nach dem Burgund muß der Autofahrer immer weiter fahren. Am Schluß der Reise wird er feststellen, daß das Burgund auch nicht mehr sei, was es war: Die Bewohner selbst, so erzählt unser Reisender, hätten es zerstört.

Auch die Epoche der idealen Autowanderung ist heute vorbei. Einerseits sind tatsächlich weite Landstrecken in diesem Sinne nicht mehr schön, so daß man wieder nach ausgesuchten Zielen fährt. Vor allem aber ist der Autoverkehr so dicht geworden, daß die Ingenieure es für nützlich fanden, ihn zu „kanalisieren". Ob dieses den Autoverkehr verbessert hat, ist fraglich; jedenfalls aber ist die Wanderung heute wieder, wie zur Zeit der Eisenbahn, eingeteilt in eine Fahrt und einen Zielort, der aber dargeboten wird als ein Rundweg oder eine Rundfahrt. Ich fahre auf den Hohen Meißner, die Strecke ist ausgeschildert, sie geleitet mich auf einen großen Parkplatz, dort finde ich eine Rundwegkarte und kann nun wählen zwischen sechs Spaziergängen, die zwischen dreißig Minuten und zwei Stunden Zeit verbrauchen.

Das Ziel wird angeboten auf der Basis der abstrakten Erwartung: Es ist nicht mehr, wie zur Eisenbahnzeit, ein konkret existierender Punkt, sondern eine mit abstrakten Lockeigenschaften behangene Region. In Zermatt, am Giessbachfall, auf Helgoland sieht es so aus, wie es aussieht; die dargebotene Region, der Harz, das Burgund, das Tirol müssen erst so zugerichtet werden, wie sie aussehen sollen. Daraus entsteht das, was ich benennen möchte: „Der ubiquitäre Regionalismus". Die Region muß regional gemacht werden durch Attraktionen, insbesondere durch Bauwerke, die ein unverwechselbares Regionalbild herstellen soll, das nur den einen Fehler hat, daß es überall ähnlich ist. Hotels, Motels, Restaurants, Tankstellen, Schwimmbäder, Sportgeschäfte, Wechselstuben, alles muß das Gepräge des regionalen tragen; und da diese Gebäude zuvor in der Region nicht vorkamen, müssen sie in einem Regionalstil erfunden werden. Was liegt da näher, als einen vorhandenen Regionalstil aufzugreifen und im Gebirge die Motive zu verwenden, die sich schon in der Heide bewährt haben und umgekehrt: ubiquitärer Regionalismus.

Es besteht die Gefahr, daß auch in den so hergerichteten Landschaften das eigentlich landschaftliche Erlebnis nicht mehr zu finden ist. Überall gibt es banale Stellen, jeder Ort weist auch Häßlichkeiten auf, die touristischen Beratungsstellen erreichen nicht jeden privaten Unternehmer und überzeugen ihn. Die moderne Landwirtschaft trägt das ihre dazu bei, daß die Landschaft nicht mehr den Erwartungen entspricht, die man an ein regionales Bauerntum stellt. Viel besser bekommt also der Tourismusgestalter die Landschaft in den Griff, wenn er sie ganz selber herstellt.

Aus dem abstrakt, nicht erfüllbaren Anspruch auf eine typische, regionale Landschaft, und aus den Stilmitteln des ubiquitären Regionalismus entsteht der künstliche Spaziergang. Zunächst wurde er erprobt in den Bundesgartenschauen. Sie boten die Möglichkeit der kanalisierten Anfahrt, der Übernahme des Publikums auf Rundwege oder auf eine Rundfahrt mit einem pittoresken, altmodischen Verkehrsmittel, und der geballten Darbietung entwurzelter regionaler Landschaftsmotive. So hat die Bundesgartenschau 1981 in Kassel mit einem Gewässer aufgewartet, das aus einer umgeformten Kiesgrube gebildet worden war und an welchem zwei Buchten so mit künstlichem Sand aufgefüllt wurden, daß der Prospekt behaupten konnte, es sei hier „wie an der Ostsee“. Unnötig zu sagen, daß diese Landschaft die gegebene Geographie des Kasseler Fuldabeckens völlig ignorierte, und daß die aus alten Abraumhalden geformten nahen Hügel genau so hoch aufgeschichtet wurden, daß sie in der Perspektive den schönen fernen Hügelkranz des Habichtswaldes, des Kaufungerwaldes und des Reinhardswaldes verdecken.

Immer noch aber bietet auch der künstliche Spaziergang der Bundesgartenschau die Mühsal weiter Strecken. Viel besser hat man doch den Besucher „im Griff“, und viel eindringlicher kann man ihm doch die gewünschte Landschaft vorführen, wenn man ihn in einen geschlossenen Raum bringt. Kommendes Muster des Landschaftsgenusses ist deshalb das „Erlebnis-Center“, gebildet aus geheizten Schwimmbad, Saunen, Korridoren aus tropischen Kunstpflanzen, Räumen mit Höhensonne und Alpendarstellungen und wohlgeheizten, tropischen Nischen. Auf diesem abstrakten Spaziergang können gleichzeitig regionale Stilmittel aus den verschiedensten Teilen der Welt erlebt werden: Die finnischen Saunen aus Birkenholz haben Dekorationsdächer in geschwungenen pseudojapanischen Linien, und zwischen Urwald und Alpen stößt man unvermittelt wieder auf die gesundenden Kräfte der nordischen Birke – die Reise beschränkt sich auf die Herfahrt und Rückfahrt, der Landschaftsgenuß vervollkommnet sich insofern, als das vorgeprägte Erwartungsbild und die dargebotene falsche Wirklichkeit vollkommen übereinstimmen.

Unbewußt und unschuldig – Wie entsteht Gemütlichkeit? (2001)

Vor dem 18. Jahrhundert war Gemütlichkeit kein Thema, heute wird krampfhaft versucht, sie zu erzeugen. Die Schwierigkeit dabei ist, daß sie gerade dort zu entstehen scheint, wo sie nicht bewußt intendiert wird: Ihre einfachen, unorthodoxen Elemente strahlen Unschuld und Vergangenheit aus.

Wenn wir uns der Frage nähern, ob es Gemütlichkeit als Ausdruck der Architektur geben kann, so flimmern uns historische Bilder durch unsere Vorstellung. Wir sehen uns in uralten Bauernhöfen, in mittelalterlichen Altstädten und durchstreifen winklige Gassen. Auf unserer Suche nach dem Gemüt der Architektur ist uns vielleicht nicht klar, daß die Rede vom Gemüt historisch nicht sehr weit zurückgeht; Gemüt ist ein junges Wort, und Gemütlichkeit entsprechend noch jünger. Das Wort formte sich in jenen Kreisen, die sich erstmals mit ihrem religiösen Gemüt befaßten, also den Herrnhutern, sprang dann über in den Wortgebrauch insbesondere Goethes und den späteren Romantikern. Gemütlichkeit also vor dem 18. Jahrhundert aufspüren zu wollen, ist ein anachronistisches Unternehmen.

Noch erinnern wir uns der Vorkurs-Klassen der Architekturschule, die ins Zürcher Niederdorf geführt wurden und die dort skizzieren sollten. Die Aufgabe war, die Umrisse der Bauten festzuhalten, die dort die Gassen einschließen, ohne aber auf Details einzugehen, etwa Reklametafeln oder Schaufensterdekorationen. Der Raum selbst stand im Mittelpunkt des Interesses – das Schlüsselwort der Nachkriegs-Architekturlehre war ja das „Räumliche" (auf Schweizerdeutsch das Rühmliche), wobei offenbar die Vorstellung Pate stand, die genialen mittelalterlichen Architekten hätten freihändig eine Atmosphäre erzeugen können, welche uns als gemütlich erscheint.

Sofort eröffnet sich die Frage, ob Gemütlichkeit überhaupt durch räumliche Gestaltungen erzeugt werden kann. Im Gegensatz zur damaligen Lehre ist Raum nämlich ein schwacher Code; ohne andere Accessoires macht er sich nur schwer verständlich. Die niedrige Bauernstube, in der wir es so gemütlich fanden, war natürlich voller Zeichen der Gemütlichkeit. Vielleicht standen auf dem Tisch sogar einige Veltliner-Gläser um eine Flasche Wein herum, die Wände waren aus Holz, daran hatte man alte Auszeichnungen von Schützenfesten oder von Viehmärkten aufgehängt, dazu ein Foto, wie der Großvater das Pferd vor den Heuwagen spannt. Niedrig und eng sind also allein keine signifikanten Bedeutungsträger; niedrig und eng war auch das Allerheiligste in Salomos Tempel, obwohl ich es mir dort überhaupt nicht gemütlich vorstelle. Könnten wir diesen Raum noch betreten, so würden wir vorsichtshalber vorher unser Gemüt ausschalten, und es wäre uns ziemlich beklommen zumute.

Welche also sind die Zeichen, welche Gemütlichkeit auslösen? Blättern wir zu Goethe, der so entscheidend dieses Wort Gemütlichkeit in unsere Sprache eingeführt hat: An einer Stelle sagt er: „Ein unschuldiges vergangenes mit anmutiger Trauer wieder heranzufordern, und wie gelungen ist in jedem Sinne dem Engländer dieses gemütliche Vorhaben". – Der Engländer ist Oliver Goldsmith, und sein gemütliches Buch natürlich der Vicar of Wakefield. Gemütlichkeit ist demnach ein Element der Romantik – was Goethe bestreiten würde –, indem es einfache, unorthodoxe, ja anti-orthodoxe künstlerische Anordnungen umfassen würde, wie sie zuweilen einfachen Leuten gelingen.

Zurück also zu unserer Frage: Kann man Gemütlichkeit durch Raumanordnungen hervorrufen? – Man kann es, und man tut es: Es ist eine gängige Praxis der Architekten, künstliche Vergangenheit durch scheinbare „Umbauten" zu erzeugen. Gebäude und Gassen erhalten unnötige Versprünge, als ob in einer früher bestehenden Bebauung Bauabstände und Baulücken aufgefüllt worden wären und als ob im Laufe der Zeit unterschiedliche Besitzer ihre Liegenschaften unterschiedlich bebaut hätten. Die „Künstlichen Dörfer" der Achtzigerjahre bedienen sich ausgiebig dieser Methode.

Die Wiederaufnahme des modernen Stils der Vorkriegszeit in den Sechzigerjahren entwickelte sich zu einer typischen Orthodoxie. Gemütlichkeit war also nur durch die Durchbrechung der gängigen Regeln zu erzeugen: Aus meiner Zeit als Architektur-Redakteur erinnere ich mich an die kalte Langeweile, welche etwa eine Folge publizierter Einfamilienhäuser erzeugte, wobei jedesmal natürlich das Wohnzimmer als Schaustück herhalten mußte. Kein Fotograf versäumte es, sein Zeichen der Anti-Orthodoxie, sein Signal der Gemütlichkeit in das Bild einzubringen, und ich erinnere mich an ein Heft mit Einfamilienhäusern, in welchem nicht ein einziges Wohnzimmer nicht einen Thonet-Schaukelstuhl aufwies. So gemütlich war man damals.

Bleibt noch die Frage nach der ungewollten Gemütlichkeit. Die Erbauer des Zürcher Niederdorfs hatten nicht die Absicht, Zürich ein gemütliches Quartier anzufügen. Wenn ihre Anordnungen eine Botschaft enthalten, so sicherlich diese des aufstrebenden Wohlstandes einer bürgerlichen Bewohnerschicht Zürichs. Die Professoren hatten ihre Studenten also nicht in eine bewußt gemütlich gemachte Gasse geschickt, vielmehr glaubte oder hoffte man, die Studenten könnten später einmal die ungewollte Gemütlichkeit in eine gewollte umsetzen. Dazu aber müßte es ein Rezept oder eine Regel geben.

Da können wir nur wieder auf unseren eingangs zitierten Satz Goethes zurückgreifen: „ein unschuldiges Vergangenes mit anmutiger Trauer wieder heranzufordern …". Die künstlich erzeugte Vergangenheit müßte also eine „unschuldige" sein. Denn der Designer bewegt sich auf der scharfen Kante zwischen der falschen Pracht des 19. Jahrhunderts, die wir nicht als unschuldig empfinden, und jener unbewußten Gemütlichkeit der bäuerlichen Wohnstube.

Unbewußt sind sicherlich auch die durch die Bautätigkeit der „Cité-Hüsler", der Bewohner der Cité Ouvrière von Mulhouse, entstandenen Szenerien. Heute sinnen die Denkmalpfleger darüber nach, wie diese geniale Erzeugung von Gemütlichkeit erhalten werden könnte, ohne daß man das Um- und Anbauen verbietet, was ja das Ende des gemütlichen Charmes dieser Siedlung wäre. Jedermann weiß, was die „Cité-Hüsler" wirklich bauen möchten: Jeder von ihnen möchte seinem Haus eine Garage anbauen. Dieses aber wäre das Ende der Gemütlichkeit in diesem Quartier.

Politik

Stadtplanung und Demokratie – In: Bauwelt 48/37, 1957. – In: Lucius Burckhardt Writings. Rethinking Man-made Environments. Politics, Landscape & Design, Jesko Fezer/Martin Schmitz (Eds.), Wien/New York 2012, pp. 27–34 (e).
Bauen – ein Prozeß ohne Denkmalpflichten – Vortrag vor dem Deutschen Werkbund, Karlsruhe 1967. – In: National-Zeitung, Nr. 411, 6. 9. 1968, Beilage „viele bauen – alle wohnen". – In: Die Kinder fressen ihre Revolution, Bazon Brock (Hrsg.), Köln 1985, S. 141– 151. – In: Lucius Burckhardt Writings. Rethinking Man-made Environments. Politics, Landscape & Design, Jesko Fezer/Martin Schmitz (Eds.), Wien/New York 2012, pp. 44–62 (e).
Politische Entscheidungen der Bauplanung – In: Hans G. Helms/Jörn Janssen (Hrsg.), Kapitalistischer Städtebau, Berlin 1970. – In: Die Kinder fressen ihre Revolution, Bazon Brock (Hrsg.), Köln 1985, S. 151–158.
Schwierigkeiten beim Nachdenken über Leitbilder – In: Schriftenreihe zur ORL-Planung Nr. 6, Zürich 1971.
Wer plant die Planung? – In: Wolfgang Pehnt (Hrsg.), Stadt in der Bundesrepublik Deutschland: Lebensbedingungen, Aufgaben, Planung, Stuttgart 1974. – In: Die Kinder fressen ihre Revolution, Bazon Brock (Hrsg.), Köln 1985, S. 356–366. – In: Lucius Burckhardt Writings. Rethinking Man-made Environments. Politics, Landscape & Design, Jesko Fezer/Martin Schmitz (Eds.), Wien/New York 2012, pp. 85–101 (e).
Kommunikation und gebaute Umwelt – In: Aktuelles Bauen Nr. 2, 1978. – In: Die Kinder fressen ihre Revolution, Bazon Brock (Hrsg.), Köln 1985, S. 369–374.
Zwischen Flickwerk und Gesamtkonzeption – Vortragsmanuskript Bonn 1982. – In: Die Kinder fressen ihre Revolution, Bazon Brock (Hrsg.), Köln 1985, S. 235–240.
Die Zukunft, die nicht kam – In: Stadtbauwelt Nr. 76, 1982, S. 420–421. – In: Die Kinder fressen ihre Revolution, Bazon Brock (Hrsg.), Köln 1985, S. 162–166.
Architektur – Kunst oder Wissenschaft – In: Paul Feyerabend, Christian Thomas, ETH Zürich (Hrsg.), Kunst und Wissenschaft, Zürich 1984, S. 57–62. – In: Die Weltwoche Nr. 36, 1984, S. 36. – In: Die Kinder fressen ihre Revolution, Bazon Brock (Hrsg.), Köln 1985, S. 75–79. – In: Lucius Burckhardt Writings. Rethinking Man-made Environments. Politics, Landscape & Design, Jesko Fezer/Martin Schmitz (Eds.), Wien/New York 2012, pp. 189–194 (e).
Das Ende der polytechnischen Lösbarkeit – In: Dr grüen Drugg 5, 1987, S. 4. – In: Sonnenenergie = Energie solaire = Energia solare 13/4, 1987, S. 1 und 9 (d/f). – In: Club off Ulm (Hrsg.), Das Ende der polytechnischen Lösbarkeit, Frankfurt/ Main 1988. – In: Architekturstudent/innen der Technischen Universität Berlin (Hrsg.), Architekturlehre – Bericht des Symposions an der TU Berlin während der Streikwoche vom 4. 2.–10. 2. 1989, Berlin 1989, S. 39–43. – In: Archithese 19/5, 1989, S. 42–43 und 68.

Umwelt

Die Krise der Stadt – In: Das Werk 48/10, 1961, S. 336–337.
Die Revolution fiel aus – In: Der Monat (Thema: 50 Jahre Weltrevolution, August 1964) Nr. 191, 1964, S. 79–81. – In: Die Kinder fressen ihre Revolution, Bazon Brock (Hrsg.), Köln 1985, S. 272–274.
Wert und Sinn städtebaulicher Utopien – In: R. Schmidt (Hrsg.), Das Ende der Städte?, Stuttgart 1968, S. 111–119. – In: Sonntagsbeilage zur National-Zeitung Nr. 449, 29. 9. 1968. – In: Lucius Burckhardt Writings. Rethinking Man-made Environments. Politics, Landscape & Design, Jesko Fezer/Martin Schmitz (Eds.), Wien/New York 2012, pp. 63–76 (e).
Die Zeichen der Zeit – In: Werk und Zeit Nr. 3, 1973. – In: Die Kinder fressen ihre Revolution, Bazon Brock (Hrsg.), Köln 1985, S. 270–272.
Ästhetische Probleme des Bauens – In: Hochschule für Gestaltung (Hrsg.), Ästhetik und Alltag Bd. 1, Offenbach 1978. – In: Die Kinder fressen ihre Revolution, Bazon Brock (Hrsg.), Köln 1985, S. 387–392.
Von kleinen Schritten und großen Wirkungen – In: Bauwelt 69/46–47, 1978.– In: Die Kinder fressen ihre Revolution, Köln 1985, S. 291–297.
Design ist unsichtbar – In: Helmuth Gsöllpointner, Angela Hareiter und Laurids Ortner (Hrsg.), Design ist unsichtbar, Wien 1981. – In: Die Kinder fressen ihre Revolution, Bazon Brock (Hrsg.), Köln 1985, S. 42–48. – In: Le design au-delà du visible, Les essais du Centre Pompidou, Paris 1991, S. 17–30 (f). – In: Design ist unsichtbar. Entwurf, Gesellschaft und Pädagogik, Silvan Blumenthal/Martin Schmitz (Hrsg.), Berlin 2012, S. 13–25. – In: Lucius Burckhardt Writings. Rethinking Man-made Environments. Politics, Landscape & Design, Jesko Fezer/Martin Schmitz (Eds.), Wien/New York 2012, pp. 153–165 (e). – In: Der kleinstmögliche Eingriff, Markus Ritter/Martin Schmitz (Hrsg.), Berlin 2013, S. 105–117.
Was ist Wohnlichkeit? – Meßbare und unsichtbare Bedürfnisse – In: Wohnlichkeit in Städten. SVG–Schriftenreihe Nr. 80, Zürich 1981. – In: Die Kinder fressen ihre Revolution, Bazon Brock (Hrsg.), Köln 1985, S. 101–106. – In: Lucius Burckhardt Writings. Rethinking Man-made Environments. Politics, Landscape & Design, Jesko Fezer/Martin Schmitz (Eds.), Wien/New York 2012, S. 170–178 (e).
Die sogenannte Stadtplanung der 60er Jahre – In: Artis 41/4, 1989, S. 40–45.
Wertvoller Abfall, Grenzen der Pflege, Zerstörung durch Pflege – Referat gehalten am 15. Kolloquium der Vereinigung der Kunsthistoriker der Schweiz und der Vereinigung der Schweizer Denkmalpfleger vom 9./10. 11. 1990. In: Zeitschrift für Schweizerische Archäologie und Kunstgeschichte 48/2, 1991, S. 89–92. – In: Bauwelt 82/42.43, 1991, S. 2264–2267, unter dem Titel: Was wird aus unseren Werten?
Die Stadt im Jahr 2028 – unter dem Titel: L'industria della porta accanto – The next door factory. In: Domus Nr. 800, 1998, S. 12–15.

Mensch

Macht moderne Architektur uns unfrei? – In: Dokumente der Gegenwart = Sonderbeilage zur Frankfurter Allgemeinen Zeitung Nr. 9, 11. 1. 1961.
Wohn-Bedürfnisse – In: H. Ronner (Hrsg.), Tatbestand Wohnen. Arbeitsberichte der Architekturabteilung der Eidgenössisch Technischen Hochschule Zürich, Zürich 1970. – In: Die Kinder fressen ihre Revolution, Bazon Brock (Hrsg.), Köln 1985, S. 399–404.
Was erwartet der Bürger von der Stadtgestalt? – In: Stadtbauwelt Nr. 35, 1972, S. 188–190. – In: Die Kinder fressen ihre Revolution, Bazon Brock (Hrsg.), Köln 1985, S. 69–75.
Familie und Wohnung – zwei anpassungsfähige Systeme – In: Bauwelt 66/9, 1975, S. 277–279. – In: Die Kinder fressen ihre Revolution, Bazon Brock (Hrsg.), Köln 1985, S. 106–112. – In: Lucius Burckhardt Writings. Rethinking Man-made Environments. Politics, Landscape & Design, Jesko Fezer/Martin Schmitz (Eds.), Wien/New York 2012, pp. 102–114 (e).
Publikumsgeschmack oder vom Wandel ästhetischer Wertung – In: Lucius Burckhardt (Hrsg.), Der Werkbund in Deutschland, Österreich und der Schweiz, Stuttgart 1978. – In: Die Kinder fressen ihre Revolution, Bazon Brock (Hrsg.), Köln 1985, S. 124–131.
Imaginäre Besichtigung – In: Bauwelt 68/1, 1977. – In: Die Kinder fressen ihre Revolution, Bazon Brock (Hrsg.), Köln 1985, S. 278–281.
Lernen von den Squattern – In: Werk und Zeit Nr. 2, 1977.
Das Bauwesen und der Selbstbau – In: Bundesamt für Wohnungswesen (Hrsg.), Mitwirkung bei der Gestaltung ihrer Wohnung 14, Bern 1980. – In: Die Kinder fressen ihre Revolution, Bazon Brock (Hrsg.), Köln 1985, S. 283–291.
Niemandsland – In: Werkbund – Material Nr. 2, 1980. – In: Grün in der Stadt, Michael Andritzky/Klaus Spitzer (Hrsg.), Reinbek 1981. – In: Die Kinder fressen ihre Revolution, Bazon Brock (Hrsg.), Köln 1985, S. 199–200. – In: Warum ist Landschaft schön? Die Spaziergangswissenschaft, Markus Ritter/Martin Schmitz (Hrsg.), Berlin 2006, S. 140–141.
Das Menschenbild des Architekten – In: Psychologisches Jahrbuch 1980. – In: Dietmar Steiner (Konzeption und Gesamtredaktion), Wiener Wohnbau: Wirklichkeiten. Eine Ausstellung im Wiener Künstlerhaus vom 8. 11.–8. 12. 1985, Wien 1985, S. 199–203. – In: Die Kinder fressen ihre Revolution, Bazon Brock (Hrsg.), Köln 1985, S. 375–382.
Die Flächen müssen wieder in Besitz genommen werden – In: Die Stadt 29/11, 1982, S. 17–19. – In: Die Kinder fressen ihre Revolution, Bazon Brock (Hrsg.), Köln 1985, S. 200–205.
Landschaft und Automobil – In: Helmut Holzapfel (Hrsg.), Ökologische Verkehrsplanung – Menschliche Mobilität, Straßenverkehr und Lebensqualität. Arnoldshainer Schriften zur interdisziplinären Ökonomie Bd. 16, Frankfurt/Main 1988, S. 37–44.
Unbewußt und unschuldig – Wie entsteht Gemütlichkeit? – In: Archithese 21/3, 2001, S. 20–21.

Namensregister

Lucius Burckhardt,

geboren 1925 in Davos, Dr. phil. in Basel, war ab 1955 zunächst als wissenschaftlicher Mitarbeiter an der Sozialforschungsstelle der Universität Münster in Dortmund tätig. Nach einer Gastdozentur an der Hochschule für Gestaltung in Ulm 1959 übernahm er von 1961-1973 mehrere Lehraufträge und später Gastdozenturen für Soziologie an der Architekturabteilung der Eidgenössischen Technischen Hochschule in Zürich. Gleichzeitig arbeitete er von 1962-1972 als Chefredakteur der Zeitschrift „Werk". Von 1976-1983 war Lucius Burckhardt Erster Vorsitzender des Deutschen Werkbundes, ab 1973 lehrte er als Professor für Sozioökonomie urbaner Systeme an der Gesamthochschule in Kassel. Er war korrespondierendes Mitglied der Deutschen Akademie für Stadt- und Landesplanung, Chevalier dans l'Ordre des Arts et des Lettres, Mitglied des Gründungsbeirates der Hochschule der Bildenden Künste Saar von 1987-1989 und Gründungsdekan der Fakultät Gestaltung der Bauhaus-Universität Weimar von 1992-1994. Sein Werk wurde 1994 mit dem Hessischen Kulturpreis für herausragende Leistungen in den Bereichen der Wissenschaft, Ökologie und Ästhetik, mit dem Bundespreis für Förderer des Designs 1995 und dem Design-Preis Schweiz 2001 gewürdigt. Lucius Burckhardt starb 2003 in Basel.

Bücher:

„Wir selber bauen unsre Stadt" (mit Markus Kutter) Basel 1953; „achtung: die schweiz" (mit Max Frisch & Markus Kutter) Basel 1955; „Die neue Stadt" (mit Max Frisch & Markus Kutter) Basel 1956; „Reise ins Risorgimento" Köln/Berlin 1959; „Bauen ein Prozess" (mit Walter Förderer) Teufen 1968; „Moderne Architektur in der Schweiz seit 1900" (mit Annemarie Burckhardt & Diego Peverelli) Winterthur 1969; „Der Werkbund in Deutschland, Österreich und der Schweiz" Stuttgart 1978 (übersetzt ins Italienische, Französische, Englische); „Für eine andere Architektur" (hrsg. mit Michael Andritzky & Ot Hoffmann) Frankfurt/Main 1981; „Die Kinder fressen ihre Revolution" Köln 1985; „Le design au-delà du visible", Paris 1991; „Design = unsichtbar" Ostfildern 1995; „Wer plant die Planung? Architektur, Politik und Mensch" Berlin 2004; „Warum ist Landschaft schön? Die Spaziergangswissenschaft" Berlin 2006; „Design ist unsichtbar. Entwurf, Gesellschaft und Pädagogik" Berlin 2012; „Lucius Burckhardt Writings. Rethinking Man-made Environments" Wien/New York 2012; „Der kleinstmögliche Eingriff" Berlin 2013; „Why is Landscape beautiful? The Strollology", 2015.

www.lucius-burckhardt.org

Literatur zu Lucius Burckhardt:

Das Lehrcanapé: Lucius Burckhardt und das Architektenbild an der ETH Zürich 1970-1973, Silvan Blumenthal, Basel 2010.

Die landschaftstheoretischen Aquarelle von Lucius Burckhardt: Nur wo der Mensch die Natur gestört hat, wird die Landschaft wirklich schön, Johanna Stippl, Dissertation, Wien 2011.

Spaziergangswissenschaft in Praxis. Formate in Fortbewegung, Bertram Weisshaar (Hrsg.), Berlin 2013.

Raum und Macht. Die Stadt zwischen Vision und Wirklichkeit. Leben und Wirken von Lucius und Annemarie Burckhardt, Mäder, Ueli (Hrsg.), Zürich 2014.

Bücher von Lucius Burckhardt in diesem Verlag:

Warum ist Landschaft schön? Die Spaziergangswissenschaft

Markus Ritter & Martin Schmitz (Hrsg.)

Lucius Burckhardt begründete in den 1980er Jahren die Promenadologie, die Spaziergangswissenschaft oder engl. auch Strollology. Das neue Fach entwickelte er zu einer komplexen und weitblickenden Planungs- und Gestaltungswissenschaft. Die Promenadologie ist der Ausgangspunkt für eine realistische Haltung zur Wahrnehmung und Wirklichkeit, für ein anderes Verständnis von Landschaft und urbanem Raum, sowie für eine neue Architektur und Planung. Dieses Buch führt anhand einer Auswahl der Texte von Lucius Burckhardt über Landschaft, Natur und Ästhetik in die Grundlagen und die Theorie der Spaziergangswissenschaft ein.

Lucius Burckhardt
Design ist unsichtbar. Entwurf, Gesellschaft und Pädagogik

Silvan Blumenthal & Martin Schmitz (Hrsg.)

Lucius Burckhardt erweiterte mit seiner Formel „Design ist unsichtbar“ den Designbegriff. Was nutzt die schönste Straßenbahn, wenn sie nachts nicht fährt? Der Schweizer Soziologe und Erfinder der Spaziergangswissenschaft plädierte für die Einbeziehung des Fahrplans bzw. unsichtbarer sozialer Zusammenhänge, Lebensformen und Handlungsweisen in den Entwurf und die Gestaltung. Das zieht nicht nur eine komplexere Wahrnehmung und andere Formgebung unserer Umwelt nach sich, sondern führt zwangsläufig auch zu anderen Formen der Ausbildung und neuen Lehrstoffen in den entwerfenden Berufen Architektur, Planung oder Design. Dieses Buch versammelt Texte von Lucius Burckhardt zur Gestaltung und Lehre, die seit 1960 entstanden sind.

Lucius Burckhardt
Der kleinstmögliche Eingriff

Markus Ritter & Martin Schmitz (Hrsg.)

Lucius Burckhardt schrieb dieses Buch bereits Anfang der 1980er Jahre. Die Idee vom kleinstmöglichen Eingriff durchzieht sein gesamtes Werk, von der Urbanismuskritik bis zur Spaziergangswissenschaft. Der „kleinstmögliche Eingriff“ steht für ein Stück neue Planungstheorie, die auf der Ebene der Landschaftsgestaltung davon ausgeht, dass es zwei „Landschaften“ gibt, die real sichtbare, und die in unseren Köpfen. Die Theorie des kleinsten Eingriffs bedeutet, nicht mit gewaltigen Mitteln in die bestehende Umgebung einzugreifen, sondern diejenigen Eingriffe sind nach Lucius Burckhardt die wirkungsvollsten, die auf das Landschaftsbild in unseren Köpfen einwirken und ein ästhetisches Verständnis der Umwelt erzeugen. Diese Formel wendet der Schweizer Soziologe auf das gesamte Bauwesen an.